Daniel Meurois

Von oben betrachtet

Den Mutigen, die sich nicht scheuen,
ihre inneren Mauern niederzureißen -
dem Besten unserer Zukunft zuliebe

Daniel Meurois

# Von OBEN betrachtet

Ein überirdischer Dialog mit der galaktischen Bruderschaft

Aus dem Französischen von Dr. Gerhild Schulz

SILBERSCHNUR VERLAG

Veröffentlicht in Partnerschaft mit Maurice Baldensperger und Francis Hoffmann GbR »Publish Vision«; info@publishvision.de, www.publishvision.de



ISBN: 978-3-89845-629-6

1. Auflage 2019

Übersetzung: Dr. Gerhild Schulz
Umschlaggestaltung & Satz: XPresentation, Güllesheim; unter Verwendung eines Motivs von © xtock, shutterstock.com
Druck: Finidr, s.r.o. Cesky Tesin

Verlag »Die Silberschnur« GmbH · Steinstraße 1 · D-56593 Güllesheim
www.silberschnur.de · E-Mail: info@silberschnur.de

# Inhaltsverzeichnis

# Vorbemerkung ...

Wie soll man ein solches Buch vorstellen? Diese Frage habe ich mir im Laufe der letzten Monate immer wieder gestellt, während ich mit der Feder die Seiten füllte ... und habe noch immer keine Antwort darauf. Die Ereignisse, die ihm zugrunde liegen, sind allzu verwirrend. Ich hatte nämlich ein äußerst intensives Erlebnis, das in schöner Regelmäßigkeit immer wieder auftrat ... das Erstaunlichste daran aber war, wo es herkam.

Auch davor war mein Leben weiß Gott nicht langweilig! Es führte mich auf Pfade, die kaum je beschritten werden – und doch wurde mir das Privileg zuteil, diese 'inneren Abenteuer' dann mit vielen Menschen zu teilen. Das ist etwas ganz Besonderes und geht mit einer großen Verantwortung einher, wie mir zunehmend bewusst wird.

Was konnte also noch passieren? Was konnte mich nach alledem wirklich aus der Fassung bringen?

Ganz einfach ... fast jeden Tag – am helllichten Tage – von einem *Wesen* besucht zu werden ... von einer glasklaren, selbstbewussten Stimme, die sanft, aber nachdrücklich zu mir spricht.

Eine der vielen, unbedeutenden Stimmen aus meinem Inneren vielleicht? Keineswegs.

Stellt euch einfach vor, ihr hättet einen Lautsprecher zwischen den Ohren – exakt in der Mitte eures Kopfes, durch den *jemand*, den ihr nicht sehen könnt, zu euch spricht ... Genau so muss man sich das denken. Natürlich bin ich durch das Leben, welches mir aufgetragen ist, schon seit Langem mit solchen Phänomenen vertraut, was jedoch nicht heißt, dass sie zu einer Banalität geworden sind.

Neu für mich war vor allem, wie dieser innere Kontakt ablief. Wie ihr sehen werdet, ist es an keiner Stelle ein einfacher Monolog ... und auch nicht bloß eine Flut von Informationen, denen ich machtlos ausgesetzt war. Ganz im Gegenteil: Es war wirklich ein echter Dialog, fast schon ein Interview.

Ich diente also nicht einfach als Medium und auch mit 'Channeling', das heute so viel von sich Reden macht, hatte es überhaupt nichts zu tun.

Ich habe einfach mit einem Wesen gesprochen, das für unsere physischen Augen unsichtbar ist ... und zwar ganz direkt und natürlich, so wie ich auch mit meinen Lesern sprechen würde. Es war dafür weder ein Vorbereitung noch eine Bewusstseinsänderung nötig und auch sonst keine körperliche Veränderung. Wie gesagt, ganz *natürlich* und *spontan*.

Und wenn ich kurz vom Schreibtisch aufstehe, um mir eine Tasse Tee zu machen? Kein Problem ... das Gespräch wird fortgesetzt, sobald ich einen Schluck getrunken und meinen Durst gelöscht habe.

Daraus ist ein regelrechtes Tagebuch entstanden, in dem ich eine ganz konkrete Konversation festgehalten habe. Sie ist tief in unserer aktuellen Wirklichkeit verankert und führt doch weit darüber hinaus, in Bereiche, die uns so gut wie unbekannt sind ...

Schließlich gehört es fast schon 'zum guten Ton', diese anzuprangern und sich darüber lustig zu machen, bevor man sich überhaupt ernsthaft Gedanken darüber gemacht hat – und zwar ohne massive Vorurteile.

Man kann sich leicht vorstellen, welche Einwände mir entgegengehalten werden. Sie lassen sich knapp zusammenfassen. Wer meinem Zeugnis keinen Glauben schenken will, dem stehen zwei Wege offen:

So könnte ich zwar 'ehrlich' – aber an einer seltenen Form von Schizophrenie erkrankt sein –, oder aber ein talentierter Lügner, der den Leuten Geschichten auftischt, um die eigene Meinung zu verkünden und sich mit seinen Schriften wichtig zu machen.

Was soll man zu diesen beiden möglichen Stellungnahmen sagen? Zunächst einmal – ich bin daran gewöhnt. Sie schockieren mich nicht. Warum? Weil sie stets von Leuten kommen, die mich nicht kennen, denen ich nie begegnet bin und die sich nicht einmal die Mühe gemacht haben, den direkten Kontakt zu mir zu suchen oder sich wirklich auf meine Bücher einzulassen.

Das Einzige, was für mich spricht, ist meine Lebensweise und die Tatsache, dass mein Werk in sich stimmig ist.

Das ist mir vollauf bewusst. Ansonsten ist es eine Frage der persönlichen Überzeugung ... oder eben, wie weit man seinen Geist öffnen kann. Es ist nie mein Ziel gewesen, irgendetwas zu beweisen. Mir war stets nur daran gelegen, neue Denkweisen zu eröffnen und Dinge zugänglich zu machen, die uns bislang verschlossen waren.

Insofern bin ich keineswegs darauf erpicht, auf Biegen und Brechen *meine Wahrheit* zu verfechten und sie mit Argumenten zu untermauern. Es gibt wahrlich Besseres zu tun ... und vor allem kann man besser *sein*!

Wie soll man also an diesen Bericht, an dieses neuerliche 'Zeugnis' herangehen?

Vielleicht indem man noch eine dritte Möglichkeit in Erwägung zieht, nämlich, dass mein Erlebnis authentisch ist, aber eben verwirrend ..., weil es noch nichts Vergleichbares gibt. Es lässt sich einfach mit nichts Vertrautem in Verbindung bringen, wagt es sich doch in Lebensbereiche vor, die bisher so gut wie unerforscht sind. Dieses Erlebnis ist eine Pionierarbeit – mit allem Widerspruch und allen Risiken, die das mit sich bringt.

Es gibt Menschen, die Symphonien komponieren können und sie dann lückenlos im Kopf haben, andere wieder sind in der Lage, hocheffektive Computerprogramme herzustellen. Ich hingegen habe eine Fähigkeit, die eines Tages bestimmt ebenso anerkannt sein wird wie alle anderen. Im Grunde hat sie nichts Mysteriöses an sich ... Es handelt sich dabei weder um Wahnsinn noch um Fantasie. Es ist nichts weiter als eine Erweiterung unseres Wesens ... der Aufbruch zu neuen Horizonten.

Allerdings wird noch viel Mut, Neugier und Demut *echter* Wissenschaftler vonnöten sein – von denen es, wie ich aus Erfahrung sagen kann, nicht allzu viele gibt –, bis offiziell anerkannt wird, dass unser Universum und der menschliche Geist nach ganz anderen Gesetzen funktionieren, als wir bisher dachten. Erst dann werden breitflächig Forschungen in diesem Bereich aufgenommen werden. Das ist ein großer Schritt!

Eines jedenfalls liegt mir bei diesem Werk besonders am Herzen, nämlich möglichst klare Antworten auf eine Reihe von Fragen zu geben, die sich heute sehr viele Menschen stellen. Unsere gegenwärtige Gesellschaft steckt in einer tiefen Identitätskrise. Es fehlt ihr an Idealen ... Zweifel greifen um sich ... manchmal bis hin zur Verzweiflung. Dieser Bericht ist unmittelbar an den Bedürfnissen unserer Welt ausgerichtet. Er kann uns Türen eröffnen und sogar neue erschaffen - gibt also aus unzähligen Gründen Anlass zur Hoffnung. Das ist ein großes Glück.

Es wäre allerdings verfehlt, das Buch in einem Zuge durchzulesen, es dann ins Regal zu stellen und zu sagen: "Das kenn' ich. Das hab' ich schon gelesen."

Aus Erfahrung kann ich sagen, dass man auf die Worte, die ich hier getreu notiert habe, immer wieder zurückgreifen kann. Man darf dieses Aufgeschriebene also immer wieder zur Hand nehmen und darüber nachdenken - und mehr als das: Es ist wahrlich an der Zeit, sie in die Welt zu bringen und zu leben! Darum geht es in allererster Linie.

Und so ist das tiefste Anliegen meines Buches, euch anzuregen, nicht mehr herabgestimmt zu leben, nach dem Motto: '*eigentlich* wollte ich doch ...' Man sollte seine Flügel nicht ausbreiten, bevor man sich um die eigenen Wurzeln gekümmert hat ..., dann aber aufbrechen und sich auf die Suche machen - nach den wahren Quellen des Glücks.

# Ein Freitag ... auf der Erde

Es war an einem Freitag ... auf der Erde, in einem kleinen Zimmer mit Bambusmöbeln auf einer Insel von Venezuela. Kakteen, Hitze ... und vom Meer kam - wie ein Impuls der Erneuerung - ein kräftiger, warmer Wind.

Innerlich war ich noch ganz mit der seltsamen Sonnenfinsternis des Vortags beschäftigt. Ich legte meine Tasche auf einen Sessel und schob die Vorhänge auseinander, um den Blick auf die Palmen freizumachen, die sich vor dem blauen Himmel wiegten. Was für eine merkwürdige Sonnenfinsternis das doch gewesen war! Es war gar nicht richtig dunkel geworden und doch war alles auf einmal in ein fast unwirkliches Leuchten getaucht. Die Dinge schienen sich hinter einem magischen Filter zu befinden. Das gab ihnen ein völlig ungewöhnliches Aussehen.

Direkt in die Sonne schauen ... ist das nicht in der Tat ein heiliger Akt? Vor allem die Augenblicke danach, waren von einer unglaublichen Seelenruhe geprägt. Es herrschte eine Stille, die so lebendig war, dass die Natur nur umso intensiver in Erscheinung trat.

Als ich mich auf die Bettkante setzte, überkam mich erneut diese Seelenruhe - mein Denken war wie leergefegt und mein Bewusstsein öffnete sich einer anderen Dimension ...

Es war Freitag früh ... und all das prägte sich mir tief ein. Es begann mit einem leisen Geräusch, einem Klicken, wie wenn man einen Schalter umlegt ... Es kam mir gleich bekannt vor. Dieser Schalter war mir vertraut, er befand sich in meinem Inneren und war in meinem Leben schon mehrmals betätigt worden. Dabei hatte er mir stets Zugang zu einer anderen Wirklichkeit verschafft. Nun ging es darum, Vertrauen zu haben und loszulassen, damit sich eine Brücke zu einer anderen Welt bilden konnte. Ich richtete mich sogleich auf und lauschte. Zuerst hörte ich wirklich nur zu, denn es gab noch nichts zu sagen. Ich musste einfach zuhören ..., denn da war eine Stimme in mir – in der Mitte meines Kopfes – und ließ mir gar keine andere Wahl ... Ich musste es zulassen, dass sie sich sanft, aber bestimmt darin einrichtete.

› Hör zu ..., sagte sie zu mir. Hör mir zu! Findest du nicht auch, dass es an der Zeit ist? Bist du einverstanden?

› Einverstanden? Womit?

› Na komm ... du weißt es doch! Einverstanden, dass wir ganz direkt zu dir sprechen ..., dass wir uns richtig unterhalten und du es aufschreibst!

› Aber ... sagt mir erst einmal, wer ihr überhaupt seid! Ich möchte, dass ihr das ganz klar sagt ...

Daraufhin erklang ein Lachen, heiter und liebevoll ...

› Wirklich? Sagen wir mal ... wir sind Freunde, die ein wenig älter sind, als ihr, Freunde, die nicht auf der Erde leben, die du gegenwärtig bewohnst. Wir leben in anderen Welten, über die wir vielleicht noch sprechen werden. Außerdem bewegen wir uns im Weltraum ...

› Ihr seid also ...

› Nein, nicht dieses Wort! Das wolltest du doch gerade sagen, oder? Vergiss es sofort, streich' es aus deinem Wortschatz! Es ist schon dermaßen ins Lächerliche gezogen worden. Es wurde verfälscht und besudelt. Nein ... Wir werden gemeinsam neue Wörter und Sichtweisen finden ... und mit einer ganzen Reihe irriger Begriffe aufräumen, die zu nichts mehr zu gebrauchen sind.

› Du wirst also jeden Morgen zur Feder greifen ... so lange, bis wir fertig sind.

› Und ihr werdet mir etwas diktieren?

› Nein, viel besser! Wir werden uns miteinander unterhalten ... und dabei so manch' verkrustete Vorstellung abstreifen. Du wirst sehen, es werden sich Türen auftun, an die bisher kaum je gerührt wurden. Doch du sollst nicht nur unser Schreiber sein - kein Sekretär und auch nicht bloß der Überbringer einer Botschaft. Du sollst an unserer Seite leben und uns Fragen stellen, echte Fragen - wie alle Erdenmenschen sie stellen würden, die nach Harmonie, Verständnis und Liebe dürsten - kurz gesagt: Leute, die nicht nur zum Schein, sondern ernsthaft einen tief greifenden Wandel anstreben. Dieser Wandel ist im Grunde unvermeidlich.

› Wir werden also miteinander plaudern, wie Freunde. Wir sind auch Freunde ... Du schreibst es auf ... und wir korrigieren, wo es nötig ist.

# Montreal – Montag, den 23. März

Es ist wieder Morgen geworden. Vom Schreibtisch aus sehe ich zu, wie es vor dem Fenster in kleinen Flocken auf den Mont Royal schneit. Er ist noch völlig von Schnee bedeckt. Kinder rasen auf ihren Schlitten die Hügel hinab.

Es ist seit drei Tagen Frühling ... und schon drei Wochen her, dass jenes Wesen mir erschienen ist.

Seitdem herrscht Schweigen. Ich habe mich nicht einmal gefragt warum, sondern es einfach hingenommen, als unabänderliches Ferment unserer Begegnung. Nun aber drängt es sich plötzlich ganz von selbst auf. Also habe ich mich mit meinem Heft und einem Stift hingesetzt. Den Blick vertieft in den fallenden Schnee, höre ich mich sagen: "Nun gut, der Moment ist gekommen, so ihr es heute wollt. Ich bin bereit."

Doch die Minuten verstreichen ... fast als wollten sie sich über meine naive, etwas dreiste Erwartungshaltung lustig machen. Schließlich muss ich über mich selbst lachen. Ich bin ja schon oft in merkwürdige Situationen geraten und habe auch schon viel geschrieben, aber das ... Wie soll ich es ausdrücken? Soll ich sagen, dass ich eine Stimme gehört und sie sogar zu mir gerufen habe? Eine solche Behauptung wirkt doch völlig lächerlich!

› Lächerlich? Hast du dich schon einmal gefragt, warum das oftmals diesen Beigeschmack hat?

Plötzlich ist das höhere Wesen mitten in meinem Kopf anwesend, ohne dass ich sein Herannahen gespürt hätte.

› Nun ja ..., weil in bestimmten Kreisen fast jeder irgendwie in Kontakt mit dem Unsichtbaren steht!

Meine Antwort kommt wie von selbst, während ich in der Befürchtung, die schlechte Leitung meines seltsamen Telefons würde gleich wieder unterbrochen, reglos dasitze.

› Und außerdem, hörte ich mich hinzufügen, wenn ich zu denen gehören würde, die nicht an solche Dinge glauben, würde ich wohl sagen: “Sieh mal an, noch so einer, der angeblich mit der höheren Welt in Kontakt steht!”, ... und lachend mit den Schultern zucken. Im Übrigen ... möchte ich euch gleich sagen, dass ich Leute verstehe, die so reagieren. Denn über eines müssen wir uns im Klaren sein: Man trifft es ja auf Schritt und Tritt. Es genügt, ein paar Zeitschriften durchzublättern. Sie sind gespickt mit kuriosen, reißerischen Anzeigen, in denen irgendjemand – der womöglich noch einen hochtrabenden Titel trägt – anbietet, eine direkte Verbindung zu himmlischen Stimmen herzustellen, welche die Wiederkehr der Liebe oder das Glück auf Erden versprechen.

Ganz zu schweigen von allem, was so in den Buchhandlungen steht. Dort türmen sich Massen an Literatur dazu. Alle wollen unbedingt ihre ganz exklusive Botschaft an den Mann bringen und stellen sich dabei höchst ungeschickt an. Ein Buch ist vom anderen abgeschrieben. Oft genug geht es nur um eitle Selbstdarstellung.

Ich möchte diese Leute wirklich nicht schlecht machen. Aber es ist durchaus verständlich, dass sich viele Menschen über solche Schriften lustig machen, sich von der gesamten, einschlägigen Literatur abwenden und einer Denkweise den Rücken kehren, die 'Spiritualität' auf peinliche Weise zur Schau stellt.

Als Antwort erklingt in meinem Inneren zunächst nur ein wunderbar freies, sonores Lachen. Es ist ansteckend. Fast möchte ich auch in Gelächter ausbrechen, halte mich aber zurück, aus Angst, dass die Verbindung zwischen uns abreißt. Zum Glück fährt die Stimme sogleich fort.

› Ja ... das sehen wir genauso. Im Grunde haben Leute, die gleichgültig mit den Schultern zucken, ganz recht. Sie reagieren ja nur auf das, was die Verfechter dieser eigentümlichen Spiritualität ihnen vorsetzen.

Ihre Reaktion ist mehr als verständlich. Darum wollen wir dich auch nicht auf diesen Weg führen. Das würde mehr schaden als nutzen. Das mag anmaßend klingen ... wohlan! Wir wollen die Dinge von Grund auf erneuern und du sollst uns dabei begleiten. Dabei müssen wir uns in unsichere Gefilde vorwagen - zuweilen sogar in vermintes Gelände. Das ist ganz klar.

...

Doch zunächst einmal: Wir werden dir nichts von *Spiritualität* erzählen! Zumindest nicht in dieser abgedroschenen Begrifflichkeit, jenen vergilbten, alten Phrasen, die einen sofort abschrecken. Genau darin liegt die Schwierigkeit: Die meisten Menschen wissen gar nichts von ihrer ausgeprägten Sensibilität sogenannten 'geistigen Dingen' gegenüber, weil diese stets nur in dogmatischer Form an sie herangetragen wurden, verlogen, kindisch und deprimierend, gespickt mit Verboten und Zwängen.

Wenn das Bedürfnis, sich auf die Suche nach dem Sinn des Lebens zu machen, nicht tief in einem verankert ist, wenn man nicht von Sehnsucht getrieben ist, zu erfahren, wer man eigentlich ist, hat man auch keinen Grund, sich über seine Alltagsbelange zu erheben und zu anderen Dimensionen emporzuschwingen.

Insofern stehen gerade die gläubigen Anhänger der verschiedenen Religionen einer tieferen Einsicht ins Leben im Wege ..., aber auch viele Vertreter des 'Spiritualismus'. Sie sind die größten Widersacher – das Haupthindernis jeder Bewusstseinserweiterung. Anstatt verbindend zu wirken, machen sie die Gräben nur tiefer.

› Gut ..., aber wie steht es dann um euch? Ihr habt ja bereits angedeutet, dass ihr nicht von unserem Planeten stammt, sondern einer anderen Zivilisation angehört. Bevor wir weitermachen, muss ich wissen, wohin wir uns gemeinsam bewegen und warum gerade ihr eingreift.

› Wir bewegen uns ... *auf eine große Vereinfachung* zu, also weder in Richtung einer langweiligen Philosophie noch einer neuen Religion – die immer etwas Dogmatisches hat, also Einschränkungen mit sich bringt. Wir gehen einer großen Freiheit entgegen ..., in der sich der wahre Lebenshauch in seiner vollen Bedeutung und ganzen Schönheit entfalten kann. Ja, der Sinn der Schönheit ... ist das Wesentliche! Das möchten wir euch aufzeigen und helfen, es freizulegen.

Jetzt willst du wissen, *wer wir sind*, nicht wahr?

Nun, wir sagen gewiss nicht: "Das oder jenes ist die Wahrheit." Wir nötigen dich nicht, zu schreiben: "Ihr sollt an dies oder jenes glauben ... und daran nicht." Wie gesagt, wir setzen neue Impulse und lassen die Erinnerung wieder aufleben. Diese Aufgabe fällt uns zu, weil wir ein wenig älter sind als ihr, das ist alles. Wir sind nicht mehr so klamm und träge, sondern einfach schon ein wenig wacher. Also sind wir auch nicht etwa 'von Gottes Gnaden' oder aufgrund einer zum x-ten Mal durchlaufenen Einweihung 'besser' oder 'weiser' als ihr. Wir sind einfach schon etwas länger unterwegs auf dem berühmten *Pfad der Evolution*. Darüber können wir gerne noch sprechen, wenn du willst.

Du sollst uns auch nicht für 'Meister' halten. Es gibt Wörter, die zu bestimmten Zeiten durchaus nützlich und verständlich waren, inzwischen aber längst nicht mehr zur Erweiterung des Bewusstseins beitragen. Man bekommt geradezu Bauchweh davon. Lass uns lieber von freundschaftlichen Beziehungen sprechen ...

› Und von Brüderlichkeit?

› Auch mit diesem Wort sollten wir behutsam umgehen! Die nobelsten Begriffe wurden in den letzten Jahrzehnten dermaßen verfälscht und herabgewürdigt! Das ist ein gutes Beispiel.

Natürlich verbindet uns ein starkes Gefühl der Brüderlichkeit - doch nennt uns um Gottes Willen nicht Brüder. Das geht nicht mehr. Es würde nur wieder an klösterliche Eingeschlossenheit erinnern, an eine elitäre Gemeinschaft oder gar Sekte.

So mag es genügen, auf das Band der tiefen, alten Freundschaft und Zuneigung zu verweisen, das uns mit euch verbindet. Darum reichen wir euch heute die Hand. Ist das nicht viel besser ...?

Da spüre ich, wie die Stimme in mir auf einmal schwächer wird – sie verblasst, ganz ohne Vorwarnung. Ich frage mich, ob sich irgendetwas an meiner inneren Haltung verändert hat? ... Wie lange muss ich nun wohl wieder warten! Wie brüchig die Brücke zwischen den Welten doch noch ist! Eine winzige Unachtsamkeit genügt ... Wenn ich eine Sekunde nicht reinen Herzens bin ..., löst sie sich schon wieder auf. Da bin ich mir ganz sicher.

# Dienstag, 24. März

Voller Ungeduld habe ich den nächsten Tag erwartet ... nun ist er da. Ganz spontan gleitet meine Hand zum Stift - als könne sie durch diese Geste meinen heimlichen Gesprächspartner erreichen oder den Zugangscode eintippen.

Dann beginne ich innerlich schon einmal mit der Unterhaltung. Man muss es einfach wagen und ich bin mir erstaunlich sicher, gehört zu werden.

› Gestern habt ihr mir etwas über 'Freundschaft' erzählt. Findet ihr Freundschaft wichtiger als Liebe? Ich glaube, ich habe euch das Wort Liebe noch nie aussprechen hören. Aber ... seid ihr überhaupt da?

› Und du? Bist du geistig anwesend? Gestern warst du so voller Fragen. Du hast dir zehn zugleich gestellt ..., darum bist du aus meiner Sphäre einfach herausgefallen. Du musst lernen, zuzuhören. Nun, du sprichst von "Liebe"! Denk einmal nach. Wunderst du dich wirklich, dass dieses Wort noch nicht gefallen ist? Es ist doch auch so ein Oberbegriff, in den man alles kreuz- und quer hineinstopfen kann. Dieses Wort ist so abgedroschen, so allgemein verfügbar. Seit alle es verwenden, wie es ihnen gerade passt, hat es an Kraft eingebüßt ... Jeder versteht es auf seine Weise und setzt es im Sinne eigener Interessen ein! Hast du jemals einen Menschen getroffen, der sich nicht nach Liebe sehnt ... bereit ist, zu lieben und 'nur Gutes will'? Anderes hört man nur von kranken Leuten, die ihr inneres Gleichgewicht verloren haben. Sie leiden und betrügen sich selbst. Es gibt auf dieser Welt fast so viele Auffassungen von Liebe wie Lebewesen. Da umspannt ein einziges Wort die ganze Palette - vom Sexualtrieb über die Befriedigung egoistischer Bedürfnisse bis hin zu mystischer Ekstase. Liebe ... ja, natürlich ..., aber auch hier müssen wir uns gut überlegen, was wir mit Worten überhaupt ausdrücken können.

Was Liebe wirklich ist, lässt sich in schwammigen Begriffen nicht fassen. Da hilft es nichts, noch so sanfte, wohlklingende Worte zu wählen oder zuckersüße Reden zu führen. Liebe ist nicht nur eine vage Vorstellung oder ein geschöntes Ideal - jedes Lebewesen trägt sie tief verborgen in sich.

› Nun gut, sagte ich - überrascht von der Intensität, mit der unsere Diskussion sogleich wieder anhob. In Ordnung, ich glaube, ich verstehe euch. Aber welche Sprache sollen wir dann verwenden, auf welchen Wortschatz zurückgreifen? Mit dem Wort 'Licht' ist es ja wohl nicht anders?

› Natürlich! Und bei den Wörtern 'Energie' und 'Schwingung' ist es genauso. Auch sie sind schon dermaßen abgenutzt. Freilich wollen wir mit dir nicht das Wörterbuch neu erfinden, das leuchtet dir bestimmt ein. Das würde ohnehin nur dazu führen, dass sich wieder eine Elite bildet, die sich für schlauer hält als alle anderen - sofern es überhaupt Anklang finden würde. Dieses Muster kann sich unendlich fortsetzen. Darüber müssen wir uns im Klaren sein. Also werden wir selbstverständlich

Wörter benutzen, die bereits existieren, sie aber behutsam und umsichtig einsetzen. Wir gebrauchen sie nur, wenn es keine besseren gibt. Das sollst du stets mit bedenken. Außerdem müssen sie immer in den richtigen Kontext eingebettet sein. Wir sind keine Moralapostel und vertreten auch keinen Katechismus. Im Übrigen wollen wir niemanden bekehren! Echte Weisheit, also Weisheit des Herzens - ein wenig Vernunft und gesunder Menschenverstand -, das sollte die Grundlage jeder Lebensform sein. Doch leider gehen diese Qualitäten dem Großteil der Menschen gerade ab.

› Genau ... Sollen wir nicht zuallererst einmal über den gesunden Menschenverstand sprechen? Was ich gerade erlebe, wird den meisten Leuten völlig verrückt vorkommen - zumindest hier in unserem westlichen Kulturkreis -, so selbstverständlich es mir auch erscheint.

› Gut, dass du auf diesen Unterschied hinweist. Die gegenwärtige westliche Kultur schnürt den anderen die Luft ab und wird der Empfindsamkeit der Erdbevölkerung nicht gerecht. Sie gibt sich respektvoll und tolerant, ist in Wahrheit aber totalitär. Über den gesunden Menschenverstand können wir gerne sprechen. Er zeigt sich zunächst einmal darin, nicht immer dieselben Fehler zu machen. Stattdessen sollte man sich bewusst machen, was eigentlich gerade geschieht. Allerdings ist die Welt, in der du lebst, ihren althergebrachten Verhaltensmustern außerordentlich treu - so treu, dass wir aus unserer Sicht ständig Gelegenheit hätten, in Gelächter auszubrechen - wäre die Lage nicht so ernst. Offen gestanden ..., sobald ein 'unüberwindliches Hindernis' beseitigt ist, versteift ihr euch sogleich darauf, ein neues zu errichten. Man darf nicht vergessen, dass die Erde bis vor Kurzem noch eine Scheibe war und als Mittelpunkt des Universums galt. Über Kontinente hinweg miteinander zu sprechen, wäre für Hexerei gehalten worden. Niemals hätte man für möglich gehalten, dass der menschliche Körper Geschwindigkeiten von über hundert Stundenkilometern aushält. Eine Maschine, die schneller und präziser reagiert als das menschliche Gehirn war für die letzte Generation doch reines Science-Fiction - heute aber ist es einfach undenkbar, dass es jenseits der Erde intelligentes Leben geben soll ... Falls doch, wäre es so weit entfernt, dass wir niemals in damit Kontakt treten könnten!

› In der Tat, komme ich nicht umhin einzuwenden - nur: Jetzt verschließt ihr aber die Türen. Ihr bewegt euch in eine Richtung, die fast schon einem Prozess gegen die wissenschaftliche Vorgehensweise gleichkommt. Es ist eine alte Debatte. Sie wird von Anhängern der Vermutung, es gäbe etwas, das unsere sieben Sinne übersteigt, schon lange geführt. Wenn wir in eine echte Diskussion einsteigen wollen, muss ich euch unterbrechen. Da seid ihr nämlich auf dem Holzweg ...

Bei diesen Worten reißt der Kontakt zwischen uns tatsächlich ab. Stille. Ein paar Minuten lang herrscht Schweigen und ich überlege, ob ich zu frech war. Doch noch während ich mir diese Frage stelle, scheint sich plötzlich etwas wie eine Hand auf meine linke Schulter zu legen. Bilde ich mir das nur ein? Ist es etwa ein unbewusster Wunsch? Mag sein ..., aber es ist mein Eindruck und ich möchte ja offen und empfänglich sein. Jedenfalls werde ich von einer Stimmung der Sanftmut erfasst und da erscheint die Stimme in mir auch schon wieder.

› Sehr gut, jetzt reden wir wirklich als Freunde miteinander ... du hast recht, es wäre in der Tat ein Irrweg, wenn auch wir das wissenschaftliche Denken 'dem Geistigen' entgegensetzen würden – also das 'Berechenbare' dem 'Unberechenbaren'. Das würde der dualistischen Vorstellung entsprechen und uns wahrlich in eine Sackgasse führen. Um sie zu umgehen, müssen wir nicht einmal besondere Toleranz walten lassen. Die Welt, aus der wir zu dir sprechen, unterscheidet längst nicht mehr zwischen Geist und Materie – zwischen sogenannter Wissenschaft und Metaphysik. Nicht etwa, weil wir besonders weise wären. Wir leben einfach in diesem Zustand ... und er bringt uns dazu, auf euch zuzugehen.

› Ihr lebt also in der Alleinheit ...?

› Wir leben in einer ihrer Dimensionen. Wenn du so willst, auf einem schönen Ast des Lebensbaumes, der liebevoll alle Dimensionen erprobt, in die das Bewusstsein sich im Unendlichen ausdehnen kann. Die Lebenskraft, die jedem Wesen innewohnt, setzt sich nie einfach an den Wegesrand und verkündet: "Wunderbar! Ich bin angekommen!" Sobald sie auch nur einen Funken Bewusstsein hat, drängt es sie, sich weiter auszudehnen und zu entwickeln. Darin liegt ihr ganzes Glück.

› Dann erzählt doch erst einmal von euch selbst und eurer Welt ... oder von dem Ort, von wo ihr gerade zu mir sprecht. Für mich bleibt das nämlich alles sehr vage, versteht ihr? Ich nehme nur eine Stimme wahr – die mir sagt, sie sei nicht irdischer Natur, höre Gedanken, dich mich etwas lehren wollen, ohne sich zu einem Meister zu bekennen ... Ihr möchtet gehört werden – und ich will auch zuhören. Aber die Leser dieser Zeilen wird das doch etwas verwirren. Seid ihr Lichtwesen, Engel, Geister oder ganz einfach Geschöpfe von einem anderen Stern – so hörte es sich fast an.

› Du sagst 'ganz einfach' – das ist eigentlich überflüssig. In Wirklichkeit gibt es nichts Kompliziertes. Man muss die Worte nur recht aufzufassen wissen, ihre tiefere Bedeutung kennen und erahnen, wie man jenseits der üblichen Dimensionen mit ihnen spielt. Du fragst zunächst einmal: "Seid ihr Lichtwesen?" Was meinst du denn genau mit Licht?

› Sieh mal, wir wollen hier nicht auftreten wie Lehrer in der Schule. Doch wir sollten schon wissen, worüber wir reden. Bestimme Begriffe haben ihre Bedeutung fast verloren, weil sie ganz unterschiedliche Dinge bezeichnen, Dinge, die überhaupt sehr schwer zu fassen sind. 'Licht' gehört auch dazu ... Was ist das eigentlich genau? Es wird ja oft behauptet, es sei Energie ... im Sinne des auf Liebe basierenden, immateriellen Lebens. Damit ist alles gesagt – und nichts! Warum? Weil der Ausdruck 'immateriell' im Grunde sinnlos ist. Denk doch einmal nach ... alles ist zugleich materiell und immateriell, konkret und abstrakt, objektiv und subjektiv. Was man in deiner Welt Materie nennt, ist nichts anderes als ein bestimmter Zustand dieser Materie. Er hängt mit gewissen Gesetzen zusammen, die sich aufeinander beziehen, also einer internen Logik folgen. Wenn aber grundsätzlich Systeme vorstellbar sind, die einer anderen inneren Logik folgen, muss es auch Formen der Materie geben, die ganz anderen Gesetzmäßigkeiten gehorchen.

› Das ist doch das berühmte Beispiel mit den Fernsehkanälen, nicht wahr? Die Tatsache, dass man auf einer bestimmten Frequenz eine Sendung empfängt, heißt ja nicht, dass auf anderen Kanälen nicht etwas anderes läuft – in Mono oder Stereo – mit noch schöneren Bildern, vielleicht in 3D oder sogar mit einer Duftnote.

› Ganz genau! Fändest du es da plausibel, wenn die Bevölkerung des ersten Kanals die Existenz eines zweiten Kanals – oder 30 weiterer Kanäle – leugnete? Wäre das nicht wider jegliche Vernunft? ... Was würdest du dazu sagen, wenn die Akteure des ersten Kanals, die Regisseure oder Beleuchter des zweiten Kanals 'Lichtwesen' nennen würden? So einfach ist das. Man kann also sagen, alles ist Materie - oder aber - alles ist feinstofflich. Es hängt allein vom Standpunkt des Betrachters ab. Die eigentliche Schwierigkeit besteht darin, die Menschen von der eingefahrenen Vorstellung zu befreien, es gäbe nur einen möglichen Standpunkt, man könne die Dinge nur aus einer einzigen Perspektive betrachten. Man darf nicht alles durcheinanderwerfen! Es ist nicht sinnvoll, von 'Lichtwesen' als von 'geistigen Wesen' zu sprechen, oder von 'Wesen, die allein unserer Fantasie entspringen'.

› Und das Licht selbst? Wie seht ihr das?

› Als Zustand der Selbstverwirklichung - also der Bewusstseinsentfaltung. Es geht dabei um Vollendung und Reifung der Lebenskraft im Herzen des Seins. Man befindet sich dann sozusagen im Gleichklang mit dem Programm, das auf Kanal1 oder 30 läuft. Einen Vertrag mit einem Fernsehsender zu haben, bedeutet aber freilich nicht, dass man nicht gelegentlich auch auf anderen Kanälen mitwirken kann. Manchmal ist das einfach nötig. Genauso ist es auch mit den Akteuren des Lichts. Sie müssen sich ja nicht zwangsläufig außerhalb des Kanals befinden, in dessen Frequenzbereich man lebt, wie es häufig vermutet wird. Das Schöne und Große - alles, was die Welt schöner und größer macht - liegt nicht unbedingt in weiter Ferne. Es ist nicht zwangsläufig unerreichbar.

› Damit wollt ihr wohl sagen, dass es auch in meiner Welt Lichtwesen gibt.

› Das wollen wir dir nicht nur sagen - wir können es dir versichern! Es sind nicht einmal besonders hochrangige Menschen oder Ausnahmewesen. Es genügt, wenn sie eine gute Ausstrahlung haben und von innerer Wärme erfüllt sind, also 'lichtvolle Wesen', die dem Leben mit einem Lächeln begegnen.

Ihre Anwesenheit kann wie von Zauberhand alles erhellen! Denn im Grunde ist alles aus Licht gemacht. Das ist das große Geheimnis. Licht ist der Urstoff, aus dem alle anderen Lebensformen hervorgehen – der ursprüngliche Odem des Lebens. Darum tragen alle Wesen aus allen Welten Licht in sich. Sobald sich das Bewusstsein dafür öffnet – nicht nur intellektuell –, blüht unser Herz auf und zaubert uns ein Lächeln auf die Lippen ... und zwar so nachhaltig, dass die Übergänge von einem Kanal zum nächsten sich von selbst ergeben. Das ist das Besondere daran. Es ist etwas völlig Außergewöhnliches!

› Ihr habt mehrfach den Begriff 'Schönheit' verwendet. Hat er so eine große Bedeutung für euch?

› Mehr als das – er ist absolut entscheidend! Das Schöne ermöglicht den Zugang zum Lebenshauch, der uns dem Glück entgegenführt. Wenn es um inneres Wachstum geht, um die Suche nach dem Sinn des Lebens – oder seines eigenen Lebens – entwickelt man oft einen Hang zur Askese. Man beginnt den Körper und die 'niedere Persönlichkeit' zu missachten. Das mag für die Menschen aus deiner Welt eine unumgängliche Phase sein, eine Etappe auf ihrem Weg. Sie birgt jedoch die Gefahr, sich selbstgefällig darin einzurichten. Damit fällt nicht nur das Schöne aus, sondern gerade auch seine eigentliche Funktion. Es scheint überhaupt keine Rolle mehr zu spielen. In gewisser Hinsicht gehört es fast schon zum guten Ton, das gering zu schätzen. Aber sieh dir die Natur und das Universum doch einmal an! Ist nicht alles darin durch und durch schön? Noch der geringste Grashalm ist perfekt gebaut, ein vollendetes Kunstwerk! Wer hat ihn denn gemacht? Wer hat ihn entworfen und ihm seine Gestalt verliehen? Der Zufall etwa? Nein ... Schönheit gehört zur Schöpferkraft. Sie ist ein Teil der Lebensenergie auf der Suche nach sich selbst. Gut, wenn du willst, können wir mich und die meinen als Lichtarbeiter bezeichnen, aber wir sind auch bewusst Handelnde im Sinne der Schönheit.

› Was ich noch fragen wollte ... bedeutet 'Schönheit' wirklich in allen Welten dasselbe? Sprechen wir wirklich alle dieselbe Sprache, unabhängig davon, *auf welchem Kanal wir uns befinden?*

Während ich diese Frage klar und deutlich formuliere, überlege ich zugleich, ob ich damit nicht wieder zum Spielverderber werde, weil ich wie ein Intellektueller auftrete, der Spaß daran hat, Begriffe abzuklopfen, Ideen zu wälzen und herumzuphilosophieren.

› Schönheit ist ja zunächst einmal Harmonie ... bekomme ich zur Antwort, obwohl ich das Gefühl habe, meine Frage noch nicht einmal richtig gestellt zu haben. Harmonie aber ist die erhabene, rechte Ordnung der Dinge. Sie ist der perfekte Aufbau, das vollendete innere Gleichgewicht der Komposition – und in größerem Zusammenhang der Gleichklang aller Formen. Ja, ganz weit gefasst, ist Schönheit wirklich universell. Sie kommt einem umfassenden Gefühl von Genauigkeit, Vollendung und Fülle gleich. Die Geometrie des Universums besteht aus zahllosen unterschiedlichen Schichten. Wenn auf einer Ebene Harmonie und Gleichgewicht erreicht sind, entsteht eine Facette des Schönen ... und wenn überall Harmonie und Gleichklang herrscht, verströmt sich die wahre Schönheit in ihrer ganzen Fülle.

# Donnerstag, 26. März

Ich kreuze das Datum in meinem Kalender an. Der Beginn meiner Gespräche mit den *höheren Wesen* – wie ich sie nun nenne – liegt schon fast eine Woche zurück. Ich lese noch einmal, was ich aufgeschrieben habe und wundere mich, wie langsam ich vorankomme. Genau genommen haben sie bei meinen Korrekturen durchaus ein Wörtchen mitgeredet. Sie haben mich gebeten, bestimmte Begriffe zu ändern, Ausdrücke umzuformulieren und mich manchmal sogar gefragt, wie dieses oder jenes Wort wohl aufgefasst wird. Ich bin dabei, meinen Text zu überarbeiten und dabei überkommt mich eine schreckliche Ungewissheit. Zwar hege ich keinen Zweifel an der Genauigkeit dessen, was ich weitergeben möchte, aber durchaus an seiner Herkunft. Ich frage mich plötzlich, wo es eigentlich herkommt ... Also lasse ich die Frage ganz von selbst aufs Papier gleiten ... Was beweist mir denn, dass dieser Dialog nicht nur auf einen geheimnisvollen Mechanismus meines Unbewussten zurückgeht, meines höheren Ich, wenn man so will? Das ist eine triftige Frage, die mich dazu bringt, innezuhalten. Wenn die Quelle meines bisher Aufgeschriebenen wirklich da ist, was wird sie mir dann antworten? Die Minuten ziehen sich hin, doch schließlich taucht ein helles Sirren in meinem linken Ohr auf. Wie eine Welle bricht sich eine kaum hörbare Melodie zu mir Bahn.

Das ist der Auslöser. Mit einem kurzen Klicken hat sich der wohlbekannte Schalter in der Mitte meines Kopfes umgelegt ... Das geistige Wesen ist da.

› Da hast du eine ganz wunderbare Frage gestellt, sagt es zu mir. Warum hättest du sie auch länger zurückhalten sollen? Wenn du sie uns nicht gestellt hättest, wäre sie dir bestimmt eines Tages vorgelegt und womöglich voller Ironie ins Gesicht geschleudert worden ... Gut, reden wir also darüber, bevor wir weitermachen!

Bei jedem wahrhaftigen und mutigen inneren Vorgehen muss zunächst einmal Vertrauen vorherrschen. Es ist nicht nur Beiwerk, sondern wirklich entscheidend, lass dir das gesagt sein. Vertrauen zu haben heißt nicht, dass man keine eigene Meinung hat oder den gesunden Menschenverstand hintanstellt. Es ist auch keine Naivität. Vertrauen heißt gerade, einen Schritt vorwärts zu tun ... einen Schritt in die Luft – oder mitten hinein ins Labyrinth. Man muss sich den Möglichkeiten öffnen ... vielleicht werden sie ja zum Sprungbrett, zum Ausgangspunkt großer Veränderungen.

Ohne das kann man gar nichts erreichen. Nur Vertrauen kann eine echte Schöpfung oder Entdeckung auf den Weg bringen.

Welchen Beweis können wir dir dafür liefern? Gibt es irgendetwas Konkretes, das du deinen Lesern anbieten kannst? Sie werden sich sicher fragen, wo du deine Weisheiten hernimmst. Nein ... Wir haben keine Beweise – darum geht es auch nicht ... Ein Beweis ist kein Weg. Anders, als oft angenommen, ergibt sich der Beweis erst, wenn das Bewusstsein den Weg bereits zurückgelegt hat. Er erscheint, wenn man Schutzwälle überwunden und aus der Festung selbst gebauter 'Unmöglichkeiten' herausgetreten ist. Dann kommt er noch dazu.

Weißt, was deine Welt und deine Kultur lahmlegt und blockiert? Es sind gerade solche Schutzwälle. Dem Anschein nach pflegt ihr ein sehr freiheitliches Denken. Es fällt euch leicht, neue Vorstellungen zu entwickeln und atemberaubende Entdeckungen zu machen.

In Wirklichkeit bewegt sich diese Freiheit jedoch im eng gesteckten Rahmen althergebrachter mathematischer Prinzipien, die einer ganz bestimmten Weltanschauung angehören. Euer ganzes Potenzial bleibt in traditionellen Bahnen stecken.

› Könnt ihr mir ein Beispiel geben? Ich möchte nicht, dass wir mit allzu vagen Begriffen jonglieren.

› Nun gut. Bedenke doch einmal Folgendes: In deiner Welt hält man eigentlich nur das für wirklich, was man auch anfassen kann. Wir sagen bewusst nicht "was man sehen kann", denn ihr wisst ja ganz genau, wie leicht es ist, mit moderner Technik ein Bild herzustellen und zu bearbeiten. Wenn ihr nicht wisst, wo etwas herkommt, wollt ihr es erst einmal anfassen und prüfen. Daher müsst ihr alles, was ihr nicht einordnen könnt, gleich in die Hand nehmen. Insofern zwingt euch die Materie ihr Gesetz auf - in der Form, wie sie auf Erden vorkommt. Wenn ihr dabei stehen bleibt, seid ihr Gefangene des Materiellen.[1]

---

*1) Auch die Materie wird durch unsere Beziehung zu ihr blockiert. Wie die Ergebnisse der Quantenphysik gezeigt haben, ist ein Betrachter niemals objektiv.*

Um diese Wahrnehmung hinter sich zu lassen, muss man sich zunächst einmal klarmachen, dass es durchaus eine Kraft geben könnte, welche in der Lage ist, die Erscheinungsformen der Materie zu modifizieren und ihre 'Naturgesetze' zu beeinflussen. Doch um so zu denken, um den Verhärtungen und Tabus zu trotzen und sich womöglich dem Vorwurf der Lächerlichkeit auszusetzen - muss man Vertrauen aufbringen. Das ist der Keim jeden Wagemuts und aller Verwegenheit. Alles Materielle reagiert auf Betrachtung - was man anfassen kann, 'antwortet' unserem Blick und stellt sich entsprechend dar. Wie es sich gibt, hängt von unseren Gedanken ab - also von unserer Gesinnung ...

› Damit wollt ihr also sagen, dass im Hinblick auf bestimmte Wirklichkeiten unsere innere Einstellung wichtiger ist als jeder offenkundige Beweis?

› So ist es. Wir haben längst eingesehen, dass es wenig sinnvoll ist, jemandem den Zugang zu einer riesigen, prunkvollen Wohnstatt zu eröffnen, der nicht bereit ist, selbst nach dem Schlüssel zu suchen. Diese Suche aber umfasst eine völlige Umwertung der Werte. Man muss bereit sein, sich ganz neu zu orientieren.

› Nun gut, dieser Auffassung von Vertrauen kann ich zustimmen. Was aber, wenn ihr nur eine Illusion seid, wenn alles, was ich gerade höre, nichts weiter ist, als das Spiel gewisser unbewusster Kräfte, die mir ein Ideal vorzaubern? Was soll mir dann der ganze Wagemut?

› Er ist ein Wert an sich! Er bringt dich dazu, das Leben weiter zu erforschen - *dein* Leben. Das ist doch ganz wichtig. Selbst wenn wir wirklich nur ein Teil von dir wären, so hätte das doch auch eine ganz enorme Tragweite!

› Ist also alles, was mit Bewusstseinserweiterung zu tun hat - um einen Modebegriff zu verwenden - etwas so Persönliches, dass alle daran beteiligten Kräfte oder Wesen, die außerhalb jener Welt liegen, die für uns fassbar ist, niemals verlässliche Zeichen ihrer Existenz liefern werden?

› Das nun auch wieder nicht, bekomme ich zur Antwort. Die Stimme klingt diesmal besonders sanft. Nein, wir wissen sehr wohl, wie weit wir mit unserem Anliegen gehen können. In jedem Fall gründet es auf Vertrauen. Damit du es besser verstehst, möchten wir dir mitteilen, dass wir so lange vertrauensstiftend auf die Öffnung für alles, was sich nicht unmittelbar fassen lässt, einwirken wollen, bis wir eine gewisse Anzahl von Menschen, die gegenwärtig auf der Erde leben, erreicht haben. Sie werden eine Art 'psychische Batterie' bilden, die das Potenzial birgt, ihre Gesinnung auf gefällige Weise weiterzuverbreiten ... Diese bunt zusammengewürfelte Gruppe von Menschen wird auch die emotionale Erschütterung für die Menschheit abfedern, welche unser Erscheinen auslösen wird. Wann wir euch unsere Existenz mitteilen, werden wir frei entscheiden, dann aber unwiderlegbare Beweise liefern.

› Dann habt ihr das also doch vor?

› Durchaus! Wir sind ja keine Schwärmer, die meinen, sie könnten mit einem Streich die ganze Welt umkrempeln und das Bewusstsein der kompletten Weltbevölkerung revolutionieren. Wir folgen einem bestimmten Ruf, können ihm aber nicht zuvorkommen.

› Habt ihr eure Methode also geändert? Es hat ja schon den Anschein, als hättet ihr in den letzten Jahrzehnten immer wieder versucht, mehr oder minder deutliche Beweise eurer Existenz zu liefern.

› Ja, wir gehen nun anders vor.

› Könnt ihr mir sagen, warum?

Da nehme ich ein amüsiertes Lächeln wahr ... und finde den vertrauten Ton, auf den ich mich so rasch eingelassen habe, gleich wieder ein wenig zu forsch.

› Weil wir ... keine Götter sind, sondern Wesen, die sich weiterentwickeln und immer noch lernen! Im Grunde haben wir die Auffassungsgabe der gegenwärtigen Menschheit etwas überschätzt. Wir hatten mit mehr Offenheit und Ehrlichkeit gerechnet. Die meisten Menschen, die wir für die Weitergabe der Nachricht von unserer Existenz ausgewählt hatten, wurden entweder verlacht oder zum Schweigen gebracht, die stichhaltigen Beweise aber, die wir ihnen lieferten, völlig verfälscht. Andere wieder, die Zeugnis hätten ablegen können, verstrickten sich in ihrer eigenen Eitelkeit ... von echten Betrügern einmal ganz abgesehen. Auf all das werden wir noch zurückkommen.

› Habt ihr das Gefühl, euch getäuscht zu haben?

› Ja und nein ... Es war auf jeden Fall wichtig, eure Aufmerksamkeit auf 'den Umkreis' zu ziehen, also euch eine globalere Perspektive zu eröffnen, und ins kollektive Bewusstsein eures Planeten eine Bresche zu schlagen – selbst wenn die Sprache, die damit zusammenhing sehr schnell degenerierte. Heute lässt sich darüber nur in recht kindischen Begriffen reden. Dennoch ist es gut, dass es sie gibt. So wurde zumindest schon einmal der Keim für weitere Überlegungen gelegt. Es gibt da schon eine beachtliche Entwicklung.

Diesmal lege ich den Stift weg. Ein leichter Eisregen klopft gegen das Fenster meines Arbeitszimmers und trübt die Worte, die ich aufgenommen habe. Außerdem habe ich Nackenschmerzen. Soll ich das Gespräch mit meinen 'Gästen' unterbrechen oder werden sie sich von selbst zurückziehen? Doch schließlich überwiegt die Lust, die Unterhaltung fortzusetzen und so lasse ich mich zu einer weiteren Frage hinreißen.

› Wir haben doch gerade über Lichtwesen und Engel gesprochen. Ich habe zwar eine Meinung zu dem Thema, würde aber gerne hören, was ihr dazu sagt. Wenn ich eurer Erklärung Glauben schenken darf und ihr zwar keine irdischen, aber doch sehr konkrete Wesen seid, seid ihr dann nicht ... die Engel, die in allen Kulturen der Welt vorkommen?

› Warum sollten wir nicht einfach Menschen sein? Im Moment sind wir einfach nur Menschen!

› Im Moment?

› Ja, das muss man immer dazusagen. Es ist ja kein Zustand endgültig. Die Dinge sind immer in Bewegung. Der Mensch gilt für gewöhnlich als Gipfel der Schöpfung. Man glaubt, nur seine Intelligenz könne noch weiter zunehmen. Doch das Leben nimmt in seinem unerschöpflichen Expansionsdrang stets Formen an, die seiner Weiterentwicklung am ehesten entgegenkommen. Aus unserer Perspektive nehmen wir ganz deutlich wahr, wie ein Ruf nach dem Übermenschlichen an den Menschen ergeht. Das zieht uns unwiderstehlich an, ob wir wollen oder nicht - genau wie ein Kind auf jeden Fall wächst und später altert, ob es ihm nun passt oder nicht. Und das betrifft uns beide, sowohl uns als auch euch.

› Ihr sagt, ihr seid keine Engel, würdet aber eines Tages dazu werden ... wahrscheinlich sogar früher als wir.

› Oh ja, so könnte man es sagen. Aber weißt du, im Absoluten zählt Zeit nicht viel! Zwischen dem Entwicklungsstand deiner und unserer Zivilisation liegen einige Millionen Jahre. Das hört sich viel an und mag ein wenig entmutigend klingen. Doch man tut gut daran, die Dinge etwas nüchterner zu betrachten.

Wir müssen einsehen, dass ein paar Millionen Jahre angesichts des immensen Ausmaßes der Zeit eine Kleinigkeit ist – zumal man sich fragen kann, ob es Zeit überhaupt gibt – abgesehen davon, dass wir sie als Illusion brauchen, die uns Halt gibt. So viel also zu deinem 'eines Tages' ... Und was das 'Engelwerden' selbst anbelangt ..., so basiert das doch auf einer recht kindlichen Vorstellung von der Evolution. Das anzunehmen wäre etwa so, wie zu glauben, dass Hunde eines Tages Menschen würden!

› Das wird in einigen Kulturen tatsächlich gelehrt.

› Es ist schlecht ausgedrückt und wird falsch verstanden. Jede Lebensform strebt der ihr vorausgehenden nach. Das heißt aber nicht, dass sie exakt in die Fußstapfen ihrer Vorläufer tritt, wenn sie nur lange genug am Lebensbaum gereift ist! Sie wird dann eher zu etwas Ähnlichem, Entsprechendem ... das noch größer und schöner ist. Insofern muss ich dir sagen, dass wir nie Engel sein werden – und ihr auch nicht – einfach weil wir Menschen sind. Unsere Wirklichkeit ist der von Engeln vergleichbar, das schon ..., aber nicht mit ihr identisch, denn unser Erfahrungs- und Wahrnehmungshorizont ist einfach ein anderer. Wir werden also zu dem, was wir aufgrund unserer eigenen Erfahrungen erreichen können – auch wenn unsere aufkeimende Einsicht vom erblühenden Bewusstsein der Engel mitgetragen und befruchtet wird.

› Damit willst du mir zu verstehen geben, dass es ebenso schön ist, ein Mensch zu sein, wie ein Engel, platze ich innerlich heraus.

Während mir diese Bemerkung entschlüpft, fällt mir auf, dass ich das Wesen zum ersten Mal geduzt und damit eigenmächtig einen Schritt in Richtung Nähe getan habe ... auch wenn es die Ähnlichkeit zwischen uns ja eigens betont hat.

› Ja, genau das wollte ich dir nahe bringen. Entsprechend ist ein Tier ebenso wertvoll wie ein Mensch und so weiter. Es ist nicht sinnvoll, sich zu etwas entwickeln zu wollen, das uns vorausgeht. Viel wichtiger ist es, stets mit ganzer Kraft zu versuchen, die Idee der Vollendung, welche das Leben in uns - in unsere Gattung - gelegt hat, restlos zur Geltung zu bringen. Wir sind alle Schöpfer. Da versteht es sich von selbst, dass wir nichts zustande bringen werden, wenn wir immer nur alles nachmachen. Jeder Lebensform ist aufgetragen, ihre eigene Vollkommenheit hervorzubringen. Ohne es zu wissen, sind wir alle schöpferisch tätig ... Mitschöpfer im wahrsten Sinne des Wortes.

› Kannst du - können Sie mir das noch etwas genauer sagen?

› Warum nimmst du das 'du' zurück? Warum machst du einen Schritt rückwärts? Das ist doch in Ordnung! Wenn dein 'Sie' respektvolle Distanz ausdrücken soll, kannst du es vergessen - die brauchen wir nicht. Alles, was Abstand schafft und dazu beiträgt, eine unmittelbare Begegnung abzuschwächen, Barrieren zu errichten oder etwas auszuschließen, ist überflüssig, findest du nicht? Ich habe es dir ja eben gesagt, wir sprechen als Menschen miteinander, die auf dem Weg zum Übermenschlichen sind. Wir sind nicht eure Lehrmeister und ihr nicht unsere Schüler.

› Ich wüsste nur gerne ... bist du nur 'einer' oder seid ihr 'mehrere'? Im tiefsten Inneren vernehme ich hinter dem 'ich' ein 'wir', das mitredet.

› Ich werde auch immer wieder vom 'ich' zum 'wir' übergehen, denn obwohl ich mich durchaus als Individuum an dich wende, spreche ich doch nicht nur für mich - sondern im Namen einer Bewegung.

› Einer Organisation?

› Ich sage mit Bedacht 'Bewegung', weil bei dem Begriff 'Organisation' in der Gesellschaft, in der du lebst, bestimmte Bedeutungen mitschwingen. Dieses Wort klingt fast zwangsläufig nach Machtbestrebungen und Hierarchien. Sage ich hingegen 'Bewegung', so denke ich eher an eine Herzensbewegung, einen Gefühlsimpuls und eine gemeinsame Hoffnung – an ein Netzwerk, das der Menschheit auf Erden zur Hilfe kommt. 'Ich' und 'wir' werden in meinen Worten oft ineinanderfließen, weil das kollektive Bewusstsein in meiner Welt sehr verbreitet ist. Das heißt jedoch nicht, dass wir alle das Gleiche denken und das individuelle Denken hinter dem Kollektiven zurücksteht oder zweitrangig ist. In unserer Gesellschaft wird einfach viel miteinander gesprochen, wir tauschen uns intensiv aus. Diese Kommunikation erlaubt uns nicht nur, das Gemeinwohl im Blick zu haben, sondern auch, alles in eine viel umfassendere Vision von Harmonie einzubinden. Wir sind in unserem Denken und Handeln alle völlig frei. Dennoch hat jeder von uns genügend Intuition und geistige Kraft erworben, um die Ereignisse mit einem gewissen Abstand zu betrachten, sie also in größerem Zusammenhang zu sehen. Darum empfinden wir uns als Zelle eines organischen Ganzen. Dieses Wissen beeinträchtigt in keiner Weise unser Selbstverhältnis – es macht einen nicht geringer.

Im Gegenteil, man wird dadurch verantwortungsbewusster und erst eigentlich zum Künstler des sich entwickelnden Lebens. Leuchtet dir das ein?

› Darf ich dir sagen, was für Schwindelzustände das auslösen kann? Ich weiß nicht, ob dir klar ist, in welchem Maße alles, was du da sagst – und mich ja zugleich auch miterleben lässt – den meisten meiner Mitmenschen den Boden unter den

Füßen wegziehen würde. Schon deine Anwesenheit ... und dann die Worte, die du verwendest ... was du von deiner Welt erzählst - das zeugt von einem so hohen Ideal, es erscheint so entrückt und unerreichbar, dass es einen zutiefst beunruhigen kann. Es ist geradezu beängstigend.

› Das wissen wir sehr wohl. Darum wollen wir mit dir auch ein lockeres Gespräch führen, das ruhig immer wieder unterbrochen werden darf. So bin ich bisher ja auch vorgegangen. Wir sollten uns aber nichts vormachen. Wie viel Nähe und Intimität wir auch immer zulassen - dieses Gespräch verfolgt doch ein klares Ziel, nämlich eine weitere Bresche in das menschliche Bewusstsein zu schlagen. Aus diesem Grund führen wir es. Insofern sind Verunsicherungen unvermeidlich. Wenn man eine Wohnung ausbaut, weiß man sehr wohl, dass man eine Zeit lang auf einer Baustelle leben muss, zwischen Gerüsten, neuen Materialien und eben auch mit Handwerkern, die unsere gewohnten Abläufe durcheinanderbringen. Das ist der Preis, den man für die Vergrößerung der Räume zahlt. Um eine Verbesserung zu erreichen, muss man erst einmal Unannehmlichkeiten in Kauf nehmen. Ist dieser Preis zu hoch? Ist das zu belastend? Dann sollte sich die Erdbevölkerung nicht weiter beklagen. Wenn eure Menschheit den Mut nicht aufbringt, sich auch mal aus der Bahn werfen zu lassen, sollte sie auch nicht ihren Lebensüberdruss wie einen alten Rucksack mit sich herumschleppen.

Vergiss nicht, dass es sehr lehrreich sein kann, aus dem Gleichgewicht gebracht zu werden. Da kann einem schon mal schwindelig werden! Zu deiner Beruhigung kann ich aber sagen, dass auch wir noch solche Zustände durchleben, in denen alles verschwimmt und wir orientierungslos sind. Zum Glück - denn das zeigt, dass wir in der Lage sind, uns zu verändern, zu erneuern ... und voller Elan über uns hinauszuwachsen. Unbeweglichkeit, Erstarrung und Fortschrittsfeindlichkeit jeder Art, führen zu einer Stagnation, die nicht einmal im 'Tod' – wie ihr das nennt – vorkommt. Wie viele deiner Zeitgenossen sind toter als tot ..., weil sie das Risiko zu leben einfach nicht eingehen wollen.

› Wenn ich das richtig verstehe – kann ich nicht umhin einzuwerfen – sind Engel ... oder Wesen, die sich ihnen annähern wollen, also stets von Eifer beflügelt ... sehr aktiv und voller Elan!

› Ganz genau! Erst wenn die Abenteuerlust uns packt, wachsen unserem Bewusstsein Flügel. Dann entwickeln wir auch ein von Feuereifer beflügeltes Vertrauen.

› Warum sprichst du nicht von 'beflügeltem Denken'?

› Auch wenn dich das vielleicht schockiert: Denken ist nur ein Nebenprodukt des Bewusstseins ... Es ist eine Zwischenstufe des Lebens auf seinem Weg, etwas in die Welt zu bringen. Insofern ist es nur ein Instrument, ein Werkzeug – zu wahrer Erkenntnis führt es nicht. Es ist weder Quelle noch Ziel. Es passt seine Formen und Funktionsweisen den Gegebenheiten an. Allenfalls ist es so etwas wie eine Sprache – etwas anderes wird es niemals sein. Es dient nur der Übertragung der ursprünglichen Kraft, etwa wie ein Treibriemen in der Technik. Denken erzeugt Wissen – intuitive Erkenntnis aber ist eine Frucht des reinen Bewusstseins und damit Ausdruck der Essenz des Lebens selbst.

› Das ist ja höchst kompliziert!

› Weil man sich nicht die Mühe macht, wirklich darüber nachzudenken. Weil ihr die Zeit lieber damit verbringt, mit Computerprogrammen herumzuspielen, als euch Gedanken darüber zu machen, was euch am Leben erhält und aufleben lässt - oder aber erstickt. Gibt es auf Erden etwa irgendeine Schule, in der Glücklichsein gelehrt wird? Nein - dafür lernt man denken, also Ideen zu entwickeln und Theorien aufzustellen, die dann zu weiteren Ideen führen ... und so fort. Dabei bleibt man stehen! Die Kunst, glücklich zu sein - also wieder zu sich selbst zu finden und sein unbegrenztes Potenzial an Erkenntnis und Erleuchtung auszuschöpfen, ist überhaupt kein Thema.

› Vielleicht ist uns das zu langweilig! Man sagt ja, dass glückliche Menschen keine Geschichte haben ...

› Darum ergreifen wir heute wieder das Wort. Glück kann in der Tat langweilig erscheinen, wenn man es in ein bestimmtes Denksystem einschließt oder in ein Dogma sperrt. Glück ist ein anderes Wort für Liebe. Wie soll man einen Garten lieben, der einem Gefängnis gleichkommt - von Verboten und Pflichten umzäunt wie mit Stacheldraht?

# Dienstag, 31. März

Heute Nacht ist etwas Seltsames passiert. Ich bin plötzlich aufgewacht. Im ersten Moment sah ich mich im Halbdunkel nach vertrauten Gegenständen um, nach dem Fenster, der Ecke der Kommode oder dem Bilderrahmen an der Wand. Vergebens. Ich erkannte mein Zimmer nicht wieder. Auch lag ich nicht mehr im Bett, sondern stand aufrecht - in einem Raum, der keine räumlichen Dimensionen hatte. Meine Füße standen auf einer festen Unterlage, ich konnte gehen, sah aber nicht, was unter mir war. Ich weiß noch genau, dass ich zögerte, vielleicht auch ein wenig ängstlich war, doch dann machte ich ein paar Schritte ... Erst in diesem Moment wurde mir klar, dass ich mich in einem Raum bewegte, der aus reinem Licht bestand. Während ich das schreibe, ist mir vollauf bewusst, wie entrückt und schwebend mein Erlebnis auf meine Leser wirken muss - man könnte es für einen Traum halten. Es ist nicht leicht, die richtigen Worte zu finden, um zu verdeutlichen, wie konkret meine Erfahrung war.

Ich ging also mehrere Schritte vorwärts - weniger, um etwas zu sehen, als vielmehr auf jemanden zu. Ich hatte das Gefühl, erwartet zu werden. Während ich voranschritt, wurde das Licht immer heller und intensiver, wie wenn man sich einem Energiefeld nähert. Es schien aus sich selbst heraus zu leuchten, jedenfalls konnte ich keine Lichtquelle erkennen. Auf einmal trat eine menschliche Gestalt mitten aus diesem Leuchten hervor – direkt vor mich hin. Ich hatte überhaupt keine Angst, ganz im Gegenteil. Im ersten Moment dachte ich bloß, dieses Wesen ist viel größer als ich. Als ich weiter darauf zugehen wollte, hielt mich plötzlich irgendetwas zurück. Inzwischen bin ich überzeugt, dass eine außerhalb von mir liegende Kraft meinem Drang, näher heranzugehen, sanft entgegenwirkte. Es war, als würde jemand zu mir sagen: "Schau ... bleib fürs Erste, wo du bist. Das ist schon richtig so."

Zugleich quoll mein Busen über von einer unbeschreiblichen Freude ... Ich betrachtete das Wesen oder doch seine Gestalt und war nur noch von tiefster Dankbarkeit erfüllt: "Danke, danke ...", dachte ich. Wie eine Welle kam mir nun ein unbeschreibliches Lächeln entgegen ... fast wie ein Duft, denn im Grunde sah ich nur einen stummen Umriss.

Plötzlich durchfuhr mich ein heftiges Zucken. Es folgte ein schwindelerregender Sturz ... dann saß ich mit rasendem Herzen und zitternden Gliedern wieder auf meinem Bett. Es war viel zu viel – so mein Eindruck ... oder viel zu wenig, ich weiß es nicht. Jedenfalls war ich heute Morgen, als ich mein Heft aufschlug und den Stift zur Hand nahm, fürchterlich frustriert. Warum wurde mir eine Hand gereicht, nur um sie gleich wieder wegzuziehen?

› Hallo, mein Freund da oben in der Höhe? Hörst du mich?

Der Himmel draußen ist fast weiß. Genauso weiß, wie das Blatt vor mir – in Erwartung der Worte, die hoffentlich bald auf mich einstürmen werden.

› Hallo, hörst du mich?

› Gib doch Ruhe! Merkst du denn nicht, dass heute Morgen einfach nicht genug Raum in dir ist - sozusagen nicht genug 'weiße Stellen'? Du schwätzt und erzählst einfach drauf los ... Wo sollen wir da noch Platz finden? Sieh nur, wie die Gefühle in dir anbranden - du wirst von ihnen überrollt, wie von schäumender Gischt. Du sollst sie nicht vertreiben ... nein, das verlange ich nicht von dir. Lebe sie aus, lass sie auf dich wirken und ihre Arbeit tun. War es schön? Dann lass dich von der Gegenwart des Schönen einhüllen. Genieße es, lass es sich in dir ausbreiten, bis du ganz voll davon bist ... und satt. Mach es nicht wie jene Weisen, die nichts an sich heranlassen, als gehöre sich das so. Lebe, was du zu leben hast. Danach kannst du uns zuhören.

Dann zieht sich die Stimme von mir zurück, als würde sie nach hinten weggezogen ... Es folgen zähe Minuten. Ich atme tief durch und versuche es zu genießen ... ganz sanft ..., bis mich allmählich das Gefühl überkommt, einem Betrug aufzusitzen. Wie jetzt? Manche sagen doch, man solle seine Gefühle abtöten. Erst neulich habe ich das wieder in einer Zeitschrift gelesen. Das hat ja eine ganze Denkrichtung geprägt. Unsere Emotionen abtöten! Im Moment erscheint mir das völlig absurd. Oder sollen wir lieber unserem Ego zu Leibe rücken? Auch das habe ich schon oft gehört. Es überwinden, darüber hinausgehen - das ja! Uns nicht von unseren niederen Persönlichkeitsanteilen und ihren zerstörerischen Trieben leiten lassen, wohlan! Dann müsste man aber eher davon sprechen, sie zu bezwingen, ihrer Herr werden und sie zu verwandeln ..., aber abtöten? Töten ist nun mal töten. Das wird immer aus einer dualistischen Regung hervorgehen. So erschafft man den schlimmsten Feind, setzt ihn stückweise zusammen, einfach indem man ihn auf den Plan ruft. Ich glaube aber, dass es im Leben überhaupt keinen schlimmsten Feind gibt. Gegner, die man enttarnen, denen man die Maske abreißen muss, schon – im Grunde aber vor allem Gelegenheiten, sich selbst zu begegnen.

› Sollen wir unser Gespräch da fortsetzen, wo wir damit aufgehört haben? Die Stimme ist auf einmal wieder über mir aufgetaucht. Ich glaube, du hast mich schon gefragt, ob ich ein 'geistiges Wesen' bin. Ehrlich gesagt, finde ich deine Frage etwas merkwürdig, ja geradezu komisch! Natürlich bin ich das! Genau wie du und deine Leser auch. Wir sind alle mehr Geist als Körper. Was wir sehen oder von uns zeigen, ist doch nichts anderes als die Objektivierung unseres Bewusstseins. Wir projizieren es nach außen – wie ein Hologramm. Allerdings ist das auch wieder so ein Wort, das eher geeignet ist, Verwirrung zu stiften, als die Dinge zu klären. Es könnte zu ganz falschen Vorstellungen führen.

› Aber du weißt wohl, was ich meine.

› Ja und genau das amüsiert mich! Es ist absolut entscheidend, Denkweisen aufzulösen, die alte, irrige Vorstellungen und Begriffe befördern. Sie verstärken sich sonst gegenseitig. Wer von 'Geistern' oder 'geistigen Wesen' spricht und damit Wesen meint, die nicht inkarniert sind, sollte lieber von *Seelen sprechen, die auf einem anderen Kanal des Lebens voll handlungsfähige Persönlichkeiten sind*.

Geist ist wirklich etwas anderes! Wir können ihn meinetwegen *höheres Bewusstsein* nennen. Wenn man das nun weiterdenkt, hat auch der Begriff 'nicht inkarniert' keine feste Bedeutung. Der Geist liegt jenseits der Seele, in einer höheren Region. Er bewirkt, dass ein Wesen es selbst bleibt, während es zugleich in einer Welt nach der anderen einen Körper annimmt, der gerade zu ihm passt. Er legt ihn gleichsam an, wie ein Kleindungsstück. Er gehört dann zu seiner Erscheinung.

› Würdest du mir also zustimmen, wenn ich den Ausdruck Seelenleib oder Bewusstseinskörper verwende?

› Absolut. Man darf nur nicht aus dem Blick verlieren, dass auch diese Begriffe natürlich ihre Grenzen haben! Sie können die Dinge nur andeuten, nicht wirklich zum Ausdruck bringen. Ihre poetische Dimension ist wahrscheinlich das Interessanteste an ihnen - denn in der Poesie verbindet sich alles Wesentliche. Sie verweist auf Ungreifbares und löst so die Grenzen eines allzu engen, festgelegten Denkens auf. Mehr habe ich zum Thema des 'Geistigen' im Moment nicht zu sagen. Wie du siehst, führt deine Frage nicht sehr weit. Ich kann dir nun ganz klar sagen, dass ich zu einer Gemeinschaft von Nicht-Irdischen Wesen gehöre. Ich vertrete sie sozusagen. Damit weißt du schon sehr viel - über mich und meine Wirklichkeit. Und nun, da ich mich zu erkennen gegeben habe, möchte ich gerne auch wissen, *wer* du bist.

Ich muss gestehen, dass die Frage meines Gesprächspartners mich sprachlos macht. Ich glaube nämlich kaum, dass damit meine gegenwärtige Identität als Einwohner von Québec gemeint ist.

› Es wäre durchaus interessant, diese Frage allen Erdbewohnern zu stellen, fügt er noch hinzu, bevor ich mir überhaupt Gedanken darüber machen kann. Identität ist heutzutage wahrscheinlich das größte Problem überhaupt. Wer kann schon genau sagen, wer er ist oder wozu sein Leben gut ist? Man kann zwar verkünden: "Ich bin Maurer, Arzt, Professor oder treibe

Handel". Doch damit ist gar nichts gesagt. Man hat lediglich seine Rolle benannt, doch gewiss nichts darüber ausgesagt, wer man wirklich ist. Das Traurige ist, dass die meisten deiner Mitmenschen unfähig sind, auf diese Frage zu antworten – ja, sie überhaupt zu stellen.

› Ich stimme dir durchaus zu, aber wer bringt heute schon den Mut auf, noch groß zu philosophieren – wer hat überhaupt Zeit dafür?

› Eine solche Bemerkung ist symptomatisch für einen Zustand der Erstarrung. Allein dieser Einwand rechtfertigt bereits unser Erscheinen auf Erden. Wer spricht denn von Philosophieren? Was hat ein Umgang mit Ideen zum eigenen intellektuellen Vergnügen denn mit der Frage zu tun, wer man ist und was unser Leben für eine Bedeutung hat? Ich möchte dir ein Geheimnis anvertrauen. In all den Millionen von Jahren, in denen wir andere Welten beobachten und mit anderen Kulturen in Kontakt treten, haben wir immer wieder dieselbe Erfahrung gemacht: Sobald ein Volk oder auch ein einzelnes Wesen seine eigentliche Identität erkannt hat, sobald es sich seinem Ursprung nähert und seinem Leben einen Sinn geben kann, verliert es jedes Bedürfnis, über andere zu herrschen. Jegliche Regung, Machtbeziehungen einzugehen, wird ihm vollkommen fremd. Konflikte hat es nicht mehr nötig. Das ungute Verlangen danach ebbt in ihm ab – und damit seltsamerweise auch jede Lebensangst. Darum ist die Frage: "Wer bist du?" ganz entscheidend für unser Anliegen. Sie steht im Zentrum dessen, was wir deiner Welt zu geben haben ... sofern diese bereit ist, sich dem Willen zum Glück zu öffnen. Wir sind alles andere als Philosophen – zumindest nicht in dem Sinne, wie ihr Philosophie im Allgemeinen auffasst. Im Gegenteil, wir sind ganz praktisch orientierte Wesen. Wir wissen inzwischen, wer wir sind, weil wir bereit waren, ein paar grundlegende Schwierigkeiten zu beseitigen. Wir wollten uns nichts mehr vormachen. Wenn Hindernisse auftraten, haben wir uns echte Fragen gestellt, um auch die richtigen Antworten zu finden. Das ist immer noch so – und dabei geht es weder um religiösen Glauben oder spirituelle Erhebung noch um Wissenschaft. Es ist einfach ein unerschütterlicher Lebenswille ... Denn Leben ist im Grunde reines Glück, reines Entzücken. Die Unterscheidung zwischen heilig und profan ist ihm völlig fremd. Es *ist* das Leben, in all seiner unteilbaren Schönheit, das ist alles.

› Du verwendest das Wort 'Leben' im selben Sinne wie 'göttliche Kraft'. Gibt es in deiner Welt einen Begriff für so etwas wie 'Gott'?

› Eins nach dem anderen ... wir sprachen soeben von Identität ... Weiche meiner Frage bitte nicht aus!

› Nach allem, was du mir bisher eröffnet hast, fällt es mir ehrlich gesagt schwer, zum Ausdruck zu bringen, wer ich bin. Es wäre gewiss einfacher zu sagen, wer ich nicht bin. Also, ich gehe nicht in der Rolle auf, welche das Leben mir zugewiesen hat ...

› Welche du dir zugewiesen hast ... Da sollte man schon genau sein ... Erzähl weiter!

› Und ich bin auch nicht meine Gedanken. Es gibt da eine Kontinuität in mir ... etwas Stetiges, das sich in Gedanken nicht fassen lässt. Zumal es wohl kaum etwas Flüchtigeres gibt als Gedanken. In meinen Gedanken drückt sich eher aus, was ich in einem bestimmten Moment bin ...

› Gib mir bitte eine ganz klare Antwort: Versteckst du dich hinter ihnen oder bringen sie dein Sein zum Ausdruck?

› Ich würde natürlich eher sagen, dass ich mich in ihnen ausdrücke ..., aber vermutlich ist das eine Fangfrage!

Die Stimme in meinem Kopf bricht schlagartig in schallendes Gelächter aus. Wäre mir nicht auferlegt, angestrengt nachzudenken, würde ich das wohl auch tun, denn ich fühle mich gerade wie ein Schüler, der sich mit seinem Lehrer ein Wortgefecht liefert.

› Entspann dich! Es darf gelacht werden! Warum klammerst du dich an die Vorstellung von harter Arbeit? Es geht ja gerade darum, Lebensfreude zu entdecken ... Das ist ein Vergnügen. Das Leben kennt keine Arbeit, es hat seinen Spaß! All euer Leid rührt nur davon her, dass ihr diese grundlegende Wahrheit vergessen habt.

› Also dann, sage ich lächelnd, während ich versuche, mich zu sammeln und nicht ablenken zu lassen, wenn es eine Fangfrage ist, sollte ich wohl eher sagen, ich verstecke mich dahinter – wahrscheinlich verstecken wir uns alle hinter unseren Gedanken, so ist es doch, oder?

› Ja, das stimmt schon eher. Die Gedanken formen das Individuum – aber freilich nicht das Sein – also die Persönlichkeit in all ihren Facetten und Möglichkeiten, sich zu geben. Die Seele kann sich darin spiegeln, doch zugleich bilden sie einen dichten Schleier, welcher die Seele vom Geist trennt. Eine direkte Verbindung zu dem, was du deinem Wesen nach bist, können sie nie herstellen. Niemals! Sie sind nur eine Nachahmung des Prinzips, das in dir lebt. Sie sind die Sprache, aufgrund derer wir uns ernst nehmen.

› Dann muss man ja nur aufhören zu denken!

› Kannst du das? Könntest du wirklich auf jedes Werkzeug verzichten? Weise dieses Instrument nicht von dir. Es geht nur darum, die Rollen nicht zu vertauschen. Das gilt es noch zu lernen. Ich meine, du kannst die Entscheidung treffen, dich vom Strom deiner Gedanken nicht mitreißen zu lassen – sonst wirst du nämlich zu ihrem Objekt. Am Ende identifizierst du dich noch mit ihnen. Außerdem sollst du über das Werkzeug hinausgehen. Nimm es als das, was es ist und suche dein wahres Sein anderswo. Dort wirst du es finden.

Da geht plötzlich ein feiner, eisiger Nieselregen auf das Glasdach über meinem Kopf nieder. Das leise Prasseln genügt, um mich von meinem Inneren abzulenken. Meine körperliche Schwere wird mir wieder bewusst. Gerade kommt alles zusammen, um mich von dem höheren Wesen abzulenken: Unten auf der Straße quietschen Autoreifen auf dem nassen Asphalt ... und dann erklingt der Schrei der ersten Möwen, die von den Ufern des Sankt-Lorenz-Stroms fortziehen. Wie leicht man doch aus sich herausgerissen wird! Was ist nun das Lebendigste oder Wahrhaftigste an mir?

› Hör mal - die Stimme dringt nachdrücklich wieder zu mir durch - hör mir gut zu ... Wer oder was wir sind, lässt sich am ehesten 'im Dazwischen' erahnen, zwischen unseren Gedanken - in jenem völlig reinen, hochheiligen Raum belebter Stille, dem wir meist so wenig Aufmerksamkeit schenken. Sich diese Bereiche zu erschließen, heißt nicht, dass man aufhören soll, zu denken. Man muss vielmehr den Raum erweitern, zwischen allem, was uns so durch den Kopf geht ... Luft lassen, zwischen all den Dingen, mit denen wir uns so gerne schmücken. Was du in Wahrheit bist ..., ist gerade das, was zwischen Deinen Gedanken zu ersticken droht.

› Im Grunde sagst du mir doch gerade, dass man meditieren sollte. Ich habe gar nichts dagegen und meine Meinung ist auch nicht so bedeutsam. Aber mir scheint Meditation ein allzu strenger und voraussetzungsreicher Weg zu sein, als dass man ihn jedermann empfehlen könnte. Ich hatte zu keinem

Zeitpunkt das Gefühl, dass du mit unserem Gespräch selbst ernannte Eliten bestärken willst, *die sich einer Selbstzucht* unterziehen.

Meiner Ansicht nach verbirgt sich hinter der zur Schau getragenen Demut vieler, die sich aus dem gesellschaftlichen Leben zurückziehen, um Tag für Tag stundenlang zu meditieren, ein massives Gefühl der Überlegenheit.

› Darum geht es nicht. Wir wissen wohl, dass schon das Wort Meditation vielen verdächtig vorkommt und geeignet ist, Massen in die Flucht zu schlagen. Ihr verbindet damit die Vorstellung, nicht richtig geerdet zu sein und denkt dabei an Randfiguren der Gesellschaft, an Asketen und versponnene Idealisten. Manche bewundern die Meditierenden auch, denken aber: "Naja, für mich ist das nichts. Ich würde es schon gerne machen, habe aber für so was keine Zeit ..."

Da kommt mir plötzlich eine Frage. Sie steigt so schnell in mir auf, dass ich meinem Gesprächspartner wohl oder übel das Wort abschneiden muss ...

› Und in deiner Welt, meditiert man da?

› Kaum noch, fast gar nicht mehr! Jedenfalls nicht so, wie man sich das auf Erden vorstellt. Unsere Betrachtung der verschiedenen Welten hat gezeigt, dass es grob gesprochen zwei Arten zu meditieren gibt, eine Meditationspraxis und eine rein geistige Meditation. Die beiden schließen sich nicht aus. Wenn ich sage: "In unserer Welt meditiert niemand", meine ich damit, dass niemand Meditationstechniken anwendet. Dafür betrachten wir unsere Handlungen als etwas Heiliges. Sie sind 'eine Sprache'. Sie gehören zum Wortschatz des Lebens, genau wie die Haltungen, die wir verschiedenen Situationen gegenüber einnehmen. Indem man ihnen eine heilige Rolle zuspricht, gibt man dem Schweigen Raum, das zwischen ihnen herrscht, sozusagen dem 'Nicht-Tun' im Dazwischen.

› Im Herzen des Handelns liegt also das 'Nicht-Handeln', das meinst du doch damit, oder?

› Ja, im rechten Handeln ... Wir nennen es '*heiliges Handeln*'. Das ist natürlich erläuterungsbedürftig ... Für uns hat das Heilige nichts mit Religion zu tun. Es richtet sich nach dem Leben und bringt dessen Essenz so gut wie möglich zum Ausdruck. Durch das 'Nicht-Tun' innerhalb des Tuns mildern wir Machtbeziehungen und machen jedes Kampfszenario zunichte. Wir sind schon lange von dem Bewusstsein erfüllt, dass die Gegenwart des Lebens, das uns durchströmt, genau weiß, wohin Es geht und was Es will. Nach unserer Auffassung entspricht das 'Nicht-Tun' einer friedfertigen Haltung, also einem Verzicht auf kriegerische Aktionen und einer Nicht-Dualistischen Sicht auf die Dinge. Bestimmt hast du schon einmal zugesehen, wie jemand Tai-Chi macht ... Nun, wir leben diese Geschmeidigkeit und Eleganz, ohne dafür körperliche Übungen ausführen zu müssen. So gestalten sich die Beziehungen zu unserer Umwelt ganz natürlich und flexibel. Das heißt nicht, dass wir nicht auch mit Hindernissen zu kämpfen hätten, doch wir gleiten gleichsam ganz leicht an diesen scheinbaren Mauern entlang. Man könnte sagen, wir schlüpfen eben durch die besagten Zwischenräume - durch die Leere und das Schweigen 'dazwischen'. Wir lassen die Gedanken, die ihnen zugrunde liegen, sich selbst aussprechen. So können sie uns ihre Lehre übermitteln.

› Ihr seid also auch der Meinung, dass alles eine Lehre ist, dass wir ständig lernen?

› Zugegeben, es ist nicht neu, das zu verkünden. Aber es wirklich zu leben, ist etwas anderes. In deiner Gesellschaft ist das absolut revolutionär. Diese Lebensform ist eine Kunst. Sie entspricht einer permanenten Meditation und entfaltet auch deren Kraft. Allerdings gedeiht sie nur auf der Grundlage einer Liebesbeziehung zu sich selbst ... und zu allem, was uns begegnet.

Das schließt natürlich eine praktische Meditation nicht aus. Man kann ruhig meditieren, wenn einem danach ist oder die Situation es erfordert. Doch wird man dann nicht mehr so leicht in die Fallen gehen, die diese Technik mit sich bringt. Man lernt vielmehr, sich allem zu öffnen. Das Geistige ist auf so erstaunliche Weise in jedem von uns präsent - und fristet doch oft ein Schattendasein. Genau das wollen wir ändern, weißt du. Wir möchten Glück säen und euch beibringen, wie man das macht. Dabei haben wir keineswegs die Absicht eine neue Religion zu begründen!

› Du hast vorhin angedeutet, in welche Fallen man bei der Meditationspraxis gehen kann ...

› Ja, die erste Falle besteht darin, Mittel und Zweck zu verwechseln. Meditation ist noch kein Wert an sich - sie kann niemals Ziel unserer Bemühungen sein. Es ist, als würde man zu Stecheisen und Hammer greifen und einen Steinblock behauen, um aus dem Ungeschliffenen die Form zu befreien, die schon vollendet darin schlummert. Man vergisst nur allzu leicht das Leben, wenn man es ständig beobachtet und in seine Einzelteile zerlegt. Inmitten eurer Welt trocknen eure Wurzeln aus. Das liegt daran, dass ihr genau in diese Falle geht. So gerät euch die transzendente Schönheit der Dinge, die euch umgeben, aus dem Blick. Aber man kann beim Meditieren noch in eine andere Falle tappen. Meditation ist nämlich auch eine Möglichkeit, seinen Aufgaben auszuweichen - eine Flucht vor der Notwendigkeit zu handeln. Mit dem Meditieren erkauft sich so mancher ein gutes Gewissen gegenüber der gebenden Liebe, zu der er im Alltag gerade unfähig ist.

› Ich muss gestehen, ich bin begeistert von deinen Ansichten über 'das Lebendige' - wie du es ganz schlicht nennst. Darin scheint mir das Lebensprinzip, das uns alle durchzieht, vollständig zum Ausdruck zu kommen.

› Vorsicht! Auch dieser Begriff kann nichts weiter sein, als eine Karikatur. Ein Wort ist stets nur die Hülse von etwas, das ständig in Bewegung ist. Hängt man zu sehr an den Begriffen, werden sie zum Gefängnis. Dann kann man nicht mehr durch die Gitterstäbe der Wörter gleiten - an den Ort der Stille, von dem ich dir vorhin erzählt habe. Man könnte ohne Übertreibung sagen, es gibt ebenso viele Glossare wie Menschen - jedes denkende Wesen hat seinen eigenen Wortschatz - und zwar von dem Moment an, in dem es beginnt, das Lebendige aus sich herauszusetzen. Darin wurzelt die Geschichte des Turmbaus zu Babel. Jeder schließt sich in seine eigene kleine Welt ein und reduziert das Universum auf sein enges, individuelles Maß. Diesem Vorgehen kann man wahrlich den Namen 'Tod' geben.

› Folgt man deiner Argumentation, sind wir auf Erden also alle in gewisser Weise 'tot'!

› Ich wollte es dir nicht so direkt sagen, aber da du es selbst ansprichst ... ! Der Tod ist eine Art Glaubensbekenntnis zu den Einschränkungen, denen ihr euch tagtäglich unterwerft, die ihr innerlich herunterbetet, sobald ihr morgens aufsteht. Das Leben definieren und in Begriffe sperren zu wollen - das ist Tod -, die Vorstellung, man könne das Unaussprechliche aussprechen.

› Und was ist dann Leben?

› Leben bedeutet, sich berufen zu fühlen, mit dem Unaussprechlichen zu verschmelzen.

## Sonntag, 12. April

Heute ist Ostern. Das Wetter ist sehr schön. Der Schnee auf dem Mont-Royal ist geschmolzen und ich stelle mir vor, wie die Eichhörnchen auf den Hügeln herumsausen, um zwischen totem Holz und jungen Trieben nach Vorräten zu suchen. Wie gewohnt, sitze ich am Schreibtisch und hoffe wieder einmal auf das Erscheinen des höheren Wesens, heute vielleicht noch ein wenig ungeduldiger als sonst. Zugleich denke ich, diese ganze kleine Welt da draußen im benachbarten Wald kann damit doch eigentlich gar nichts anfangen. Haben Eichhörnchen etwa jemals einen Gedanken an so etwas wie Gott oder auch nur 'das Leben' verschwendet? Sie stellen sich solche Fragen natürlich nicht! Müssen wir also lernen, ihnen ein wenig ähnlicher zu werden, um wieder Frieden zu finden? Dabei geht mir auf, welch faszinierende Erfahrung ich gerade mache. Zu früheren Zeiten hätte sie mich auf den Scheiterhaufen gebracht. Dennoch scheint mir alles immer komplizierter zu werden, ... anstatt dass der Horizont sich lichtet. Das müssen wohl diese berüchtigten Schwindelzustände sein, über die ich neulich mit meinem Freund aus den höheren Welten gesprochen habe. Muss man unbedingt an Gott oder ein unaussprechliches

Licht glauben, um zu wachsen und Glück zu verbreiten? Ich habe genug Anhänger der verschiedensten Glaubensrichtungen erlebt, die ihre Leute mit schnulzigen Reden und unbesonnenen Attitüden nur geschwächt haben! Das war alles so unglaubwürdig und langweilig, dass ich manchmal am liebsten gerufen hätte: "So gesehen bin ich gewiss nicht *gläubig* - aber durch und durch lebendig und das ist auch gut so!"

› Gott? Zu deiner Beruhigung: Ich weiß auch nicht, wer er ist - wir wissen es alle nicht! Darüber musst du dich nicht wundern. Ich habe dir ja schon mehrfach gesagt, dass wir mit den Worten sehr behutsam umgehen müssen! Ein Begriff sagt noch gar nichts. Er kann allenfalls etwas schattenhaft umreißen - nur vergessen wir darüber gern, dass ein Schatten ... beweglich sein kann und wandern. Du siehst also ... 'Gott' - nun ja ... !

Diesmal habe ich gar nicht gespürt, wie 'es' kommt. Die Stimme ist in meinem Inneren mit einer Intensität ausgebrochen, als wolle sie darauf pochen, sich als 'lebendiges Wesen' zu präsentieren. So nenne ich 'es' ja auch - voller Respekt. Sobald es da ist, verstummt mein Gequassel.

› Hör mir gut zu ... Überall im Universum, wo das Bewusstsein eine gewisse Reife erlangt hat, erachtet man den Gottesbegriff, wie er auf Erden gepflegt wird, als sinnlos. Er gilt als allzu schlicht, ja geradezu kindisch. In diesen Regionen ist allen klar, dass Gott keine Person ist, sondern eine Kraft, ein absolutes Bewusstsein, das sich immer weiter ausdehnt. Wenn wir uns entwickeln und wachsen, wird auch er größer. Für meinesgleichen ist der Name Gottes lediglich der Versuch, auf einen unbeschreiblichen Liebesimpuls hinzuweisen. 'Gott' entspricht einer ganz realen, unfassbaren Kraft, die in allen Bereichen ihrer

Schöpfung gleichermaßen anwesend ist. Sie durchdringt und trägt *alles*, was aus der Welle ihres Bewusstseins hervorgegangen ist. Der Mensch spielt keine privilegierte Rolle. Es mag ein wenig abstrakt klingen, todernst ist es aber nicht ... Es ist heiter, voller Freude! Jedenfalls tritt Gott bei uns schon lange nicht mehr in Gestalt eines bärtigen, alten Mannes auf - und auch nicht als Richter im Sinne einer menschlichen Moral.

Man kommt der Sache näher, wenn man *das* liebende Bewusstsein in Ihm sieht, welches alles übersteigt, an dessen Impuls und Bewegung wir aber zugleich ständig Anteil haben, zu dessen Dynamik wir beitragen. So kann man sich Ihm ganz sanft annähern. Das ist vielleicht ein Weg.

'Gott' - sofern dir an diesem Wort gelegen ist - straft nicht und belohnt auch nicht, oh nein! Sollten wir diese lächerliche, alte Vorstellung nicht endlich über Bord werfen? Für uns ist Gott jene Stimmigkeit und Harmonie aufgrund derer jede Lebensform in der Lage ist, sich selbst ins Gleichgewicht zu bringen. Sie nähert sich dabei der Quelle, aus der sie entsprungen ist ... und an der sie teilhat, schon durch ihr bloßes Sein.

Die Auferstehung rückt damit in ein ganz anderes Licht. Der tiefere Sinn des Osterfestes bekommt eine völlig neue Dimension. Es erscheint als Hochzeit oder Wiedersehen ... denn es entspricht einer Verschmelzung mit dieser ursprünglichen Liebeskraft, die in Vergessenheit geraten ist, obwohl sie uns im Grunde ständig begleitet.

› Dann ist Vergessen also das eigentliche Problem!

› Das Vergessen innerhalb der Illusion der Zeit. Das Problem ... oder besser die Lösung, liegt darin, dieses Paradox zu überwinden. Streng genommen ist nämlich alles mit dem gigantischen Bewusstseinsfeld verbunden, das man 'Gotteskraft' nennt. Nichts entgeht seiner Gegenwart, Er ist noch im kleinsten

Atom. Die göttliche Anwesenheit steht weit über der Frage, ob man daran glaubt oder nicht. Ein jedes Wesen, jegliches Element der Schöpfung, so gering es auch sei, darf sich als erhabene Facette Gottes fühlen ... eines Gottes, der sich auf das Abenteuer eingelassen hat, sich in seiner Schöpfung zu verlieren und zu vergessen ..., um diese immer größer zu machen.

Ja, so ist es ... Schreib also, dass der alte Mann mit dem Bart – den Menschen nach ihrem Bilde geschaffen haben – und der auch wie ein irdisches Wesen denkt, indem er ein Volk dem anderen vorzieht ... und wie ein Lehrer in der Schule in Stein gemeißelte Gesetze vertritt, an denen nicht gerüttelt werden darf, die Sternenwesen zum Lachen bringt! Wir schütten uns aus vor Lachen über ihn.

› Wenn ihr so über 'Gott' denkt – und diese Auffassung erscheint mir durchaus plausibel – befürwortet ihr gewiss auch keine bestimmte Religion?

› Das siehst du ganz richtig. Es wäre völlig widersinnig! Eine Religion ist nichts als ein Glaubensbekenntnis, ein Credo aus Lebensvorschriften und Ritualen, mit dem Ziel, das Volk moralisch zu unterstützen, ihm ein Ideal zu vermitteln und Hoffnung zu geben. Genau wie Meditation ist auch Religion kein Selbstzweck. Man kann sie mit einer Leiter vergleichen oder einem mehr oder minder gewundenen Pfad, den man so nehmen muss, wie er ist.

Nun hör' mir gut zu ... Sobald uns bewusst wird, dass wir bereits Spuren dieses Pfades in uns tragen ... und die Leitersprossen in unserem Herzen von jeher einzeichnet sind, sieht alles gleich ganz anders aus. Die Dinge erscheinen in einem völlig neuen Licht und bekommen einen anderen Wert. Man spürt den Drang, eigenständiger zu werden. Religionen kommen einem dann vor wie Eltern, an die man sich anlehnen musste, so lange man sich noch nicht selbst gefunden hatte. Ich möchte ganz offen zu dir sein, auf die Gefahr hin, dich vielleicht zu schockieren. Aus unserer Sicht sind die irdischen Religionen nur ein Notbehelf – der im Moment wohl noch unvermeidlich ist.

Die Bedeutung der Meister der Weisheit, welche den Impuls zu diesen Religionen gegeben haben, soll damit in keiner Weise herabgesetzt werden. Die Religionen wurzeln zwar im geistigen Potenzial, das diese Meister in die Welt gebracht haben – Religionsbegründer sind diese aber nicht.

Alle Glaubenssätze, Rituale, Verbote, Pflichten und festgefahrenen Vorstellungen, die später daraus hervorgingen, sind rein menschliche Erfindungen. Es sind nichts als Anhaltspunkte, die eurer Persönlichkeit und euren Bedürfnissen entsprechen und euch Orientierung geben. Wir haben im Laufe der letzten Millionen Jahre immer wieder versucht, euch von diesem Verhaltensmuster abzubringen, doch das Ergebnis war stets dasselbe. Sobald sich eine Öffnung auf Unbegrenztes auch nur abzeichnete, wurden sogleich wieder Mauern errichtet. Jede Horizonterweiterung wurde sofort abgeschmettert, um Denken und Bewusstsein wieder in überschaubare Bahnen zu lenken. Ich muss schon sagen, dass mein Volk dieses typisch irdischen Verhaltens langsam überdrüssig ist. Ja ... Das kommt dir merkwürdig vor, nicht wahr?

› Ehrlich gesagt ist es schwer vorstellbar, dass Wesen wie ihr enttäuscht oder entmutigt sein können.

› Wieso denn? Ich habe dir doch gesagt, dass wir uns nicht wesentlich von euch unterscheiden. Warum sollten nicht auch wir von Zweifeln geplagt werden oder mit Enttäuschungen umgehen müssen? Es fällt uns einfach leichter, über den Dingen zu stehen, weil wir eher zu inneren Höhenflügen fähig sind. Das unterscheidet uns von euch. Die verschlungenen Pfade des Denkens, die ihr alle kennt, sind auch uns nicht fremd. Auch wir mussten uns mit Hindernissen und Holzwegen herumschlagen. Wir haben uns nur nicht so lange damit aufgehalten, darum scheinen wir 'weiter' zu sein. Das heißt aber nicht, dass wir stets bruchlos und fraglos "Ich bin" sagen können - das ist durchaus nicht immer so einfach.

Vor allem sind wir stets bereit, *noch mehr* zu lieben und unser Herz weiteren Wandlungen zu öffnen. Es ist an der Zeit, eure Vorstellung von Außerirdischen als roboterähnliche, kalte und emotionslose Wesen, die stets reibungslos funktionieren zu überwinden!

Um noch einmal auf das Thema Religionen zurückzukommen - du weißt doch bestimmt, dass mein Volk durchaus dafür war, der Erde einige davon nahezubringen. Das war zu einer Zeit, als eure Menschheit so sehr auf der Suche nach sich selbst war, dass sie als einzig mögliche Stütze erschienen. Doch leider klafft zwischen Ideal und Wirklichkeit oft eine allzu große Kluft. Und so wurden aus den Religionen, von wenigen Ausnahmen abgesehen, bald Institutionen, die vor allem dem menschlichen Machthunger dienten. Unversehens verwandelten sie sich in komplexe Maschinerien, die das Bewusstsein eher einschränken, als neue Horizonte zu eröffnen. Sie lassen es geradezu einrosten.

Meine Äußerungen mögen recht hart und provokant anmuten. Ich möchte sie jedoch nicht abmildern, denn es ist an der Zeit, uns von 'geistigem Dirigismus' und moralischer Bevormundung jeder Art frei zu machen.

Ich sage das ohne Groll - doch das Gros eurer religiösen Oberhäupter kommt im Grunde einer Gruppe von Machthabern gleich. Sie stehen an der Spitze einer Hierarchie und führen mit harter Hand eine Politik, der es in erster Linie um den Erhalt von Dogmen geht. Selbst wenn sie es ändern wollten, könnten sie es nicht, sind sie doch selbst Teil des Systems. Die kirchlichen Institutionen sind inzwischen so weit verzweigt und so eng mit den Partikularinteressen und Machtgelüsten ihrer Mitglieder verwoben, dass ein Einzelner kaum noch etwas ausrichten kann.

› Siehst du in diesen Verhaltensweisen nicht so etwas wie ein unabwendbares Schicksal? Du sagst ja selbst, dass eure Anstrengungen stets vergebens waren. Lassen sich solch fatale Mechanismen denn überhaupt überwinden? Und ... was bedeutet euer verstärktes Auftreten in letzter Zeit? Habt ihr den Eindruck, dass jetzt andere Bedingungen herrschen?

› Ja, die Bedingungen haben sich wirklich verändert. Die Erdbevölkerung wird schließlich auch älter ... und damit reifer, selbst wenn es auf den ersten Blick nicht den Anschein hat. Wir setzen unsere Hoffnung auf jenen Teil der Welt, der Zugang zu einer großen Menge an Daten hat, denn eine der Lösungen des aktuellen Problems hängt tatsächlich mit Informationen zusammen. Oder glaubst du etwa, die Bedingungen, welche für eine Bewusstseinserweiterung erforderlich sind, seien eher bei Völkern zu finden, die Tag für Tag ums Überleben kämpfen? Nein, die sogenannte Abendländische Gesellschaft trägt die Verantwortung für das, was in den nächsten Jahren geschieht. Nur sie besitzt den Zugangscode zu einer völlig neuen Vision der Dinge. Alle Menschen, die der abendländischen Kultur angehören - oder Zugang zu ihr haben, stehen heute in der Pflicht, ihr Leben neu zu überdenken ... also auch du. Die Grundbedürfnisse sind mehr als gedeckt und jedes Mitglied der Gesellschaft kann aus einem riesigen Fundus an Informationen schöpfen. Wir zählen also auf diese Menschen - sozusagen auf diese "geistige-seelische Batterie". Darum dürfen Informationen nicht zurückgehalten werden! ... Wir müssen die Schutzwälle jeglicher Zensur durchbrechen. Ein Großteil der Gesellschaft, in der du lebst, steht einer weitherzigen, liebevolleren Lebensauffassung bereits offen gegenüber. Es fehlen nur noch ein paar entscheidende Impulse ..., die aber totgeschwiegen werden. Sie werden bewusst bekämpft. Es gibt da eine 'Verschwörung des Schweigens' ... vonseiten einer Minderheit, die ihre egoistischen Bestrebungen in den Vordergrund stellt und die Medien unterdrückt. Ohne die Medien ist es aber nicht zu schaffen. Sie spielen eine wichtige Rolle.

An dieser Stelle macht die Stimme im Inneren meines Kopfes eine lange Pause. Es fühlt sich an, als sei ihr plötzlich bewusst geworden, welch bitterernste Wendung unser Gespräch auf einmal genommen hat. Am liebsten würde ich sagen: "Hören wir damit auf, lass uns ein heiteres Thema anschneiden." Aber da kommt mir noch eine Frage ...

› Du hast von einer 'Verschwörung des Schweigens' gesprochen – meinst du damit die berüchtigten 'Schattenmächte', von denen in gewissen Kreisen die Rede ist?

› Hör mal ... auch diesen Begriff solltest du aus deinem Wortschatz streichen. Nicht, weil er nicht gerechtfertigt wäre, sondern weil er eine viel zu dualistische Weltauffassung befördert. Nenn es doch lieber 'trennende Kräfte'. Ich finde, das klingt besser und trifft die Sache eher. Das Universum basiert ja auch nicht nur auf Annäherung. Der Schatten ist aus dem Licht hervorgegangen, das darf man nie vergessen. Die Kraft, die ihr Gott nennt, hat uns ja gerade die Möglichkeit an die Hand gegeben, uns der Vereinigung zu verweigern. Hast du dir schon einmal klargemacht, dass das Eine 'die Zwei' erst erschaffen hat? Das ist doch kinderleicht. Die Einheit trägt das Potenzial der Mannigfaltigkeit schon in sich. In diesem Sinne gehört ‘das Trennende’ einfach dazu.

› Als Vorstellung ist das leicht zu akzeptieren, aber im Alltag kann es einen zuweilen schon zur Verzweiflung treiben, das musst du zugeben! Wie kann man eine fatalistische Haltung vermeiden, wenn uns an jeder Ecke ‘Trennungen’ auflauern? Ich finde nicht, dass solche Bemerkungen für unser Gespräch und meine Notizen darüber sehr konstruktiv sind.

› Diese Antwort habe ich erwartet! Aber es ist schon recht so ... Wir plaudern hier unter Freunden, da darf man sich mit Einwänden nicht zurückhalten. Wir wollen keine Hintergedanken hegen!

› Und was ist deine Antwort?

› Nun, eine fatalistische Haltung ist durchaus begründet, so lange man das Leben als Kampf auffasst. Die naive Vorstellung eines ‘lieben Gottes’ beschwört zwangsläufig die Existenz eines ‘bösen Gottes’ herauf. So gesehen gäbe es zwei gleichrangige Götter, die sich permanent gegenseitig bekriegen. Diese eingeschränkte Vorstellung eines ständigen Hin- und Herpendelns führt aber nicht weiter. Die Frage wäre ja dann, wer dieses ‘Pendel’ eigentlich in der Hand hat ... und wer es erfunden hat. Um sie zu beantworten, muss man über das Denken hinausgehen, die Unterscheidung zwischen ‘Eins’ und ‘Zwei’ hinter sich lassen und in jenen Raum zwischen Tatsachen und Gedanken vordringen, wo das Spiel seinen Anfang nimmt. Es ist zugleich der Ursprungsort deines höheren Bewusstseins.

Legt man sich also mit dem Spiel des Lebens an, so sitzt man dem Irrtum auf, es sei nichts als harte Arbeit – ein permanenter Kampf. Dann bewegt man sich im Bereich des Dualismus.

Wendet man sich hingegen dem Spieler im Zentrum des Lebens zu, hat man Anteil an der Essenz des Glücks.

Genau in diesem Moment stelle ich mir auf einmal vor, dass mein Gesprächspartner mir gegenüber am Tisch sitzt, wieso weiß ich nicht. Während die Bögen der Buchstaben in meinem Heft aufs Papier fließen, vermeine ich sogar seinen Blick zu spüren. Was er sagt, wirkt ja recht ernst, doch ich könnte wetten, dass er Vergnügen dabei empfindet. Ich sehe ihn förmlich lächeln ...

› Wenn ich dich recht verstehe, sage ich nun etwas lockerer, beruht das Denken und die Selbstwahrnehmung deines Volkes auf einer inneren Haltung, bei der es darum geht, sich nicht ständig in der Schwebe zwischen Gut und Böse zu sehen – wie beim Seiltanz ... oder als sei man an ein Pendel geknüpft, das zwischen diesen beiden Polen hin- und her schwingt.

› Ich muss dich leider sofort unterbrechen ... Es geht überhaupt nicht darum, sich so oder so zu sehen. All das gehört noch dem Reich der Vorstellung an. Es geht darum einzusehen, dass nichts von alledem stichhaltig ist. Wir sind weder das Spielbrett noch die Steine, ja, nicht einmal die Hände, die diese bewegen ..., sondern zugleich die Erfinder des Spiels, das Spiel selbst, die Spielsteine und die Spieler. Wie könnte es da Gewinner oder Verlierer geben? Das Gleichgewicht unserer Welt basiert, wie gesagt, nicht auf Philosophie, sondern auf dem Willen, sich der immensen Fülle all dessen anzunähern, was sich hinter dem Schleier der Philosophie erahnen lässt.

› Und welche Rolle spielt die Liebe dabei? Dazu hast du noch fast gar nichts gesagt ...

› Ja, mit Absicht, denn über ‘die Liebe’ müsste man ganz anders sprechen. Sie ist zu einer ziemlich schwammigen Zutat verkommen, mit der man nach Belieben jede Speise würzen kann ... Selbstverständlich wird die Liebe ewiglich das entscheidende Bindeglied sein. Sie ist Wille.

› Wieso das denn?

› Ja ... Sie kommt einer Entscheidung gleich. Sie entspricht der Entschlusskraft, den Spielleiter zu sich zu rufen und im eigenen Inneren zu entfalten ... Ihn zu suchen und Ihm zu folgen. Doch im Grunde läuft beides auf dasselbe hinaus, denn es gibt weder ‘innen’ noch ‘außen’ - weder ‘oben’ noch ‘unten’.

› Das ist ja wirklich schwindelerregend. Wir hängen also völlig in der Luft - mitten im Nichts!

› Sag lieber, inmitten von ‘Allem’ ... also ganz in der Nähe des Göttlichen Hauchs. Das ist doch gar nicht so schlecht, oder?

# Mittwoch, 15. April

Die letzte Nacht war höchst ungewöhnlich. Ich befand mich auf einmal nicht mehr in meinem Zimmer, sondern schritt in einem lichtvollen Raum vorwärts. Erneut wusste ich nicht, wie ich dahin gelangt war und auch nicht, wohin ich eigentlich ging. Natürlich werde ich jetzt zu hören bekommen: "Das hast du nur geträumt!" Aber jeder weiß, was ein Traum ist und mir war sofort klar, dass es sich hierbei um etwas anderes handelte. Mein Bewusstsein wurde einfach von einem anderen *Kanal des Lebens* angezogen. Während ich mich in dem Licht ein wenig voranbewegte, fühlte ich mich unglaublich gut. Keinen Augenblick zweifelte ich daran, dass ich etwas Vertrautem begegnen würde. Da erschien mir auch schon eine menschliche Gestalt. Es war dieselbe wie vor zwei Wochen. Sogleich schoss mir ein Gedanke durch den Kopf: "Sie wird sofort verschwinden ... Bestimmt liege ich gleich wieder in meinem Bett und fühle mich schlecht." Doch nein, das geschah nicht. Die Gestalt kam sogar auf mich zu. Alsbald standen wir uns gegenüber ... und da war ich doch sehr überrascht – ja, ich bekam sogar einen tüchtigen Schrecken. Das Wesen war nicht etwa ein Mann, wie ich gedacht hatte, sondern eine Frau – eine große, schlanke Frau, deren Lächeln etwas von einem Buddha hatte. Angesichts ihrer rätselhaften und verwirrenden Ausstrahlung verebbte mein Denken - doch zugleich wirkte sie zutiefst vertrauenserweckend auf mich. So war mir in ihrer Anwesenheit ein Augenblick wahren Friedens vergönnt. Nicht Emotionen durchströmten meine Seele, nein. Nur die wunderbare Gewissheit, ganz bei mir zu sein, in meinem eigenen Innersten, das viel wirklicher war, als meine Alltagswelt. Von diesem Gefühl ließ ich mich wiegen. Die Frau, die wenige Schritte vor mir stand, war jung - aber nicht so, wie wir es gewohnt sind. Es war eine *andere* Art von Jugendlichkeit - so anders, dass ich fast geneigt bin, sie nun, da ich diese Zeilen niederschreibe, 'alterslos' zu nennen. Die Zeit schien keinen Einfluss auf sie zu haben. Da sie offensichtlich jenseits der uns bekannten Zeit stand, konnte sie also durchaus sehr alt sein. Ich nahm nur die makellosen Züge ihres Antlitzes wahr und das halblang herabfließende Haar ... Ihr Blick war glasklar ... und dann war es vorbei!

Mit einem Schlag war ich wieder in meinem Bett - als würde man einen Schalter umlegen, als hätte eine höhere Macht eingegriffen und ihren Willen wirken lassen. Diesmal saß ich nicht nur darin ... Ich hatte die Augen weit aufgerissen, wie am hellen Tag.

Und nun, heute Morgen, warte ich - wohl auf eine Erklärung oder darauf, dass noch etwas kommt. Dabei geht es mir weniger darum, meine Fragen loszuwerden - denn ich bin vom Frieden dieser Nacht noch erfüllt - als darum, die ganze Ladung an Informationen weiterzugeben, die das Leben durch mein Bewusstsein jagt.

› Du warst erstaunt, nicht wahr?

› Um ehrlich zu sein, hätte ich nicht gedacht ...

› ... dass eine Frau zu dir spricht?

› Ja ... zugegeben. Unsere Welt verleitet einen zu so vielen unbewussten Reaktionen ... das macht man sich gar nicht mehr klar! Als ich deine Stimme heute Morgen wieder hörte, habe ich schon gemerkt, wie weiblich sie klingt. Ich weiß gar nicht, wieso ich all diese Nuancen vorher nicht wahrgenommen habe. Jetzt finde ich es ganz offensichtlich.

› Nein, so eindeutig war es nicht. In unserer Welt ist der Unterschied zwischen den Geschlechtern weniger ausgeprägt, als in deiner. Es gibt ihn natürlich, er erscheint uns aber völlig zweitrangig. Die Geschlechtsmerkmale - die beiden Siegel des Lebens - sind sehr gleichmäßig ausgeprägt. Wir haben längst verinnerlicht, dass man von seinem Wesen her Mann und Frau zugleich ist. Lediglich die inkarnierte Persönlichkeit entscheidet sich für eines der beiden Geschlechter, um ihre individuellen Ziele zu verfolgen. Das weitet den Blick und eröffnet ganz andere, lichte Horizonte. Wenn man für diese Gegebenheit aufgeschlossen ist, weitet sich das Bewusstsein und überwindet Zweifel und Ambivalenz ... Ich bin schon eine Frau - kein Zwitterwesen! Allerdings ... lässt es tief blicken, dass du mich gleich für einen Mann gehalten hast. Es sagt einiges darüber aus, wie deine Welt funktioniert.

› Stimmt, das muss ich zugeben ... Anscheinend traut man die Rolle eines Heilsüberbringers oder Lehrmeisters nur Männern zu - denn so etwas bist du doch, auch wenn du diese Zuschreibungen von dir weist. Nun ja, zum Glück gibt es auch ein paar große weibliche Figuren, aber verhältnismäßig wenige.

› Und woran liegt das deiner Ansicht nach? Nun ist es an mir, dich etwas zu fragen: Sind weibliche Seelen etwa unterentwickelt? Haben sie weniger Möglichkeiten, sich innerlich zu entfalten?

› Das hängt wohl mit den großen Zyklen der Menschheitsgeschichte zusammen. Wir hier auf Erden haben ja ein ziemlich schlechtes Gedächtnis. Aber ich denke doch, dass es im Verlauf unserer Evolution durchaus Epochen gab, in denen die weibliche Empfindsamkeit vorherrschte und viel nachhaltiger als heute zur Erweckung der Seelen beitrug. Aber freilich ist das nur ein Aspekt der Frage.

› Auch Frauen können ein männlich geprägtes Denken an den Tag legen. Das führt zu einem 'invasivem', zupackenden Verhalten - mit allen Vor- und Nachteilen.

› Die Vorteile liegen vermutlich in einem tatkräftigen, strukturierten und konstruktiven Vorgehen.

› Genau. Die Nachteile lassen sich grob fassen als Tendenz, systematisch alles im Keim zu ersticken, was 'anders' ist und nicht zu vorgefertigten Vorstellungen passt. In den letzten Jahrtausenden haben es weit mehr Frauen als gedacht zu wahrer Meisterschaft gebracht, standen aber stets im Schatten männlicher Glanzleistungen. Die öffentliche Anerkennung wurde ihnen verwehrt. Sie wurden schlichtweg unterdrückt.

› Was du da sagst, ist geeignet, den ewigen Kampf der Geschlechter nur weiter anzufachen!

› Keineswegs. Ich spreche von einer männlich geprägten Gesellschaft und nicht von Männern im Gegensatz zu Frauen. Außerdem gibt es viele Frauen, die auch in dieser Gesellschaft ihren Platz finden und bis aufs Messer verteidigen. Es geht dabei weniger um physische Unterschiede, als um eine Polarität im Bereich der Sensibilität - und diese ist in unserer Welt sehr ausgeglichen. Da herrscht Harmonie.

› Dazu muss ich dir unbedingt eine Frage stellen. Mir ist nämlich aufgefallen, dass oft Folgendes gesagt wird: "Zum Glück ist das nur eine Utopie - eine solche Welt wäre doch furchtbar langweilig!" Im Grunde meint man damit: "So etwas wie 'Gleichgewicht' ist fade und ereignislos. Glück hat keine Geschichte! Gott sei Dank kommt das nur in Träumen vor." Darüber hatten wir ja bereits gesprochen. Du lebst in einer solchen Gesellschaft. Wie siehst du es denn?

› Oh, das ist ganz einfach. Darauf werde ich immer dieselbe Antwort geben. Man erschafft sich seine Verhinderungen und Schutzwälle stets selbst. Wenn Herz und Seele einer Festung gleichen – kann man sich eben nur Machtbeziehungen vorstellen. In einem solchen Umfeld wetzt doch jeder sein Messer und setzt es dann auch ein! Das scheint dann der Sinn des Lebens zu sein. Kampf und Leid – als zwangsläufige Folge – werden zum einzigen Lebensinhalt, zum alleinigen Antrieb. Dieser höllische Mechanismus wird von einem archaischen, höchst kindischen Impuls immer wieder angestoßen und zum Selbstläufer. Alles, was davon abweicht, erscheint unrealistisch. So viel zum Thema 'Utopie'!

Und was das Glück angeht, das angeblich nichts zu erzählen hat ... Das ist auch so eine überkommene irdische Vorstellung, die sehr schwer auszurotten ist. An ihr allein erweist sich schon der Zustand deiner Gesellschaft. Kannst du mir sagen, warum man Konfliktfreiheit für langweilig oder öde hält?

› Vermutlich weil Harmonie, Ausgeglichenheit und Glück uns wie eine weite Ebene erscheinen, auf der nichts passiert, während man Machtbeziehungen eher mit Bergen vergleichen könnte, die man erklimmen oder Meeren, die man durchschwimmen muss. Das empfinden wir wohl als anziehender, weil es spannender und anregender ist – auch wenn man sich dabei abquält.

› Nun, du weißt ja jetzt, wie ich aussehe ... Sag mal, mache ich etwa einen verdrießlichen Eindruck auf dich? Wirke ich wie jemand, der gelangweilt auf der glatten Oberfläche eines Sees dahinschwebt?

Bei dieser Frage spüre ich, wie ein Lächeln meinen Mund umspielt. Natürlich nicht ... Ganz im Gegenteil, das Glück, das meine Gesprächspartnerin ausstrahlt, wirkt alles andere als eintönig. Sie bewegt sich zweifellos nicht nur auf eingefahrenen Schienen. Dieses Glück - *ihr* Glück - wirft vielmehr ein Licht auf das Geheimnis, nach dem wir alle suchen.

› Wieso sprichst du immer von Geheimnis? Es gibt gar keines! Das zeugt nur von Unverständnis und irrigen Ansichten. Ihr stellt euch die natürliche Ordnung der Dinge ganz falsch vor. Keine höhere Kraft hat jemals versucht, eurer Menschheit Wahrheiten zu verschleiern - weder mit Absicht noch aus Willkür. Nein, ihr steckt sozusagen freiwillig in einer Sackgasse. Im Moment macht ihr nun einmal diese Erfahrung ... und zwar gerade aufgrund eurer Freiheit. Ihr verhaltet euch wie Fliegen, die auf der Suche nach Licht und Luft stundenlang gegen ein Fenster fliegen. Ihr müsst nur die Richtung wechseln, das ist alles. Im Grunde macht ihr euch schlichtweg falsche Vorstellungen vom Glück. Sie basieren nämlich auf einer verzerrten, allzu starren Vision des Universums. Eure Sicht auf die dort herrschenden Gesetze ist viel zu egoistisch. So glaubt ihr etwa, im Zustand des Glücks fielen alle Fragen flach und man hätte keine Schwierigkeiten mehr zu überwinden. Wie kommt ihr nur darauf? Glücklichsein hat noch nie bedeutet, keinen Hindernissen mehr zu begegnen, sondern sich über sie hinwegzusetzen. Versteh mich recht - das Leben ist im Wesentlichen dynamisch. Es treibt alles, was sich ihm in den Weg stellt, zur Weiterentwicklung an. Das ist seine Natur. Entwicklung aber bedeutet Aufbau. Dabei stößt man zwangsläufig immer wieder auf verschlossene Türen. Beziehungen müssen immer wieder neu gefasst - ja, neu erfunden werden. So gilt es unablässig Brücken zu bauen ... Das steht der Gefahr, in Schlaf zu versinken, entgegen. Man darf sich nur nicht im Kreise drehen. Kurz gesagt: Es geht darum, sich aus der Lethargie eingefahrener Gewohnheiten zu befreien.

Da fällt mir eine Frage ein, die man mir selbst oft gestellt hat.

› Müssen wir also lernen, Ungewissheit und Unbequemlichkeiten in Kauf zu nehmen? Meinst du das?

› Keineswegs. Es geht vielmehr um eine Übung der Weisheit ... und zwar die Situation, in die wir gestellt sind - oder die wir uns aussuchen, nicht zu dramatisieren. Im Übrigen ist die 'Unsicherheit', von der du sprichst, sehr relativ. Jeden Tag anderswo zu übernachten - wie Menschen es tun, die reisen müssen - werden manche ausgesprochen lästig finden. Andere aber haben Freude daran und empfinden es als Abenteuer. Es kommt ganz darauf an, wie man es sieht. Entscheidend ist, wovon unsere Seele sich angezogen fühlt, welche Sehnsucht sie hegt, weiter nichts. Das ist leicht einzusehen ... Man muss es aber auch leben. Das muss man lernen. Jedenfalls dürft ihr euch nicht mehr mit Worten zufriedengeben. Um noch einmal auf das Glück zurückzukommen ... wie gesagt - um glücklich zu sein, muss man sich der Idee der Wandlung öffnen. Dafür gilt es, eine besondere Beziehung zu den wechselvollen Wegen des Lebens und zum Leiden aufzubauen. Wir können uns den Anforderungen und Lehren des Lebens verschließen oder ihnen unvoreingenommen gegenüberstehen, wir können das

Glück mit offenen Armen empfangen oder lieber in der Opferrolle verharren. In diesem Sinne ist Glück ein Gesinnungszustand, den man selbst erschafft. Es genügt nicht, auf das Glück zu warten. Vielmehr geht es darum, zu lernen ... es zu zünden, also gleichsam in unserem Inneren 'den Zündschlüssel' dafür zu betätigen. Das ist in erster Linie ein Willensakt. Darum wird sich jeder Mensch dem Glück auf ganz eigene Weise nähern ... Wann man beginnt, es wahrzunehmen, wann es sich entfaltet und Früchte trägt – das ist bei jedem anders.

Das Wunderbare aber ist, dass Glück sich immer weiterentwickelt. Sofern man nicht innerlich erstarrt ist, kann man ständig daran arbeiten. Anders als ein weit aufgeblühter Blütenkelch nahe am Verwelken, gleicht das wahre Glück einer Blume im ewigen Frühling, die ihre Blütenblätter nach allen Seiten reckt. Entsprechend gilt es auch, die Seele allmählich für die ewige Gegenwart bereit zu machen ...

› Die ewige Gegenwart ... das sind große Worte, findest du nicht? Welch hohes Ideal ... man kann allenfalls mit einem Lächeln dazu aufschauen. Ganz ernst nehmen kann man es wohl nicht ... sonst wäre es geradezu beängstigend.

› Das stimmt. Aber wiederum nur, weil man sich nicht die Mühe macht, darüber nachzudenken. Du hast ja selbst gesagt, dass die Dimension der Zeit auch einen psychologischen Aspekt hat. Auf Erden verbaut ihr euch den Weg zum Glück schon allein dadurch, dass ihr ständig auf die Zukunft fixiert seid. Wer entfaltet schon den gegenwärtigen Augenblick in seinem Herzen ... und genießt ihn so richtig? Genau das hieße nämlich, diesen Augenblick voll zur Entfaltung zu bringen ... gerade auch im Hinblick darauf, was er uns lehren kann. Ihr rennt ständig 'woanders' hin, seid permanent 'mit dem nächsten Ereignis' beschäftigt, das aber nie eintritt – denn es ist lediglich eine Linie am Horizont. Freilich, die Gegenwart kann anstrengend sein. Da ist die Aussicht auf eine bessere Zukunft durchaus eine gute Sache - vergleichbar einem Rettungsring in stürmischer See. Das ist aber kein Widerspruch. Jeder gegenwärtige Augenblick birgt einen Zugang zu den tiefsten Wurzeln des Glücks in unserem Inneren. Jeder kann diesen Ort aufsuchen. Eines Tages trifft man für sich selbst die Entscheidung, es zu lernen. Zunächst übt man den Umgang mit dem eigenen Zorn, lernt seine Affekte zu bändigen, Ängste und inneres Aufbegehren auszuhalten ... So wird man gelassener, ausgeglichen und heiter und gelangt schließlich zu einer ganz neuen Auffassung von Glück.

› Du meinst also, es entsteht, wenn man die Dualität überwindet und sich nicht gegen den Lebensstrom auflehnt ... gegen jenen wohlbekannten Energiefluss, der weiß, was er will und warum er es will.

› Das ist gar keine so abwegige Vorstellung ... Unser Glück wird stets vom Ausmaß unserer Weisheit abhängen.

› Jetzt muss ich dich schon wieder unterbrechen. Weisheit - das ist doch auch so ein schwammiger Begriff. Dieses Wort wirkt heutzutage so altbacken und abgehoben, dass man es fast nur noch ironisch auffassen kann. Alle träumen von Weisheit, aber kein Mensch weiß mehr, was das eigentlich ist ... Ist deine Welt ausschließlich von Weisen bevölkert? Da möchte ich schon wieder sagen: "Wie langweilig!"

Da geht plötzlich ein Windhauch durch die große Yuccapalme, die unter dem Glasdach neben meinem Schreibtisch ihre Blätter der Sonne entgegenstreckt. Ich selbst hatte ihn gar nicht gespürt. Die Blätter rascheln und bewegen sich, obwohl Tür und Fenster geschlossen sind ... Ich empfinde es als Lachen

– als großes Gelächter aus dem Winkel einer Natur, die mit der Situation verschworen mitschwingt ... wie ein Komplize des Wesens, das zu mir spricht ... und wirklich klingt die Stimme nun heiter und sogar freudig ...

› Ganz schön langweilig, in der Tat! Vor allem, weil ihr euch Weise immer noch als Yogis oder Mönche vorstellt, die im Schneidersitz in irgendeiner Klause hocken und ein asketisches Leben führen. So manch eingefahrene Auffassung verdient es langsam wirklich, aus eurem kollektiven Unbewussten verbannt zu werden, findest du nicht? Wie viele verstaubte Vorstellungen es da gibt! Glück und Weisheit entspringen aus ein und derselben Wurzel! Außerdem sagt man immer 'das Glück' und 'die Weisheit' – im Singular, als sei es etwas Einheitliches, dabei haben die beiden so viele Facetten ...

Gewiss mag es Menschen geben, die hinter Klostermauern eine bestimmte Form von Weisheit entwickeln. Andere wieder begegnen der Weisheit auf dem Deck eines Schiffes, während sie ihre Blicke über die Wellen schweifen lassen. Dort fühlt sie sich vielleicht auch ganz anders an. Man könnte zahllose weitere Beispiele nennen! Unsere Weisheit besteht darin, universelle Gesetze herauszufinden, um mit ihren Rhythmen gleichzuschwingen, aber auch diese Gesetze weiterzuentwickeln und der Vollkommenheit näher zu bringen. Das mag seltsam klingen ... die Schöpfung 'noch vollkommener' machen zu wollen ... Und doch liegt diesem Bestreben ein tiefer Sinn zugrunde. Man darf nicht vergessen – das Universum ist ja nichts Starres. Es dehnt sich unablässig aus, ist in einem ständigen Wachstumsprozess begriffen, andernfalls würde es implodieren. Das ist eine unserer grundlegenden Entdeckungen. An dieser Ausdehnung wollen wir Anteil haben – und damit auch an der

Vollendung der Lebenskraft in all ihren Facetten. Das treibt uns im Wesentlichen an. Es ist die Quelle unserer Freude. Diese Vision schürt auch unsere eigene Lebensenergie. Die Schöpfung ist wirklich ein Gemeinschaftswerk - der gemeinsame Wurf von Künstlern und Liebenden. Der Tag, an dem euch aufgeht, dass eure *Herzensverbindung* mit der Lebenskraft das Universum mitgestaltet, werdet ihr die ausgetretenen Pfade eures Denkens verlassen. Wenn ich 'Herzensverbindung' sage, so möchte ich dir damit die Fähigkeit in Erinnerung rufen, den Aufbau der Moleküle aller Dinge grundlegend zu verändern. Diese Anlage schlummert wirklich in euch. Doch um ins Innerste dieser Dynamik vorzudringen, muss man Selbsterkenntnis entwickeln und sich seiner Kraft und seines Edelmutes bewusst werden. Es gilt, sich im Klaren zu sein, dass man *göttliches Potenzial* in sich trägt. Genau darin unterscheiden wir uns von euch. Hässliches und Mittelmäßiges können uns nicht mehr motivieren. Das gehört sozusagen nicht mehr zum 'Kraftstoff', der uns antreibt. Dafür haben wir uns endgültig entschieden. Ja, es ist das Ergebnis einer ganz bewussten Entscheidung.

› Hat deine Gesellschaft also die Stufe der Perfektion erreicht?

› Auf diese Frage habe ich gewartet.

› Wieso?

› Weil sie tief blicken lässt ...Weil du wieder einmal übersiehst, dass wir Menschen sind! Etwas Perfektes ist fertig, abgeschlossen und erstarrt. Damit ist es langweilig - reinste Ödnis ... mit anderen Worten - der Anfang vom Ende. Dieser Blick auf die Welt ist Teil unserer Weisheit: Uns ist stets bewusst, dass es noch immer etwas Größeres und Besseres gibt und man darauf hoffen darf. Glaub aber nur nicht, in unserer Gesellschaft gäbe es keine Schwierigkeiten. Sie spielen sich nur auf einer anderen

Ebene ab, auf einer anderen Stufe der Lebensleiter. Ich möchte das nicht weiter erlautern, weil ihr es noch nicht ganz verstehen könnt, dafür fehlen euch einfach die Begriffe.

An dieser Stelle reißt die Kommunikation zwischen uns plötzlich ab. Da sitze ich wieder, den Stift vor mir auf der halbbeschriebenen Seite und warte ... hoffe ... jedes Mal ein wenig mehr. Daran habe ich mich nun schon gewöhnt. So langsam wird mir klar, wie wichtig die Besuche meiner Freundin aus der 'höheren Welt' inzwischen für mich sind. Ich muss aufpassen, dass ich nicht zu abhängig davon werde. Das ist mir schon klar, aber ... Auch der Nacken tut mir wieder weh. Er signalisiert mir auf seine Weise: "Es reicht." Will ich meine Verankerung im Irdischen nicht gefährden, muss ich auf ihn hören. Mein Körper ist gewiss weiser als ich ...

# Montag, 22. Juni

Nun bin ich wieder in Montreal. Es ist schon Sommer. Ich weiß gar nicht mehr, wann ich zuletzt am Schreibtisch gesessen und gewartet habe ..., um zuzuhören und alles zu notieren. In den letzten Wochen hat der Strudel des Lebens mich einfach mitgerissen. Konferenzen, Begegnungen, Gespräche ... Tausende Kilometer habe ich zurückgelegt und bin zahllosen Blicken begegnet ... einer Menge erwartungsvoller Menschen, sehnsüchtigen Herzen auf der Suche - Leuten, die nicht wissen, was ich erlebe und es vermutlich nie so recht verstehen werden. Denn so geschickt man auch versucht zu formulieren - zuletzt klafft doch eine Kluft zwischen den Worten auf dem Papier und der so subtilen und komplexen Innigkeit der gelebten Begegnung. Der Mont Royal steht unverändert an Ort und Stelle, doch die Bäume haben schöne, grüne Blätter getrieben. Der ganze Berg ist in Tiefgrün getaucht ... Ich hatte die allmähliche Verwandlung kaum bemerkt. Die Schlitten sind Mountainbikes gewichen, die nun ihrerseits die Pisten hinabrasen.

Es berührt mich, mein Gespräch 'mit dem Himmel', wie ich es manchmal scherzhaft nenne, wieder aufzunehmen, das muss ich schon sagen. Andererseits habe ich auch gelinde Zweifel ... Was, wenn ich gar keine Antwort mehr bekomme! Doch die Pforte meiner Seele öffnet sich heute Morgen wie von selbst. Sie steht sogar ganz weit offen ... als hätte meine lange Abwesenheit und die Unterbrechung der Notizen ihr eine willkommene Atempause verschafft.

› Hallo! sage ich innerlich. Die Situation amüsiert mich.

› Hallo! tönt es sogleich wie aus einem langen Tunnel. Du kommst also noch zu unseren Treffen?

Na also, geschafft! Der Ton ist schon mal da. Nun versuche ich, hinter geschlossenen Augenlidern den Blick des Wesens wiederzufinden. Ich weiß, dass es mich beobachtet.

› Nein ... ich beobachte dich keineswegs. Ich bin an deiner Seite und nicht auf einem Wachtposten. Es ist unsere gemeinsame Aufgabe, nicht nur deine! Mir scheint, das hast du ein wenig aus dem Blick verloren ...

› Stimmt, ich hatte es wirklich aus dem Blick verloren. Ich spiele ja nicht einfach die Rolle eines Sekretärs, der aufschreibt, was gesagt wurde. Es ist ein Austausch zwischen zwei Menschen und gerade das gefällt mir.

› Also, worüber sollen wir heute sprechen? fragt die Stimme.

› Das fragst du mich? Du hast doch bestimmt eine ganze Reihe von Gedanken im petto, wie üblich. Immerhin siehst du die Dinge ja von einer höheren Warte.

› Das heißt noch lange nicht, dass ich weiß, was Erdenbewohnern am Herzen liegt! Es heißt auch nicht, dass ich alle Windungen ihrer Gedanken nachvollziehen kann und weiß, was sie beschäftigt. Du musst mir also helfen. Im bin zwar im

Besitz einiger Schlüssel ..., aber ein Schloss musst schon du mir anbieten! Du hast doch jeden Tag mit den Bedürfnissen, Sehnsüchten und Ängsten deiner Mitmenschen zu tun. Kommt da nicht gelegentlich die unausgesprochene Bitte auf, mich - oder *uns* - etwas Wichtiges zu fragen?

› Die meisten Menschen, denen ich begegne, schlagen sich vor allem mit dem Thema Leiden herum. Oh, es ist nicht immer ein offensichtliches Leid. Manchmal ist es ihnen kaum bewusst und sitzt doch tief. Es stellt sich als ausweglose Lage dar ... oder als verzweifelter Versuch, ein Ideal zu erreichen, das sich ständig auflöst oder entzieht.

› Sofern es überhaupt je existiert hat ...

› Genau. Angesichts so viel Überdruss und Not fruchten die schönsten Lehren nichts. Sie kommen mir manchmal vor wie leere Hülsen, die nichts bewirken. Ich treffe oft Leute, die ihr Leben 'verkehrt herum führen' ... wie wenn man einen Pullover falsch herum anhat. Als sei ihnen auferlegt, sich nicht zu mögen und folglich auch das Leben nicht zu lieben ... Davon scheinen sie geradezu besessen zu sein. Und am Ende beklagen sie sich noch bitter über diesen Zustand. Sie wirken völlig antriebslos, bar jeglichen Schwungs - nichts kann sie aus ihrer Schmollecke herausholen. Hoffnung ist ihnen ein Fremdwort. Insofern frage ich mich, ob es sinnvoll ist, was wir hier tun ... und was deine - oder eure - Anwesenheit bei uns wohl ausrichten kann. Was können Worte schon bewirken, wo wirklich Not am Mann ist? Die großartigsten Lehren haben doch zuweilen etwas Morbides an sich. Sie wirken trocken und starr wie ein Skelett ...

› Aber ja ... es ist ein Skelett, damit muss man immer anfangen. Ist das Skelett nicht die Grundstruktur von allem, was aufrecht geht? Was glaubst du wohl, warum es heute auf der Erde so einen massiven Anstieg von Osteoporose und Knochenkrebs gibt?

Das hat bei Weitem nicht nur medizinische oder biologische Gründe. Es hängt auch damit zusammen, dass die Leute keinen Sinn mehr in ihrem Leben sehen. Sie fühlen sich nutzlos, sind ihres Daseins überdrüssig. Es ist das umfassende Gefühl, alles gesehen und nichts Großes mehr zu erwarten zu haben - vor allem keine Freude. Auch die Hoffnung, kreativ zu sein und selbst etwas erschaffen zu können, ist versiegt.

Es ist, als wären bei einem Baum Stamm und Äste vom Lebenssaft des Marks abgeschnitten worden. Mit der Kraft und Schönheit einer Seele hat das wahrlich nichts mehr zu tun - im Gegenteil. Es ist ein Zeichen geistiger Erschlaffung und Enttäuschung. Du siehst also, wenn ein paar beschriebene Seiten, einige Bücher, ja ... selbst ein paar in den Wind gesprochene Worte auch nur ein Skelett auf die Beine stellen - dann ist das doch etwas sehr Schönes! Ein Knochengerüst gibt stets die Kraftlinien vor, entlang derer sich die Lebensenergie entfaltet. Bringst du das etwa mit Tod und Verzweiflung in Verbindung? Ich sehe darin eine wohlgeformte Struktur, eine gute Basis. Doch was du über Prägung sagst - da muss ich dir völlig recht geben. Ihr habt euch vom Schwingungsfeld des 'Nicht-Liebens' erfassen lassen und schwört euch noch gegenseitig darauf ein. Darum wird euch das Leben zur Last ... alles erscheint sinnentleert und schicksalsschwer. In der Tat tragt ihr euer Leben 'verkehrt herum', wie falsch sitzende Kleidung. Das hast du sehr treffend ausgedrückt.

Doch wenn man es recht bedenkt, kann es auch ganz nützlich sein, ein Kleidungsstück anders herum zu tragen ... Man sieht dann nämlich das Etikett mit dem Herstellungsnachweis, also von welcher Marke es ist und aus welchem Material. Wenn man diese Seite des Lebens einmal durchgemacht und ertragen gelernt hat - da es dabei ja ständig nur um 'Aushalten' geht - so kommen dadurch auch bestimmte Dinge ans Licht. Das Etikett - damit meine ich unsere Herkunft, unsere Essenz, unsere Seele - trägt man nun also zur Schau ... man zeigt sie und muss sie endlich auch einmal zu Wort kommen lassen!

Es gibt Kinder, die man ganz sanft und behutsam behandeln muss, wenn man sie erreichen will, ... um ihnen zu helfen. Mit anderen muss man etwas strenger sein. Die Erdbevölkerung gehört eher in die letztere Kategorie. Darum lässt die Weisheit des Lebens als vollendeter Lehrmeister Strenge walten, wo es nötig ist. Sie sieht die Dinge in großem Zusammenhang, denn ihre Liebe ist echt - und nicht nur vorgetäuscht. Sie straft nicht - sondern bewirkt allenfalls, dass eine Seele, die des Leids noch nicht überdrüssig ist, sich kurz die Finger verbrennt, wenn sie sich immer wieder auf ausweglose Situationen einlässt.

› Sein Leben 'verkehrt herum tragen' ist in diesem Sinne auch ein Schulungsweg, der uns hilft, leben zu lernen. Es ist ein schmerzvoller, aber radikaler Weg, eine Möglichkeit, das Gespinst der Lügen 'aufzutrennen' und uns davon zu lösen.

› Und du glaubst wirklich, dass man stattdessen einen anderen Lebensentwurf 'stricken könnte'? Deine Theorie leuchtet ein, aber wenn man keine Hoffnung mehr hat ...

› Zunächst einmal ist es keine Theorie und außerdem gibt es nichts 'zu stricken'. Lebendigkeit ist jedem Menschen zutiefst inne, auch wenn es manchmal nicht den Anschein hat. Die Lebenskraft *ist* in uns. Wir müssen nur lernen, sie aus uns herauszusetzen und in die Welt zu bringen. Dabei folgt jeder seinem eigenen Rhythmus, seiner Kreativität und Kapazität, etwas aufzubauen. Weißt du, gerade um euch dabei zu helfen, dringen wir heute in eure Zeit ein.

# Mittwoch, 1. Juli

Lange habe ich über diesen Satz nachgedacht: "Wir dringen in eure Zeit ein ..." Die Aussage erscheint ja völlig klar ... und doch geht er mir ständig durch den Kopf, als würde er ein Geheimnis bergen. Wie viele *Zeiten* gibt es denn eigentlich? Genauso viele wie Welten? Und wie viele Welten gibt es dann? Ebenso viele wie bewusste Wesen? Heute ist Kanadischer Nationalfeiertag. Es ist schwül und still. Das rege Großstadtleben ist zur Ruhe gekommen. Ob 'dort oben' in den anderen Welten wohl auch Feste gefeiert werden? Wieder einmal sitze ich am Schreibtisch und stelle mir Fragen. Ich habe das Gefühl, dass mein Gast heute nicht kommt. Vielleicht hat sie auch frei ... Wieso sollte sie immer gleich zur Stelle sein, wenn ich Zeit habe oder das Bedürfnis, sie zu sehen?

Außerdem ist gerade irgendetwas nicht wie sonst, ich bin anders gestimmt und habe ein anderes Gefühl. Ich empfinde mich ruhiger, aber auch distanzierter, habe also mehr Abstand zu den Dingen. Man könnte sagen, mein Blick befindet sich ein wenig außerhalb von meinem Körper ... und das finde ich gut. Dieser Zustand behagt mir so sehr, dass ich mich ihm ganz hingeben möchte.

Mein Schreibtisch ist aus Glas. Auf einmal sehe ich in der durchsichtigen Platte – oder darauf, ich weiß nicht genau, breite, schwarz-weiße Lichtbänder senkrecht entlanggleiten. Sie folgen langsam aufeinander und erinnern mich an Lichtreflexe, die sanft über eine Landschaft gleiten. Es herrscht Stille. Ohne, dass es mir recht bewusst geworden ist, habe ich mich in mein tiefstes Inneres zurückgezogen und bald nur noch diese beweglichen Lichtstreifen vor Augen. Ich nehme nicht einmal mehr mein Schreibheft oder den Stift in meiner Hand wahr. Da ist nichts mehr! Nichts, als die Gewissheit, mich unendlich wohlzufühlen. Keine Fragen, keine Ängste ... Ich bin ganz bei mir – völlig frei von jeglichem Bedürfnis.

Was ist geschehen? Das weiß ich nicht, fühle mich aber plötzlich von etwas angezogen, völlig unvorhersehbar angesaugt ... von einem 'Anderswo'. Ein Teil von mir schwebt auf einmal zwischen den Welten – wohl mein innerstes Wesen, meine 'Essenz', denn ich fühle mich glasklar. Es ist eine Nacht, in deren Herzen es hell ist! Eine Nacht so sanft wie Samt, voller Sterne und Sternenstaub. Scheinbar bewege ich mich darin so langsam wie ein großer Vogel, der ganz gemächlich dahinzieht, weiß aber, dass ich in Wahrheit blitzschnell dahinrase. Der Raum, in den ich eindringe, ist so groß und tief ... Ja, ich entdecke wirklich das Universum. Welten streifen mich mit ihren Wolken aus Gasen, dann entsteht plötzlich ein Sog, dem ich mich nicht entziehen kann ... und ich durchquere wieder andere Gefilde. Sind es Planeten, Meteoriten oder Sandkörner? Das macht wohl kaum einen Unterschied. Ich bewege mich darin sehr gewandt, mit erstaunlicher Leichtigkeit, ohne im Geringsten willentlich eingreifen zu müssen ... Mein Gott – ist das schön! Es ist das Einzige, was mir dazu einfällt – diese wenigen, schlichten Wörter ... Dabei verschmelze ich doch gerade mit Galaxien. Ich weiß nicht, wohin mich all das führen wird, aber ich bin wild entschlossen, es zu erleben. Im Moment zählt nur das.

Wohin ich mich auch wende, überall quellen auf einmal Lichterscheinungen hervor. Sie sind schneller als ich und erscheinen inmitten dieser Sterne, wie im Universum ausgestreute Samen. Es sind geschmeidige, leicht abgeflachte ovale Formen. Ihr Perlmuttweiß kommt mir bekannt vor ... genau genommen sind sie mir überhaupt sehr vertraut. Ich weiß nicht genau warum, bin mir aber ganz sicher. Diese Gewissheit ist tief in meinem ureigensten Gedächtnis verankert. Außerdem weiß ich, dass sie unterwegs sind, um eine Saat auszubringen. Das haben sie mit den Worten gemein, die ich jetzt gerne finden würde ... in einem Moment, in dem ich nicht einmal Zugriff auf meinen Stift habe. Soll ich es wagen, sie Raumschiffe zu nennen, wäre das zutreffend? Ja ... und nein ... Jedenfalls sind sie nicht so metallisch und kalt wie wir es aus Science-Fiktion-Filmen kennen.

Es sind Lebewesen ... eine Art fluoreszierendes Plasma, das denkt, beobachtet und liebt ... es verströmt Liebe. Ja, genau, das ist es ... es verbreitet Liebe. Darum bewegt es sich auch schneller fort, als die Welten. Es ist eins mit dem Leben ... und mit der Zeit, an deren Windungen es sich schmiegt. Jetzt haben die Formen mich überholt. Ich sehe ihnen nach, schaue zu, wie sie sich langsam entfernen. Sie fliegen in Formation – gehorchen also alle einer gemeinsamen Weisheit. Wohin sie wohl unterwegs sind? Im Grunde bin ich überzeugt davon, dass meine Frage eigentlich sinnlos ist und man eher fragen müsste: "*Wann gehen sie*?" Denn ich habe zunehmend das Gefühl, in einem Kristalltropfen der Ewigkeit zu schweben.

Plötzlich falle ich ... Ein harter, fast schmerzhafter Sturz ... ein dumpfer Druck auf dem Herzen ... Es zieht bis in den Bauch und tut noch eine Weile weh. Dann sitze ich wieder recht benebelt auf meinem Stuhl. Es geht mir nicht gut damit, zurückgekehrt zu sein. Sogar das Atmen fällt mir schwer. Dennoch empfinde ich auch Glück ... ein Glück, dass ich - zugleich mit dem Schmerz - aus allen Poren meines Körpers zum Himmel singen möchte. Wo ich genau war, weiß ich nicht. Doch ist mir bewusst, dass ich mit etwas sehr Wesentlichem in Berührung gekommen bin. Ob ich es wohl wiedergeben kann? Verstehe ich es denn überhaupt? Heute wohl nicht mehr, denn meine Freundin von 'dort oben' ist nicht da, das spüre ich genau. Vielleicht morgen.

# Donnerstag, 2. Juli

Na, was sagst du zu dem Tropfen Ewigkeit?

Kaum habe ich die Feder zur Hand genommen, bricht die Stimme auch schon mit unverhohlener Freude in mir auf – voll Stolz und Begeisterung, fast wie ein Kind.

› Gestern hast du gedacht, ich sei nicht da, nicht wahr? Aber was heißt denn das überhaupt – 'da sein'? Schau dich einmal um ... heute bin ich doch auch nicht da. Du würdest mich im Umkreis von Tausenden von Kilometern vergeblich suchen! Es gibt nur ein Einziges 'hier' oder 'da', das zählt – und das befindet sich mitten in deiner Brust. Moment ... lass mich ausreden ... Ich deute nicht etwa auf dein Herz, weil es gut ankommt, alles auf das Herz zu beziehen. Das Herz für unseren Ursprung zu halten, ist ja längst ein Klischee. Nein, ich verweise darauf, weil es zugleich Türe, Schloss und Schlüssel ist. Die Wirklichkeit, die sich hinter dem Symbol des Herzens verbirgt, geht weit über medizinische Begriffe oder die Vorstellungen von Philosophen und Dichtern hinaus. Durch die Dimensionen dieses *'hier'*, wird die Vorstellung eines *'anderswo'* völlig bedeutungslos. Denn was im tiefsten Inneren deines Herzens auf einem anderen Lebenskanal liegt, steht zugleich mit allen anderen Orten des Universums in Verbindung ... und kann dort sogar in Erscheinung treten.

Außerdem möchte ich dir noch sagen ... eine Dimension von mir war gestern in deinem Busen sehr wohl präsent. Und weil du bereit dafür warst, wurde der Schlüssel im Schloss umgedreht und die Türe aufgestoßen. Ich war da, verstehst du? Entsprechend hat ein Teil von dir an dem Schauspiel, das sich dir darbot, sehr lebhaft teilgenommen. Allgegenwart ist kein Privileg 'Gottes' - wie ihr ihn nennt. Sie ist ein elementarer Bestandteil des Lebens. Allgegenwart ist wie ein Saft, den die Liebe absondert. Merk dir das gut. Schon die Tatsache, voll und ganz *'zu sein'*, lässt in allen Welten *'ich liebe dich'* erklingen ... und diesen Saft hervorquellen.

› Dann würde die Lösung also darin bestehen, zum ganzen Universum 'ich liebe dich' zu sagen! Ist das nicht zu einfach oder besser gesagt ... grob vereinfachend und einseitig.

› Ganz ehrlich - sag mal ... findest du es wirklich einfältig, allem seine Liebe zu erklären ohne im Geringsten besitzergreifend oder berechnend zu sein? Ich habe Hunderte Millionen von Jahren gebraucht, um es zu lernen, eher noch länger. Damals steckte ich noch in den Kinderschuhen, wie alle anderen auch. Ich kritzelte gleichsam an meinen ersten Skizzen herum - und wenn ich heute etwas zum Vorzeigen habe, so weiß ich doch, dass man all das noch erheblich verfeinern kann. Na, findest du es immer noch so simpel?

Was soll ich dazu sagen? Was kann man erwidern, wenn die Sache so klar ist? Dass meine Freundin recht hat? Ihr Einwand ist schlichtweg entwaffnend. Doch eine Frage brennt mir noch auf der Seele, die muss ich ihr unbedingt stellen.

› Sag mir bitte, was ich gestern erlebt habe. Was habe ich da gesehen?

› Du hast uns gesehen ... wie wir vor langer Zeit waren, damals, als wir gerade anfingen, in eure Zeit einzudringen – in die Zeit der Erde, die noch im Schlummer lag. Doch du sollst gleich wissen, dass deinem Bewusstsein nicht vergönnt war, sich zwischen Sternen oder Sternenstaub zu bewegen. Es war auf einer der Himmelsbahnen unterwegs, welche über die Illusion der Trennung und der Zeit hinausgehen. Du hast es ja bereits begriffen, die Physis dieses Universums ist von Wegen durchzogen, in deren Woge eure Vorstellung von Distanz bedeutungslos wird. Wenn ich den Organismus unseres Universums mit einem menschlichen Organismus vergleichen sollte, würde ich sagen, diese Wege sind Nadis[2] oder Akupunktur-Meridiane. Wir nutzen sie, um in euren Lebenskanal einzudringen.

› Und was waren das für Welten, inmitten derer ich mich da bewegte?

› Es sind Bestandteile der feinstofflichen Lebensenergie[3] unseres Universums. Was du wahrgenommen hast, sind Keime der im Entstehen begriffenen Welten ... und Nährstoffe von Welten, die es schon gibt. Wo sie vorkommen, kondensiert alles. Darum stellen diese Wege, die auf keiner eurer Himmelskarten verzeichnet sind, für uns eine erhebliche Abkürzung in Raum und Zeit dar. Man könnte die Sache noch anders erklären, doch das wäre zu

*2) Energiekanäle im Ätherleib des Menschen. Träger der Lebensenergie, die durch den Körper fließt.*

*3) Oder 'Prana'.*

abstrakt. Es geht nur darum, das Wesentliche zum Ausdruck zu bringen. Was du erlebt hast, ist eine Erinnerung an längst vergangene Zeiten, als mein Volk sich der Erde vermittels dieser perlmuttfarbenen Ovale näherte ...

› Ich würde zögern, sie als 'Verkehrsmittel' zu bezeichnen. Sie kamen mir so lebendig vor!

› Das waren sie auch ... und sind es noch immer! Materielle Formen nehmen sie übrigens erst an, wenn sie die Schwelle zu eurem Lebenskanal überschritten haben und in eure Zeit eindringen. Am Ende eines dieser Meridiane des Universums haben sie dann auf einmal zwangsläufig eine physische Gestalt. Sie passen sich nämlich immer der Sphäre an, in die sie vorstoßen, sonst könntet ihr sie gar nicht wahrnehmen! Wenn ich also sage: "Wir dringen in eure Zeit ein", so heißt das gewissermaßen: "Wir legen gleichsam eure Kleidung an, stülpen uns eure internen Gesetze und Funktionsweisen über, übernehmen also alles, was ihr annehmen und folglich auch wahrnehmen könnt."

› Du sagst nicht, 'wahrnehmen und folglich annehmen könnt'?

› Nein, du hast schon richtig gehört ... Erst wenn man etwas annehmen kann, sieht man es auch. Unser Bewusstsein erschafft die Dinge und Tatsachen, die uns umgeben – und nicht umgekehrt. Es kommt ganz darauf an, welchen Raum wir ihnen zumessen. Darum nehmen die Einwohner deines Planeten auch nur eine Karikatur unserer 'Raumschiffe' wahr, einen schnöden Abglanz – eben das, was ihrer Bewusstseinsstufe entspricht. Mehr können sie davon nicht fassen. Präg' dir eines gut ein: Wir haben es immer mit intelligenter Materie zu tun, ganz gleich auf welchem Lebenskanal. Nicht, dass sie 'selbstständig denken' würde oder eine eigene Individualität hätte ...

ich will damit nur sagen, dass sie für einen gewissen Zeitraum das Produkt eurer Gedanken ist und insofern durch und durch lebendig. Sie stellt somit einen Aspekt der Lebensenergie dar. Diese wird ja von Wesen geschaffen, geformt und in die Welt gesetzt - und zwar nach Maßgabe ihrer Wahrnehmungsmöglichkeiten. Wir haben ja schon einmal darüber gesprochen, du erinnerst dich bestimmt daran. Metall zum Beispiel wird nie etwas anderes sein, als Metall, wenn du es bis in alle Ewigkeit darauf festlegst. Aber *irgendwo* - wenn ich so sagen darf - ist es bereits Metallseele oder Metallgeist und damit seiner grundlegenden Wirklichkeit viel näher. Immer wenn ein paar Wesen ein höheres Bewusstseinsniveau erreichen - vor allem wenn das kollektiv geschieht, als Gruppe -, verwandelt sich ein ganzes Universum. Ein Teil der Schöpfung macht einen Sprung auf eine höhere Ebene und hat Anteil an der Metamorphose! Dieser Zugang zur Wirklichkeit ermöglicht uns, mit unseren Raumschiffen zu sprechen ... und mit allem, was uns umgibt. Denn unsere Raumschiffe sind nicht einfach nur Gegenstände für uns, keine bloßen Objekte oder Produkte irgendeiner Technologie. Sie sind ein Teil von uns, Manifestationen unser selbst ... echte Blüten unserer Herzensintelligenz.

› Wenn ich das richtig verstehe, unterhaltet ihr also Beziehungen zu eurer Umwelt, die von Gefühlen geprägt sind, fast schon Liebesbeziehungen - und zwar zu allem, was euch umgibt!

› Ja, so ist es wirklich. Dadurch können wir all die genannten 'Pforten' erkennen, und öffnen. Wir streben ständig nach unserer grundlegenden Wirklichkeit. Sie macht uns wieder zu den Schöpfern, die wir von Natur aus sind. Das hat nichts mit einem Katechismus zu tun, dem man anhängen muss, um seine Seele zu retten. Im Gegenteil, es ist ein Siegel, das unseren

Zellen bis ins tiefste Innere eingeprägt ist. Insofern ist die 'Auferstehung des Fleisches' nichts anderes als eine unablässige, ewige Durchgeistigung alles Existierenden. Tauche also ins Lebendige ein! Gib dich nicht mehr damit zufrieden, bloß 'einverstanden zu sein und zuzustimmen' ... Theorien, denen wir anhängen, legen uns bald lahm. Sie machen uns unbeweglich wie Mumien. Tauche ins Lebendige! Tauche ein!

Diese Worte gleiten wie von selbst, ganz sanft und gefällig auf meinen Bogen, dann steht der Stift still ... Mein Kopf wird auf einmal schwer - es drückt meine Lider nieder. Nein, müde bin ich nicht ... Ich muss nur kurz die Augen schließen, mich sammeln und schauen, was in meinem Inneren vor sich geht ... und es genießen. Ja, genießen, das ist es. Hinter meinen Augenlidern herrscht kein Dämmer. Ich sehe vielmehr einen blauen Punkt. Es ist ein so reines, intensives Blau, für einen Maler wäre es wahrlich eine Herausforderung. Mir scheint, es ist die Essenz von Blau schlechthin! Ohne zu zögern tauche ich darin ein ... Und da wird der Punkt größer, dehnt sich aus, als würde er meinem Vertrauen entgegenkommen. Ich lasse ihn mein ganzes inneres Blickfeld einnehmen und das Blau ergießt sich bis in die geheimsten Winkel meines Wesens.

Seltsamerweise verspüre ich Lust, zu sprechen. Es fallen mir Worte ein, über die ich nicht einmal nachgedacht habe.

› Mit den Dingen reden ... Erzähl mal ...

Aus dem blauen Ozean taucht plötzlich ein Gesicht. Es ist auf einmal da, ohne, dass ich es kommen sah - das Gesicht meiner Freundin aus den 'höheren Welten'. Um ehrlich zu sein, kann ich die Gesichtszüge nicht genau erkennen. Sie sind nur angedeutet in dieser ganzen Unendlichkeit, in der ich untergehen würde, wenn ich nicht schon darauf gefasst wäre.

› Erzähl es mir, sage ich noch einmal.

› Mit den Dingen reden ... bedeutet, sie mit unserem Bewusstsein zu streicheln, sie um dessentwillen zu lieben, was in ihnen schlummert und uns hilft, uns weiterzuentwickeln. Man muss sie mit der Seele umfassen ... sie sanft berühren, anstatt sie bloß anzufassen und dann fallen zu lassen, sobald man sie nicht mehr braucht. Auch das ist ein großes Geheimnis.

› Ich ahne, welche Kraft in dieser innigen Beziehung steckt. Aber sieht man die Welt dann nicht durch eine rosa Brille?, erwidert der Teil in mir, der wohl am ehesten 'irdisch' ist.

› Es ist höchste Zeit, über bloßes 'Ahnen' hinauszugehen ... Wir vertreten nicht nur einen Friedensimpuls, verstehst du? Wir entdecken den Frieden wirklich, machen uns ernsthaft daran, ihn zu erforschen und neue Wege darin zu gehen ... und zwar nicht nur für uns selbst, sondern für alles, was existiert! Ob das in irdischen Augen rosa, blau oder grün aussieht, welche Rolle spielt das schon? Friedenskeime können jede beliebige Farbe annehmen. Sie wirken allemal und stiften ständig neue Facetten des Glücks. Allein darauf kommt es an, findest du nicht?

In bestimmten Kreisen der irdischen Gesellschaft - und zwar gerade in jenen, die ihre Stimme besonders laut erheben, erscheinen Liebe, Respekt und alles Schöne lächerlich wie eine verkommene Mode, ja geradezu verachtenswert. Diese Strömung mag noch so avantgardistisch daherkommen, sie mag alles andere hinter sich lassen und hinwegfegen ... es ist doch nichts als Betrug und Hochstapelei. Du wirst sehen, es wird ihr ganz von selbst die Luft ausgehen, denn sie steht dem Lebendigen entgegen.

Ich will dir sagen, warum man mit den Dingen sprechen soll. Weil es gar keine 'Dinge' sind, sondern ein Teil unseres Lebens ..., weil zwischen der Struktur unserer Materie eine Verbindung besteht ... Und weil etwas in uns den Dingen schon einmal ganz ähnlich war - uns es noch immer ist.

Es geht aber keineswegs darum, sie zu vermenschlichen - oh nein! Man muss das in größerem Zusammenhang sehen, aus einer viel reiferen und umfassenderen Perspektive. Wir wenden uns an die Liebeskraft, die zwischen den Atomen der Dinge lebt und sie miteinander verbindet. Ohne diese Liebe wäre das ganze Universum nur ein einziger Brei!

Ein Blick, ein Wort, das man spricht, der Gedanke, den man denkt ... und äußert - sie töten oder beleben, entwürdigen oder erheben ...Wir aber haben uns entschieden. Bis in Bereiche hinein, die euch als Kinderei erscheinen mögen ... Wir haben unsere Entscheidung getroffen.

## Sonntag, 5. Juli

Gestern ist das Wesen einfach verschwunden, wie von einem Windhauch fortgetragen, den ich nicht einmal spürte. Ich habe das einfach zur Kenntnis genommen, ohne mir groß Gedanken zu machen. Es bleibt mir wohl nichts anderes übrig. Es ist ja klar, dass ich nicht alleine darüber entscheide, wie dieses seltsame Interview geführt wird, das da an mich herangetragen wird.

Vielleicht habe auch ich mich auf eine andere Schwingungsebene begeben, ohne es überhaupt zu merken ...

Soll ich jetzt nach ihm rufen? Mich bedrängen heute Morgen so viele Fragen ... und zwar sehr konkrete Fragen, die ich gut vorbereitet habe. Werde ich dennoch leer ausgehen? Die Zeit vergeht ...

# Montag, 6. Juli

Ja, gestern bin ich leer ausgegangen. Vielleicht, weil ich drauflosgezogen bin, wie zum Fischen in bekannten Gewässern - mit einem Boot, das man kennt, dem gewohnten Ruder und meiner altvertrauten Angelschnur. Ich hatte wohl vergessen, dass es 'so nicht läuft'. Auch die Zeit ist im Grunde nicht vergangen - ich bin vielmehr durch sie hindurchgegangen. Die Stunden waren fast durchlässig. Nun ist schon der nächste Tag - so! Es ist 'morgen' ... und jetzt muss ich mich einigen Fragen stellen ...

› Hast du an die Allgegenwart gedacht?

› Eigentlich nicht, zugegeben!

› Sie hat aber viel mit unserer Begegnung zu tun.

› Ist Allgegenwart nicht eine besondere Fähigkeit?

› Die Möglichkeit, sich an mehreren Orten gleichzeitig zu befinden, ist die Vorstufe der göttlichen Allgegenwart! Im Grunde fängt mit der Wahrnehmung der Allgegenwart alles an!

› Alles?

› Ich meine die endgültige Gewissheit, dass wir vom Göttlichen allein durch unsere Seinsverfasstheit getrennt sind. Die

Wahrnehmung der Allgegenwart ist eigentlich nur die Folge eines umfassenden Bewusstseins, weißt du. 'Allgegenwart' kommt einem Bewusstsein gleich, das alle Ebenen der Wirklichkeit und des Seins umfasst. Wir sind Partikel des Lebenshauchs - der das Wagnis eingegangen ist, sich im Freiheitsimpuls seiner Schöpfung selbst zu vergessen. Bei allem, was man zu diesem Thema so hört - das ist wirklich ein Schlüssel zu vielen neuen Einsichten. Leuchtet dir das ein? Sag nicht vorschnell ja - wenn es dich nicht wirklich überzeugt ... und lediglich deinem Intellekt schmeichelt, deinen Neurotransmittern! Lass dir ruhig Zeit damit - nimm dir eine Stunde von eurer Zeit, gerne auch einen Tag, ein ganzes Jahr oder mehr. Aber denk ernsthaft darüber nach - tauch' in diesen Satz wirklich ein! Ich habe es dir ja bereits gesagt - man muss den Mut aufbringen, einzutauchen. Es ist an der Zeit.

› Ist es wirklich höchste Zeit, dass *ein neues Zeitalter anbricht?*

› Die Zeiten ändern sich - mit oder ohne euch. Wenn ihr euch ihrem Rhythmus nicht anpasst, werden sie wohl kaum auf euch warten. Hör zu ... atme einmal tief durch ... Na, was glaubst du, was dabei passiert? Ist es einfach nur ein Luftaustausch? Wenn du das noch immer so siehst, hast du nichts von dem verstanden, was ich dir über das umfassende Bewusstsein und die Allgegenwart gesagt habe. Wenn du diese Handlung ausführst, trittst du in eine tiefere Verbindung mit allem - nicht nur mit dem, was dich unmittelbar umgibt, sondern mit jedem einzelnen Punkt deines Planeten. Du meinst vielleicht, du würdest nur *deine* Luft atmen, also *dein* Leben? Das ist ein Irrtum. Du teilst die Luft mit Japanern, Schweden und Algeriern, genau wie mit den Pflanzen des Amazonas und den Maulwürfen in ihren Gängen! Ich meine, du trittst in innigen Kontakt mit ihrer Hautoberfläche, ihren Lungenbläschen und ihrem Herzschlag!

Doch damit nicht genug ... Hör' nur weiter. Zugleich streichelst du das Leben 'am anderen Ende' des Universums, denn ihr seid keineswegs davon abgeschnitten. Es besteht nicht die kleinste Möglichkeit eines 'Bruchs' zwischen dir und allem, was existiert - weder räumlich noch zeitlich. Du bist vielleicht darauf getrimmt, bist so geprägt, doch in Wahrheit, gibt es den 'Abgrund', den du dir ausmalst, gar nicht. 'Das Trennende' ist eine Frucht der Unwissenheit, nichts als eine Erfindung. Diese Unwissenheit aber geht auf einen Mangel an Liebe zurück. Man darf nämlich eines nicht vergessen: Wer ohne Besitzansprüche und Herrschaftsabsichten liebt, dem wird die absolute Einheit ganz von selbst bewusst. Dieser 'Traum der Dichter' wird für ihn Wirklichkeit. Er erlebt ihn als unmittelbare Erfahrung - und gebiert 'das Eine' - den Gott in sich.

Alle Spontanheilungen und alle 'Wunder', wie ihr das nennt, gehen unmittelbar auf dieses Einheitsbewusstsein zurück. Das Universum erinnert sich an alles. Es trägt alles im Gedächtnis - in vollendeter Form, in seinem natürlichen, harmonischen Gleichgewicht. Wenn es gelingt, die leidenden Zellen damit in Verbindung zu bringen - eine Brücke dazu zu schlagen - verschwindet jede 'Abirrung' und damit auch jede Krankheit.

Die Vollkommenheit all dessen, was existiert ... was es je gab, gibt und geben wird ... ist dem Gedächtnis des Lebendigen eingeschrieben und kann durch die Magie einer Regung wahrer Liebe jederzeit zum Vorschein gebracht werden. Auf diesem Hintergrund wird so langsam auch klar, dass es nur Gegenwart gibt. Allein sie hat eine Bedeutung.

Die Stimme verstummt ... bleibt in der Schwebe. Sie steht still - wie ein Wasserfall, der seine Fontane in der Höhe eines Felsen plötzlich anhält. - Standbild ... auch meine Seele bleibt in der Luft hängen, mit all den Goldtröpfchen der Lehre, die ihr zuteilwurde. Ich erhebe mich und mache eine paar Schritte neben meinem Schreibtisch, als wolle ich mich vergewissern, dass ich wirklich existiere - jetzt und hier ... Doch da kommt mir plötzlich eine Frage.

› Gut, es gibt also nur die Gegenwart. Aber warum hast du dann gesagt: "Wir sind in eure Zeit eingedrungen?"

Ein Lachen ist die Antwort.

› Du hast gut aufgepasst. Bravo! Ich wollte damit sagen: "Wir gleiten in eure geistige Sphäre, in eure Vorstellung von Zeit. Wenn unsere Raumschiffe in eure Welt eindringen, so begeben sie sich wirklich in eine ganz andere Dimension des Denkens und Fantasierens. Sie durchdringen - und wir mit ihnen - eine Blase ... von der wir längst wissen, dass sie wie eine Seifenblase platzen wird ... als hätte es sie nie gegeben. Was du gesehen hast und noch einmal durchleben durftest, war unsere Ankunft auf Erden. Wir sind massenhaft mit unseren Raumschiffen zu euch gekommen, wie gesagt, schon vor sehr langer Zeit.

Die Leute meines Volkes ... und noch andere Wesen, haben Hunderte Millionen Menschen verschiedenster Ethnien auf deinen Planeten gebracht - lauter Seelen auf der Suche nach sich selbst - damit sie lernen können, was sie zu anderen Zeiten und an anderen Orten nicht gelernt haben. Ihr seid eine Saat aus anderen Welten, verstehst du, ihr alle! Das Besondere aber ist gerade eure Vielfalt. Genau darin liegt eure Stärke, die Kraft, die euch wachsen lässt. Sie ist sozusagen euer Mutterboden.

› Warum erzählst du mir das alles? Bringt uns das denn irgendwie weiter? Ich habe zwar keinen Grund, deine Behauptungen in Zweifel zu ziehen, aber ... glaubst du wirklich, dass sie in einem Buch etwas anderes sein können als reine Science-Fiction?

› Sie werden in jedem auslösen, was eben möglich ist. Was ihr daraus macht, geht mich nichts an. Manchmal muss man Dinge einfach aussprechen. Es gehört zum Leben, Risiken einzugehen.

Wir möchten euch die Erinnerung eurer Herkunft als Erdenmenschen wieder nahebringen, auch wenn wir dabei durch eine Phase gehen müssen, in der wir zu fantasieren scheinen oder uns lächerlich machen.

Du hast dich doch auch auf ein Risiko eingelassen, oder?

# In der Nacht vom 6. auf den 7. Juli

Diesmal ist es eindeutig. Ich habe mich ganz offensichtlich auf ein Abenteuer eingelassen, das ich immer weniger steuere. Es tut mir leid, wenn ich es 'Abenteuer' nenne! Ich weiß, das macht keinen sehr seriösen Eindruck, wenn es um den Sinn des Lebens geht. Aber Ernsthaftigkeit ist zuletzt doch immer ermüdend. Es fehlt ihr einfach an Fröhlichkeit. Das Leben aber ist seinem Wesen nach freudig, was die Ereignisse der letzten Nacht wieder einmal beweisen.

Es war genau 1 Uhr 32. Das weiß ich, weil mein Bewusstsein gerade aus meinem Körper herausgetreten war. Es blickte gleichgültig auf ihn herab und sah ihn unter den Laken liegen wie einen Fremdkörper. Die roten Leuchtziffern des Weckers zogen meine Aufmerksamkeit auf sich, obwohl es in meinem Zimmer gar nicht dunkel war. Man konnte fast so deutlich sehen wie am hellen Tag, mit dem einzigen Unterschied, dass die Möbel und Gegenstände aus sich heraus zu leuchten schienen. Doch damit konnte ich mich nicht lange aufhalten! Der

Anblick unseres Leibes hat nicht viel Bestrickendes an sich ... Außerdem hatte ich keine Wahl und auch keine Zeit, mir groß Gedanken zu machen.

Schon wurde ich von meinem Abenteuer mitgerissen ... Es erschien in Gestalt einer Kraft, die mich im Nacken packte wie eine Hand. Sie übte Druck aus ... und zwar genau auf mein verlängertes Rückenmark. Doch dieser Eindruck veränderte sich schlagartig. Ich fühlte mich nach hintern gerissen und angesogen ... wie von einem Trichter oder Rohr, ich weiß nicht genau. Dann sah ich mich für den Bruchteil einer Sekunde ganz klein, ja geradezu winzig, inmitten einer Unendlichkeit hängen ... von der ich sonst nichts wahrnahm. Schließlich spürte ich einen leichten Ruck, als würde der Aufzug stehen bleiben - und wirklich - in was für einen Aufzug war ich da gestiegen!

Nun befand ich mich in einem bläulich-weißen Raum. Es war ein halbrundes Zimmer ... ein sehr konkretes Zimmer mit allen möglichen Gegenständen, so etwas wie Tischen, einigen Sitzgelegenheiten und vor allem ... vor allem einem riesigen Bildschirm. Da stand ich nun, inmitten all dieser Dinge und sah auf einmal - es war eine Art Kontrollreflex -, dass ich dieselben Kleider trug wie am Vortag. Plötzlich spürte ich die Anwesenheit von jemandem und drehte mich um. Wenige Meter von mir entfernt stand ein lindgrün gekleidetes Wesen. Ich erkannte sogleich meine Freundin aus den höheren Welten, das Wesen mit dem ich den Dialog führe, das ich also ... interviewe. Sie lächelte mich an, als sei es völlig normal, dass wir uns hier treffen, als hätten wir das schon lange ausgemacht und es sei gar nichts Besonderes.

› Es ist gut etwas zu hören, sagte sie, aber manchmal muss man auch es sehen. Darum habe ich mir gedacht, du könntest vielleicht auch lernen, dich auf die Reise zu begeben. Wir haben doch gestern über unsere Raumschiffe gesprochen, die ja gleichsam Projektionen unseres Wesens sind. Nun, hier ist eines!

Ich war sprachlos. Es kam mir zugleich unvorstellbar vor – und völlig normal. Nun, da ich es aufschreibe, scheint mir, ich wusste kaum, wie mir geschah. Folglich hatte ich auch keine Fragen. Ich stand einfach stumm da und wunderte mich über den Blick, der mich traf. Es war ein sehr klarer, durchscheinender Blick, getragen von einer Fröhlichkeit, die von Haus aus alles Böse ausschloss.

Ich dachte sofort – vor einem solchen Blick kann man auch selbst nur rein und klar werden ... andernfalls hätte man das Bedürfnis, zu fliehen. Und doch war es nicht der Blick eines Meisters. Nein, es war einfach ein ... zutiefst menschlicher Blick. Das berührte mich ... und schwingt noch in mir nach. Gerade das Menschliche bewegt mich und bringt mich zum Schreiben. Ich bin mir sicher, dass es uns zugänglich ist, denn ich glaube verstanden zu haben, dass uns eben um dieses menschlichen Zieles willen, so viele helfende Hände gereicht werden. Darum sollten wir uns zuerst einmal dem Menschlichen öffnen.

› Du siehst also, es gibt hier gar nichts Übernatürliches, sagt meine Freundin 'aus den Höhen' und öffnet die Arme, um mich Willkommen zu heißen. Da sind Wände, der Boden, die Decke und die Dinge ... Und während wir hier sind, bewegen wir uns zugleich irgendwo im Weltraum, gar nicht weit von der Erde entfernt. Wir befinden uns mitten in einer Weltraumstadt – einer von vielen, denn es gibt genug Wesen, die sich für das Erblühen der Welten einsetzen. Und das hier ist sozusagen mein Arbeitszimmer. Es ist natürlich nur ein ganz kleiner Teil des Raumschiffs.

Ich war nicht in der Lage, auch nur eine einzige Frage zu formulieren. Zuerst musste ich mir alles anschauen, mich bewegen, alles berühren und mich mit der Atmosphäre vollsaugen. Offen gestanden habe ich selten einen so intensiven Drang verspürt, meine Neugier zu befriedigen. Also begann ich, umherzugehen - und war höchst überrascht, den Klang meiner Schritte auf dem Boden zu hören. Langsam machte ich einen Rundgang durchs Zimmer und ließ mich sogar dazu hinreißen, über einige Sachen, die in meiner Reichweite lagen, hinzustreichen. Die Bedeutung der meisten Dinge war mir unbekannt. Vor einer milchigen, vertikalen Fläche stand so etwas wie ein Pult, auf dem viele verschieden geformte Stifte lagen - zumindest sah es so aus. An der Wand war eine Konsole befestigt, auf der ein Kreiselkompass aus orangefarbenem Licht rasch rotierte.

› Das macht Musik, hörte ich sie sagen. Es gibt alle nur denkbaren Töne von sich, die man mit Instrumenten erzeugen kann. Damit hat man sein Orchester sozusagen immer bei der Hand! Ich liebe es, Musik damit zu machen ...

Dann sah ich meiner Freundin wieder in die Augen. Da war mir, als hätte ich all die Dinge im Raum nie gesehen. Schlagartig wurde mir klar, dass ich von diesem Ort nur einen flüchtigen Eindruck zurückbehalten würde, weil die ganze Einrichtung meinem Denken und allem, was ich gewohnt war, völlig fremd war. Zugleich wurde ich von einem seltsamen Gefühl intensiver Freude und Sehnsucht erfüllt. Schätze lagen mir zu Füßen - sie waren ganz nah ... und doch verhinderte etwas in mir, sie überhaupt fassen zu können. Zugleich war ein Teil von mir überzeugt, all das bereits zu kennen. Es war so normal, so selbstverständlich! Ich meine, diese ganzen Dinge und Formen, die den Raum ausmachten und füllten, schienen so zwingend zum Leben zu gehören, dass meine Seele gar nicht anders konnte, als sie zu erkennen. Ja, das war es wohl. Ich kannte nichts - erkannte aber alles.

In diesem Moment war mein Erlebnis plötzlich zu Ende - es brach einfach ab. Ich wurde von einem Wirbel weißer Stille erfasst und dann - war da nichts mehr! Nichts als die dumpfe Last der Decke auf meinem erstarrten Körper.

## Mittwoch, 8. Juli

Ich habe noch den Geschmack des heißen Kaffees im Mund, den ich vorhin in kleinen Schlucken trank. Ich spüre ihm nach, halte mich daran fest, um die Schwere meines Körpers zu fühlen und mich am Fuße des Mont Royal gut zu verankern ..., aber die Erinnerung an das intensive Arom meines gestrigen Erlebnisses übertrumpft alles. Es ist einfach da. Vielleicht wirkt es noch lebendiger, weil ich darüber nachgedacht habe ... außerdem ist das höhere Wesen wieder an meiner Seite. Bisher hat es kein Wort gesprochen, doch meine Augen haben gelernt, durch den Schleier unseres Lebenskanals hindurchzublicken. So erkenne ich schemenhaft seine Silhouette. Von hinter einer Vase mit einem Strauß gelber Lilien, lässt eine schmale menschliche Gestalt ihre Stimme in mich gleiten, in mir erklingen.

› Wir werden uns in aller Ruhe an die Sache herantasten ... Du spürst bestimmt, dass ich dir nicht nur ein Raumschiff zeigen will. Das ist nur ein Vorwand! Ich will dich vielmehr mit einer bestimmten 'Art zu sein' vertraut machen. Es geht nicht darum, von einer besseren Welt zu träumen, sondern sich der

Möglichkeit einer Gegenwart zu öffnen, die wahrhaftiger ist. Kannst du das wohl annehmen?

› Mir wird immer deutlicher, wie die Wirklichkeiten sich überlagern, sich mischen, überkreuzen und durchdringen, höre ich mich sagen. Darüber zu sprechen aber ist wie ein Seiltanz im Sturm. Man muss sehr stark sein und seine Balancierstange gut festhalten ..., aber auch Glück haben, um nicht weggeweht zu werden.

› Ich würde sagen, man braucht vor allem innere Ruhe. Zum Glück ist in deiner Welt heutzutage alles vorhanden, was ihr braucht, um Gelassenheit zu lernen.

› Findest du? Ich hätte gerade das Gegenteil vermutet ...

› Glaubst auch du etwa noch immer, dass die Einöde einer Wüste oder ein totenstilles Meer unseren Seelenfrieden erblühen lassen? Die Einsamkeit eines friedlichen Ortes, an dem man innere Einkehr üben kann, ist ohne Zweifel eine gute Schule, da stimme ich dir zu ... Und in der Schule bekommt man einen Abschluss ... und eine gewisse Selbstbestätigung – aber keine Lebenserfahrung. Du merkst, worauf ich hinaus will. Beklag' dich also nicht zu sehr über Stürme! Sie sind die wahren Meister. Sieh mal, wenn du versuchst, inmitten einer Menschenmenge zu überleben, in der es alles andere als 'ruhig' zugeht, dann wirst du die Ruhe umso eher – nicht nur lernen, sondern in dir entfalten.

› Leicht gesagt! Kannst du mir dann vielleicht erklären, warum die Mikrofone vor uns zurückweichen und alle Brücken zu uns abgebrochen werden, sobald wir einen ganz bestimmten Ton anschlagen ... nämlich wenn es explizit um Liebe, Schönheit, Respekt, Wahrheit und Mut geht, Warum nur? Dabei sehnt sich doch jeder nach Glück ... und müsste sich eigentlich angezogen fühlen von allem, was damit zu tun hat.

› Halte einmal kurz inne und denk nach! Stell dir die Situation wirklich vor ... stell dir vor, es ist Nacht. Es ist sehr dunkel ... und du brauchst Licht. Also machst du deine Taschenlampe an und erleuchtest den Raum um dich her. Aber sieh genau hin ... Was passiert sogleich? Du ziehst lauter Insekten an. Sie stürzen sich aus der Dunkelheit auf dich. Manche stechen dich sogar!

› Ich verstehe - das ist ein guter Vergleich, doch was kann man tun, wenn es ganz normal ist, dass Licht auch Aggressivität weckt?

› Nein, nein ... du bist zu schnell. Du hast die Sache noch nicht zu Ende gedacht! Wird die Lichtquelle - in diesem Fall also die Taschenlampe - angegriffen und gebissen oder derjenige, der sie in der Hand hat? Das Licht selbst bleibt natürlich unberührt. Es ist faszinierend, es übt eine Anziehungskraft aus, weil es für das Leben steht - doch von den Attacken ist es nicht betroffen ... Und so will ich dir sagen: Wenn du nicht selbst 'Licht bist', so sehr es nur geht ... wenn du die Liebe nicht vollständig in dich aufnimmst, sondern sie nur wie eine Standarte vor dir herträgst, setzt du dich Verletzungen aus.

› Darauf möchte ich schon wieder 'leicht gesagt' antworten! Du erzählst mir doch gerade, dass man erst einmal ganz und gar 'Licht sein' muss, um vor Aggressionen geschützt zu sein, oder?

› Ich zeige dir den Ausgang aus dem Tunnel, lasse dich die Lösung erahnen und lehre dich, das Ziel, auf das wir uns alle unweigerlich zubewegen, ein wenig schärfer zu fassen. Fürchtest du dich vor Stichen? Dann musst du lernen, die Mücken noch mehr zu lieben. Wenn du vor gewissen Attacken Angst hast, schürst du nur die Wut der Aggressoren und wirst noch anfälliger dafür, noch eher zur Zielscheibe. Ein Naturgesetz besagt, dass ein Opfer durch sein Verhalten stets in subtiler Verbindung mit dem Täter steht. Das kann sehr weit gehen, weißt du!

› Und du, glaubst du schon am Ende des Tunnels angelangt zu sein?

› Sicherlich nicht! Das können die wenigsten von sich behaupten. Die Zwischenlösung, die ich dir anbieten kann, um weiterzukommen, besteht darin, den Stichen mutig entgegenzutreten. Diesen Mut aufzubringen, ist vor allem eine Entscheidung - nämlich sich den Ereignissen zu stellen, ihnen nicht den Rücken zu kehren. Das ist das Geheimnis. Man muss lernen, sich den Stich anzusehen - in ihn einzudringen, ihn kalten Blutes zu analysieren ... und sich dann darüber hinwegzusetzen. Das ist der einzige Weg, den Schmerz zu lindern und die entsprechende Lehre aus ihm zu ziehen. So geht man gestärkt daraus hervor. Sich einer Verletzung zu widersetzen, ist sinnlos. Ganz im Gegenteil, wir müssen die Kraft, mit der sie gegen uns vorgeht, in seelische Nahrung verwandeln, Tag für Tag aufs Neue. Sag jetzt bloß nicht schon wieder 'leicht gesagt', denn das machen alle ... ohne es überhaupt zu merken, seit Hunderttausenden von Jahren! - Wenn man sich das bewusst macht, kommt man schneller voran.

› Du hast wirklich auf alles eine Antwort!

› Nein, nur auf Dinge, die ich selbst erlebe, mit denen ich ständig zu tun habe. Meine Zivilisation ist sehr praktisch orientiert. Sie glaubt nicht, dass allein Ideen von Belang sind, wie einige philosophische Denkrichtungen behaupten. Auch inneres Wachstum entspringt letztlich dem rechten Einsatz der Erdenkräfte und ihrem Zusammenspiel - der Energie des Wassers, der Sonne und der Luft ..., aber auch der Kraft der Liebe und des Willens, findest du nicht auch? Das Leben selbst macht uns zu besseren Menschen. Alle Facetten des

Lebens zu erforschen - das ist sinnstiftend. So können wir uns allmählich auch der Frage nach dem 'warum' nähern. Nein, ich bin noch keine 'Taschenlampe'! Allenfalls in den Augen der Erdenmenschen, sonst gewiss nicht. Ich weiß nur, wie man die Lampe einschaltet und einsetzt. Ich arbeite also enger mit dem Licht zusammen. Wie auch alle anderen aus meinem Volk, stehe ich also in einer etwas engeren Verbindung zum Licht. Das ist der Unterschied zwischen euch und uns. Darum bin ich dir geschickt. Wenn ich den 'Zustand der Taschenlampe' einmal erreicht haben sollte, werde ich ein neues Ziel verfolgen, nämlich mich mit der Energie der Lichtquelle in ihr zu verbinden. Anfangs wird das die Batterie sein ... in einem zweiten Schritt dann der Erfinder der Batterie. Siehst du, es geht immer weiter ... bis ins Unendliche. Das ist ja gerade das Schöne daran. Man spürt es, sobald man eine gewisse Höhe erreicht hat. Solange man dicht über den Wellen des Ozeans fliegt, wird man vom Schaum der Gischt bespritzt. Das kann nicht das Ziel sein! Man muss schon einen kräftigen Flügelschlag draufsetzen, um sich von den eingefahrenen Gesten der Vergangenheit zu befreien. Darum bringen wir uns in den letzten Jahrzehnten in vielerlei Hinsicht verstärkt ein. Schließlich sind wir aus demselben Holz geschnitzt. Wir sind alle von etwas Höherem angezogen ... von etwas, das größer ist, als wir selbst. Darum sind wir in unserem Aufstieg verbunden ... und ich garantiere dir, dass alle diese Wahrheit in sich tragen, sogar Menschen, die Verzweiflung schüren.

# Sonntag, 12. Juli

Bevor ich heute Morgen wieder zur Feder griff, dachte ich lange nach. Seit einigen Tagen verfolgt mich eine Frage. Zum Teil kann ich sie mir selbst beantworten ... und doch habe ich das Gefühl, es ist der richtige Zeitpunkt, sie meiner Freundin vorzulegen.

› Wenn du von 'deinem Volk' sprichst – meinst du das nur im Gegensatz zur Erdbevölkerung oder willst du damit sagen, dass es im Weltraum Völker gibt, die sich anders verhalten als ihr?

Da bricht die Stimme in meinem Inneren wieder in geradezu kindliches Gelächter aus. Fast bekomme ich Lust, mein Heft einfach zuzuklappen und mitzulachen oder mich aus purer Lebensfreude locker mit ihr zu unterhalten.

› Ich habe mich schon gefragt, warum du mit dieser Überlegung nicht früher herausgerückt bist!

› Vermutlich, weil ich sie damals noch zweitrangig fand ...

› Zweitrangig – inwiefern ... und für wen? Es gibt nichts Unbedeutendes ... zumindest nicht, wenn es hilft, den Schleier vor unseren Augen zu zerreißen! So vieles ist verborgen geblieben oder verheimlicht worden. Denk nur ... wer zum riesigen Universum auch nur eine kleine Luke öffnet, hat in sich selbst bereits ein großes Fenster aufgemacht. Wenn man hingegen Dinge verschweigt, lässt man sie gleichsam verschwinden ... sie nehmen dann ganz armselige, verkümmerte Formen an. Nun gut, wenden wir uns also deiner Frage zu ...

Wenn ich von meinem Volk spreche, dann nicht nur im Vergleich zu deinem. Ich denke dabei auch an andere, die ebenfalls gelernt haben, sich zwischen den Welten zu bewegen, ohne jedoch ein entsprechendes Verständnis fürs Leben aufzubringen.

› Sie teilen euer Ideal also nicht ... meinst du das?

› Moment ... wieso sprichst du von Ideal? Was uns antreibt, hat nichts mit einem Ideal zu tun. Ein Ideal ist eine philosophische Vorstellung, eine Vision. Es ist eine Idee, die eine Zeit lang Gültigkeit hat. Sie kommt einer bestimmten Gesinnung zu gute, die zum Maßstab aller Dinge erhoben wird. Wir aber wollen uns im Rahmen der großen, allgemeinen Metamorphose weiterentwickeln. Wir empfinden uns als Wassertropfen des Lebensstroms, beobachten Wesen und Wandlung dieses Stromes, spüren ihm nach und versuchen, ihn aus einer inneren Bewegung heraus zu begleiten.

Insofern ist es kein Ideal, sondern der Versuch einer Verschmelzung. So ist das – und glaub mir, es geht hier keineswegs um sprachliche Spitzfindigkeiten!

Um deine Frage zu beantworten – ja, es gibt durchaus Völker, die anders sind als wir. Auch sie kommen zu euch ... und bringen alles, worüber wir gesprochen haben, manchmal gehörig durcheinander. Manche sind neutral. Sie beobachten lediglich – mit geradezu anthropologischer Neugier – die seltsamen Verhaltensweisen, die gegenwärtig auf Erden grassieren und zunehmend um sich greifen. Andere beobachten auch, greifen aber auch ein, sowohl kurzfristig als auch auf längere Sicht und zwar im Sinne ihrer eigenen Interessen. Es gibt eben unzählige Formen von 'Weisheit' ... und ebenso viele Weltanschauungen. Versucht, das zu verstehen. Die meisten 'Visionen der Welt' entstehen aus persönlichen Interessen.

Ein Tier hat zum Beispiel eine ganz andere Form von Intelligenz als du. Es ist nicht dümmer, aber seine Weisheit ist eine andere, sie steht in einer anderen Beziehung zum Universum und hat andere Prioritäten. Entsprechend besitzt auch ein Außerirdischer eine andere Intelligenz als jemand, der auf der Erde lebt. Allerdings ist sein Bewusstsein, nur weil er den Raum beherrscht und eine Technologie, die deiner Welt noch unzugänglich ist, nicht zwingend weiter entwickelt. Das ist doch ganz einfach zu verstehen, oder? Wenn ich also von 'meinem Volk' spreche, meine ich damit nicht alle, die auf 'meinem Planeten' leben, sondern alle, die sich in unserem Universum uns angeschlossen haben und an der Ausdehnung der Lebenskraft mitarbeiten – also an der Verbreitung der Liebe.

› Du meinst also, es gibt wirklich eine Galaktische Bruderschaft ... genau wie Science-Fiction-Szenarien es immer darstellen.

› Nennen wir es lieber 'Bündnis'. Es ist ein Bündnis, das auf dem Respekt vor der Entwicklung des Bewusstseins innerhalb der großen, universellen Gesetze basiert. Den Begriff 'Bruderschaft' finde ich zu einseitig. Er verdeckt die große Vielfalt der Planeten, die gemeinsam ihre Kräfte bündeln und auf die Erde konzentrieren.

› Ist die Erde also die einzige Welt, die es verdient, dergestalt im Zentrum der Aufmerksamkeit zu stehen?

› Keineswegs, aber sie ist im Moment ... die einzige in dieser 'Ecke der Galaxie', wenn ich so sagen darf. Sie ist unglaublich schön! Sie ist so etwas wie eine Baumschule für Wesen mit Wachstumsschwierigkeiten. Sie zieht Neugierige an und kann einen durchaus neidisch machen. Sie bringt Ideen hervor und ruft immer wieder Hilfe herbei ... Auf diesen Appell versuchen wir einzugehen und setzen dabei nach Kräften unsere Urteilsfähigkeit ein. Aus unserer Sicht steht auf deiner Erde viel auf dem Spiel. Ganz unabhängig von Einzelschicksalen und allem, was die Menschheit lernt, ist dein Planet auf jeden Fall der Schauplatz ... eines Kampfes unterschiedlicher Einflüsse. Ja, so kann man es sagen, dieser Ausdruck ist nicht zu stark.

› Das Wort 'Kampf' verwendest du gerade zum ersten Mal, scheint mir. Sag' jetzt nicht, dass es einen *Krieg der Sterne* gibt, einen Konflikt zwischen guten und bösen Kräften, die sich die Erde streitig machen!

› So sehen es manche Menschen, die uns für real halten, zum Glück ist es aber nicht so. Es gibt zwar gewisse Strömungen ... die Erde steht fraglos im Fadenkreuz bestimmter Interessen, das schon. Diese Tendenzen aber in 'gute' und 'schlechte' einzuteilen wäre einfach kindisch. Sie haben lediglich unterschiedliche Bewusstseinsstufen und entsprechend verschiedene Sichtweisen und Beweggründe. Wesen, die ihr 'böse' nennt, haben einfach nur ihren eigenen Vorteil im Blick – sei es ihr inneres Gleichgewicht, ihre Macht oder einfach ihr Überleben, also alles, was ihnen im Moment gerade nützt. Sie sind nicht anders als manche Menschen auf Erden ... die auf einem anderen Planeten auch nicht besser wären, im Gegenteil. 'Gut' und 'böse'... das ist sehr relativ. *Wer* tut schon Böses um des Bösen willen? Niemand – allenfalls ein paar Leute, die massiv aus dem Gleichgewicht geraten sind. Was die Mehrheit als 'das Böse' erachtet, erscheint anderen ganz normal oder gar gerecht und gut ... Es ist eben *gut für sie*! Allerdings muss man schon sagen, dass es den meisten deiner Mitmenschen auf Erden noch immer mehr um das zu tun ist, was *für sie gut ist* ... als um *das Gute* selbst. Genau darin liegt das Problem.

Und so müssen wir unser Vorgehen bei euch mit all jenen in Einklang bringen, die nur zu ihrem eigenen Vorteil handeln - ob sie nun von deinem Planeten stammen oder nicht.

Nun ja, ich habe das Wort 'Kampf' verwendet, aber natürlich nicht im Sinne eines bewaffneten Kampfes. Gemeint ist eine Auseinandersetzung von Gruppen mit unterschiedlichem Bewusstseinsniveau. Sie müssen sich begegnen und ihre Positionen vertreten.

› Wie auch immer ... jedenfalls sind die eigensüchtigen Kräfte in diesem Interessenkonflikt anscheinend überlegen. Es dominieren doch zurzeit Einflüsse, die einen *herabziehen*.

› Es ist gut, dass du 'anscheinend' gesagt hast. Das Leben hat uns nämlich gelehrt, dass es besser ist, gewisse Tendenzen sich selbst erschöpfen zu lassen, als gegen sie anzugehen. Wir haben Vertrauen, weißt du ... wir sind sozusagen 'Wesen des Vertrauens' - und darin viel wacher und tätiger, als es man meinen könnte. Darum ist der beste Weg, euch selbst zu helfen, eurerseits ein aktives Vertrauen aufzubauen. Damit unterstützt ihr uns in der 'Wächterrolle', die wir übernommen haben. Lebt also Tag für Tag die Kraft der Schönheit und Stimmigkeit, die in euch angelegt ist! In diesem Sinne sollt ihr euch ganz klar gegen jede Form von Schwarz-Weiß-Denken entscheiden. So vermögt ihr die Klippen des Dualismus zu umschiffen und die enge Pforte echter Wandlung zu durchschreiten. Sobald du die Hand gegen jemanden erhebst, der aus deiner Sicht im Dunkeln steht, gerätst du selbst bald in Düsternisse. Ich sage dir - was weißt du, was wisst ihr schon von den Umwegen, welche Liebe und Stimmigkeit in Kauf nehmen, um ihr Ziel zu erreichen?

Wohl recht wenig ... denke ich sofort, während ich mich von meinem Inneren langsam abwende. Eine große, weiße Taube wollte sich eben auf mein Fensterbrett setzen. Das hat genügt, um die 'Leitung' abreißen zu lassen. Nun beginnen meine Gedanken abzuschweifen ... An sich war ich in den Gesprächen mit meiner Freundin 'aus den Höheren Welten' vor Ablenkungen immer recht gut geschützt ... und nun kommt da eine Taube! Aber ... lenkt der Vogel mich wirklich ab? Ist er ein Eindringling ... oder eher eine Einladung ... oder gar Anregung? Soll er mich vielleicht zu etwas anspornen? Durchs Fenster schaue ich zu, wie er wegfliegt und während ich ihm nachsehe, steigt eine Bemerkung in mir auf, die meine Besucherin einmal fallen gelassen hat ... Nur ein paar leichthin 'zum Himmel gesprochene' Worte, die in meinen Notizen bislang noch keinen Platz gefunden haben. "Ich möchte nicht, dass du ein 'Buch' im klassischen Sinne schreibst, hat sie ganz am Anfang unserer Begegnung einmal zu mir gesagt - sondern etwas ganz Freies![4] Du sollst auch keinen Stift benutzen, sondern eine Feder ... damit du besser fliegst! Fliegen ist etwas ganz anderes als nur zu schweben!"

So, nun ist die weiße Taube fort. Vielleicht ist sie nur vorbeigekommen, um mich an diese Worte zu erinnern! Jedenfalls scheint das höhere Wesen mit ihr weggeflogen zu sein. Werde ich mich je an diese überstürzten Abschiede gewöhnen, die mich so verwirrt zurücklassen?

---

*4) Wortspiel mit 'livre' - 'Buch' und 'libre' - 'frei'. Anm. d. Übersetzerin.*

# Montag, 13. Juli

Heute ist Montag. Ein typischer grauer Montag - Arbeitsatmosphäre. Ich sehe einen Mann auf der Straße und denke darüber nach, warum ich nicht er bin. Wieso ist man 'man selbst' - und nicht jemand anderes? Welches Geheimnis steckt dahinter? Dieser Mann geht irgendwohin ... mit seiner Geschichte - eine von Milliarden anderer Geschichten, mit denen sie sich vielleicht sogar vermischt ... genau wie die Geschichte der Taube gestern ... und die unzähliger anderer Tiere, Pflanzen und weiterer Geschöpfe, die ich mir nicht einmal ausmalen kann.

Wie kommt es also, dass ich nicht dieser Mann bin, sondern ich selbst ... Wieso erlebe gerade ich diese verrückte Geschichte, bei der ich Tag für Tag von einem geistigen Wesen besucht werde? Wieso steckt meine Seele ausgerechnet in diesem Körper?

› Dann kannst du auch gleich fragen: "Warum trägt jeder seine eigene Welt in sich - die das Universum enger fasst und formt?"

Die Stimme erklingt so klar und deutlich in mir, dass ich mich schnell an den Schreibtisch setze. Der Passant ist verschwunden. Er ist um die Ecke gebogen ... sein Leben ist vom *Leben* fortgetragen worden.

› Ja, siehst du, die echten Fragen muss man zu Ende denken ... und das ist eine davon. Warum sind wir 'wir selbst'? Die Antwort darauf kann wirklich ein Schlüssel sein. Im Grunde sind wir nicht mehr 'wir selbst' als unser Nächster. Das ist beunruhigend. Es erscheint völlig absurd. Es ist eine Art Geduldsspiel, von dem einem schwindelig werden kann - und doch ist es so.

› Es ist aber auch irgendwie ermüdend ... Ich frage mich, wie sinnvoll es ist, sich solche Fragen zu stellen. Du scheinst das ja zu vertreten, aber ...

› Weil es in der Tat ein Schlüssel ist! Unser aller Verletzung geht auf die Vorstellung zurück, wie seien voneinander getrennt. Das 'Identitätsspiel', das wir über die Jahre erfunden haben, trennt uns nicht nur von Gott - als unserer ursprünglichen Quelle -, sondern auch von *den anderen*. Hör gut zu ...

Wir gehen doch bei der Gestaltung unseres Lebens immer davon aus, dass wir unseren Mitmenschen etwas beweisen müssen, ob es uns nun bewusst ist oder nicht. Wir stellen uns selbst in den Mittelpunkt und betrachten alle anderen als Rivalen. Es gibt also einerseits uns - das entscheidende Stück, das gespielt wird ... und den Rest des Universums. Selbst die bescheidensten Menschen funktionieren so, auch wenn sie es kaum bemerken. Das wird gleichsam vererbt ...

› Dann ist es also ein unentrinnbares Schicksal - ein Teufelskreis!

› Nein! Etwas Ererbtes ist heilbar! Man kann sein Gepäck reinigen, wenn es erforderlich ist, oder es austauschen ... Du weißt ja, wie das mit alten Kleidern und Schuhen ist, die man aus 'gutem Grund' einfach nicht loswird. Genauso ist es auch mit den Gewohnheiten, die wir im Umgang mit dem Leben angenommen haben. Wir können also durchaus lernen, '*die anderen*' anders wahrzunehmen und anders über sie zu denken.

Kannst du mir folgen? Nehmen wir einmal die Ameisen als Beispiel ... Wenn eine Ameise eine Handlung ausführt – etwa ein Reisig zu transportieren, so handelt sie nicht als autonome Persönlichkeit, sondern als Teil einer größeren Wesenheit, nämlich des Ameisenhaufens. Erst auf dieser Ebene kann man von 'Individuum' sprechen. Der Mensch lässt sich durchaus mit einer Ameise und die Menschheit mit einem Ameisenhaufen vergleichen, auch wenn er freilich viel höher entwickelt ist. Natürlich ist er viel reifer und unabhängiger ..., aber im Prinzip ist es dasselbe. Hat der Mensch erst einmal seine wahre Reife erreicht, spürt er die ständige Anwesenheit 'der anderen' und die Verbindung zum höheren Bewusstsein – er wird dann von der Gewissheit der Einheit seelisch, geistig und körperlich durchdrungen. Wir selbst sind 'die anderen' – die gerade die unendlichen Facetten des Lebens erfahren und daraus lernen. Durch uns wird das Leben zu einer endlosen Entdeckungsreise. So ist es ... ob man sich nun dagegen auflehnen will oder nicht. Allein aus Eitelkeit bildet die Menschheit sich ein, die Spitze einer Pyramide zu bilden. Das gibt ihr Sicherheit.

Im Übrigen ist es gar nicht so abwegig, den Menschen mit einer Ameise zu vergleichen. Beobachte nur einmal die Ameisen und sieh dir an, wie sie arbeiten. Du wirst feststellen, dass ihre Bewegungen keineswegs synchron ablaufen. Wenn sie ein gemeinsames Ziel verfolgen – etwa Nahrung in den Ameisenhaufen zu bringen – so 'zieht dabei jeder in eine andere Richtung'. Es ist keine einheitliche, harmonische Bewegung, sondern viele, kleine einzelne Gesten, die autonom wirken und die man durchaus als egoistisch bezeichnen könnte. Der Ameisenhaufen regiert den Lernprozess der Autonomie und bereitet damit die weitere Evolution der Gattung der Ameisen vor.

› Sag mal, passiert nicht etwas ganz Ähnliches auf der Ebene unserer Zellen?

› Du nimmst vorweg, was ich eben sagen wollte. Ja, da geschieht wirklich etwas Analoges. Jede menschliche Körperzelle gehört – ohne sich dessen bewusst zu sein – zur Gesamtheit des Körpers in all seinen Ausdrucksformen. Als 'Bewohner' und Regent unseres Körpers tragen wir Verantwortung für ihn. Unser Ziel muss es also sein, dafür zu sorgen, dass sich jede einzelne Zelle weiterentwickeln kann. Wir müssen darauf hinarbeiten, unsere Zellen auf ein höheres Schwingungsniveau zu bringen, sodass sie sich ihrer selbst bewusst werden und in ein profunderes harmonisches Zusammenspiel einsteigen. Es geht also darum, alles auf eine höhere geistige Ebene zu heben. Dazu sind wir alle aufgerufen ..., ob euch das nun gefällt oder nicht! Der Ameisenhaufen ist natürlich nur bildlich gemeint. Der Vergleich hat seine Grenzen. Und doch lohnt es sich, ihn heranzuziehen. So naheliegend er auch anmuten mag, so wenig ist er doch bisher verstanden worden.

› Du musst zugeben, dass er nur wieder den altbekannten Schwindel hervorruft. Das lässt sich doch nur wieder in den Begriffen endloser Lebenszyklen denken ...

› Befreie dich ein für allemal von der Vorstellung einer Zeit, die man bemessen oder berechnen muss! Sie ist völlig bedeutungslos. Die Zeit hat Ähnlichkeit mit dem Raum. Darüber haben wir ja schon gesprochen. Sie dehnt sich aus oder zieht sich zusammen ... je nachdem auf welcher Bewusstseinsstufe wir uns befinden und welche 'Himmelskarten' man heranzieht.

Meine Freundin ist erst eine halbe Stunde hier ... und schon habe ich das Gefühl, mit Informationen fast übersättigt zu sein. Während ich im bleichen Morgenlicht nach Spuren ihrer Anwesenheit suche, ertappe ich mich dabei, wie ich in überraschend vertrautem Tonfall zu ihr sage: "Du lässt es heute aber ernst angehen!"

Darauf bekomme ich zunächst einmal keine Antwort, doch die Atmosphäre um mich herum verändert sich schlagartig. Es sieht fast so aus, als hinge die Gewichtigkeit der heute Morgen angeschnittenen Themen allein von meinem Zustand ab.

Dann höre ich plötzlich, wie sie sagt:

› Es ist eher dein Buch als meines. Wenn du keine Leichtigkeit verspürst, werden dir meine Worte allzu schwerwiegend vorkommen, weitaus gewichtiger, als sie in Wahrheit sind. Ich trage stets Freude in mir. Kannst du sie nicht spüren ... durchs Alltagsgrau hindurch?

› Du bist also stets freudig? Fühlst du dich wirklich immer so, ganz gleich was geschieht?

› Du musst genauer zuhören ... Ich habe gesagt, dass ich Freude *in mir* trage, sie zu mir gehört, mir also grundsätzlich inne ist. Das ist etwas ganz anderes, als zu sagen: "Ich bin immer freudig gestimmt."

› Inwiefern?

› Was ich damit meine, ist - auch ich kann Trauer und Enttäuschung empfinden. Wenn man sich eine Weisheit zu eigen macht und versucht, sie zu leben, wird man dadurch noch lange nicht unempfänglich für Gefühle. Mein Volk hat kein

Herz aus Stein! Wir sind nicht kalt und abgestumpft - und auch keineswegs 'unerreichbare Meister'!

Im Übrigen ist es höchste Zeit, sich von einem Denken zu verabschieden, demzufolge 'der Größte' ist, wer sich in schmerzlichen Lebenslagen in einen Eisklotz oder ein 'undurchdringliches Gebirge' verwandelt. Die weit entwickelten Wesen sind schon riesengroß - aber es sind einfach Giganten an Selbstbeherrschung, Urteilskraft, Weitblick, Willen ... und Liebe. Bedenke Folgendes: Im Christentum ist doch immer vom Leiden Jesu auf dem Ölberg im Garten Gethsemane die Rede. Ja ... war Jesus denn nicht vom Geiste Christi beseelt? War er denn nicht der 'reifste' Erdenbewohner überhaupt? Nun ja ... warum sollte man sich um solche Fragen herumdrücken? Du siehst also, Freude in sich zu tragen, schützt nicht vor den Prüfungen des Lebens ... Es bedeutet zunächst einmal, vom Schönsten und Nobelsten auf der Welt durchdrungen zu sein ... von allem, was uns Hoffnung gibt! Freude ist Überschwang - sie ist Frieden und ständig keimende Hoffnung - also ein Zustand geistiger Vollendung. Sie bewirkt, dass unser Wesen immer wieder nach oben tendiert, wie ein Ball, dessen Schwung nicht zu bremsen ist. *Freude ist ein Bewusstseinszustand*. Sag das allen, die im tiefsten Inneren wirklich heil werden wollen ..., aber gerade auch jenen, die nur so tun, als wollten sie geheilt werden!

# Donnerstag, 16. Juli

Die letzte Nacht war wieder einmal ganz schön irre. Sie war erfüllt von jener Verrücktheit, die ein Geschenk des Lebens ist – und einen 'erleuchtet' zurücklässt. Man wird dabei nicht nur 'heller' ..., obwohl ich erst neulich gehört habe, es sei besser, 'helle' zu sein, als 'erloschen'.

Es war gerade ein Uhr, als ich aus meinem Körper herauskatapultiert wurde, wie die letzten Male auch. Ich verließ ihn widerstandslos, denn es war drückend heiß! Die Temperaturen in Montreal sind oft recht extrem ... Die 30 Grad im Sommer scheinen sich über die Minus 30 im Winter geradezu lustig zu machen. Ich mag diese Kontraste als Fingerzeig der Natur, dass mit Lauheit nichts zu erreichen ist.

Nun gut, ich bin also wieder in dem Raumschiff – oder der Stadt, die sich im Weltraum bewegt ... ich weiß nicht recht, wie ich es ausdrücken soll. Meine Freundin war auch da. Sie wirkte impulsiv und ganz offensichtlich stolz, dass es ihr gelungen war, mir die Einladung zu übermitteln.

› Sei nicht so ungeduldig, rief sie mir als Erstes zu. Ich weiß, dass du dir diesen Ort gerne genauer ansehen würdest, um ihn zu verstehen und geistig zu durchdringen, aber im Moment gibt es einfach Wichtigeres zu tun!

› Was willst du mir denn heute zeigen?

› Etwas, das unmittelbar vom Leben inspiriert ist. Komm mit!

Das Zimmer war noch immer blau-weiß, wie bei meinem ersten Besuch, kam mir diesmal aber kleiner vor. Vermutlich wurden mir seine anheimelnde Form und Atmosphäre langsam vertraut. Beim Gehen lauschte ich wieder dem Klang meiner Schritte. Die Tatsache, dass ich sie hören konnte, beeindruckte mich mindestens ebenso wie die Dinge, die ich sah ... wahrscheinlich als Beweis, dass ich wirklich da war. Meine klingenden Schritte waren sozusagen das Echo meiner Seele!

Außerdem bemerkte ich zum ersten Mal, wie meine Freundin angezogen war. Ehrlich gesagt nicht viel anders, als man es aus Filmen kennt. Ihr Gewand war blassgrün mit perlmuttfarbenen Nuancen und Aufhellungen. Es reichte bis zu den Füßen hinab, die es getreulich umschloss. Außerdem war es weit und fließend - das machte einen noch tieferen Eindruck als der Schnitt. Meine Gastgeberin drehte sich zu mir um. Sie trug kein einziges Schmuckstück oder Ähnliches. Das brauchte sie auch nicht. Das Material ihres Gewandes war von bestechender Eleganz. Es genügte sich selbst.

› Sieh nur, das möchte ich dir zeigen. Davon sollst du erzählen, sagte sie und strich mit der Hand sanft über eine freie Stelle an der Wand. Schau - es lebt!

Auch ich ließ nun meine Hand über die Mauer gleiten, wie sie es getan hatte und spürte sofort etwas Sanftes - es war so zart ... weitaus feiner als alles, was wir kennen - zarter als Samt und Seide. Ich wiederholte die Geste ... und das Material erwies sich von einer Zartheit, dass meine Finger geradezu darin versanken ... wie im Spiegel einer glatten, reglosen Wasserfläche. Die Berührung mit dieser Materie hatte wahrlich etwas von einer Kommunion. Ich musste sie einfach noch ein drittes Mal berühren. Nun spürte ich ein leichtes Vibrieren, aber auch eine herrliche Frische, die ausgesprochen angenehm war.

› Leuchtet dir jetzt ein, warum ich sage: "Es lebt?"

Ich wusste nicht, was ich sagen sollte ... welche platten Sätze ... Die Berührung, von der ich kaum lassen konnte, hatte alles ergriffen, was in mir selbst *lebendig* war.

› Siehst du ... in deiner Sprache ist diese Materie doch ein 'Ding', ein Gegenstand! Verstehst du jetzt besser, was ich vor ein paar Tagen über die Dinge gesagt habe ... und dass unser Blick auf die Welt ein schöpferischer Akt ist?

Nun, hier hast du es mit einer großen Errungenschaft zu tun. Das ist ein wichtiger Beitrag dazu, ein großer Erfolg. Wir haben es nicht 'erfunden' - denn alles existiert bereits im Herzen des Lebens, davon sind wir überzeugt.

Vielmehr erweist sich darin die Fähigkeit des Lichtes, sich zu verdichten, die bereits in ihm angelegt ist. Licht ist eine Ausdrucksform des Lebens, die jede nur denkbare Gestalt annehmen kann. Es ist hochgradig wandelbar - man kann es verdichten und formen.

› Und hier habt ihr es also verdichtet ...

› Ja, jedenfalls kommt dieser Ausdruck der Sache am nächsten. Mithilfe von ausgefeilten Technologien stellen wir daraus ein Material her, das widerstandsfähiger ist, als Diamant und feiner als Seide. Allerdings darfst du dir unter 'Technologie' nichts Kaltes und Schwerfälliges vorstellen. Unsere Arbeitsmethode basiert auf einem liebevollen, respektvollen Umgang mit den Dingen - mit allem, was die Natur hervorbringt, in welcher Welt auch immer. Ich weiß nicht, wie ich es anders ausdrücken soll ... es fehlt einfach an passenden Begriffen.

› Sind die Raumschiffe aller Völker, die Zugang zum Weltraum haben, denn gleich aufgebaut?

› Keineswegs! Die meisten sind aus synthetischem Metall, nicht aus diesem Material von dem du die Finger nicht lassen kannst. Es hat einen hohen Grad an Perfektion und Verfeinerung der Materie erreicht. Darum verwende ich das Wort 'Respekt'. Ja, wir haben einen sehr hohen Respekt vor diesem Material, denn wir wissen, dass es aus demselben Stoff geschaffen ist, wie wir selbst - dem Stoff, der uns formt und Leben einhaucht. Auf der Erde verstehen das allenfalls Menschen, die sich mit Alchemie beschäftigen ... Sie können es vielleicht erahnen.

› Du sagst, diese Materie sei lebendig - hat sie denn auch ein Bewusstsein?

› Nicht im engeren Sinne. Man könnte schon eher sagen, sie *ist* ein Bewusstsein ... und zwar ein erwachendes Bewusstsein. Es wird durch die enge Bindung an unser seelisches Erstrahlen erweckt.

› Aber warum erzählst du mir überhaupt von diesem Material? Wozu soll das nützen? Was du da beschreibst, ist ja nicht einmal einem Prozent der Erdbevölkerung zugänglich. Das kann sich doch kaum jemand vorstellen. Man kann vielleicht von so etwas träumen ... und ich kann eine Seite damit füllen, aber das ist auch schon alles! Mich macht diese Schönheit eher ein wenig melancholisch.

› Sag nicht, dass es zum Träumen einlädt! Es regt die *Fantasie* an - und das ist wichtig. Das Schöpferische entsteht immer aus einem Impuls der Imagination. Glaubst du etwa, der Lebensfunke, der in einem Samen steckt, hätte keine Einbildungskraft? Von wegen! Er trägt das Bild der fertigen Pflanze oder des Baumes bereits in sich. Das Gen-Gedächtnis ist nicht alles. Es lässt sich mit einem Treibriemen vergleichen, denn es überträgt etwas, das jenseits von ihm liegt und zwar die 'Weisheit der Fantasie' - die imaginative Intelligenz.

› Ja ... und die Weisheit der Wiederholung ... Die Natur wiederholt sich doch ständig in ihren Schöpfungen.

› Niemals tut sie das! Kein Grashalm ist wie der andere, kein Baum sieht dem anderen genau gleich! Entsprechend sind auch zwei Menschen nie völlig identisch, ebenso wenig wie zwei Wörter genau dasselbe bedeuten. Es gibt keine völligen Synonyme. Die Vorstellungskraft ist ein Aspekt des Lebensbewusstseins. Sie ist in dir ebenso aktiv wie in mir und in jedem anderen. Verstehst du? Darum ist es mir wichtig, dass du von diesem Material erzählst, denn es ist eine Frucht der Vorstellungskraft. Es liegt mir sehr am Herzen, den Keim einer solchen Möglichkeit in deine Leser zu legen ... und in alle, die sich von deren Denken anregen lassen.

Gemeinsam können wir eine weitere Öffnung im kollektiven Bewusstsein der Menschheit bewirken. Ich liefere dir dieses Beispiel, du suchst nach den passenden Worten dafür ... und deine Leser mögen spüren, wie sich in ihrem Inneren eine Türe öffnet.

Eines kann ich dir sagen: Ihr müsst auf jeden Fall eure schwerfälligen, veralteten Vorstellungen sausen lassen ... und euch neue aneignen, die vor Leben sprühen.

Und sogar ... sogar wenn es nur ein Traum wäre! Warum auch nicht! Wenn wir aufhören zu träumen oder die Träume vergessen, die in unserem tiefsten Inneren schlummern – dann werden wir alt. Halte dir das stets vor Augen. Wie viele wahrhaft junge Menschen gibt es heute schon auf Erden? Wie viele wohl? Bestimmt weniger als man denkt. Die meisten von euch neigen dazu, sich von ganz bestimmten Vorstellungen und Weltbildern einschränken zu lassen.

Sieh dir dieses Material, dank dessen Weisheit wir durch den Weltraum fliegen, also ruhig noch einmal genau an. Es gehört sozusagen zur Familie, denn es ist Geist und Licht in verdichteter Form! Sprich darüber, verbreite den Gedanken, damit deine Mitmenschen allmählich fähig werden, ein Hologramm davon in ihrer Vorstellung zu entwerfen.

Die Lehre, die mir da zuteilwurde, war bereits so umfassend ... sie gab mir so viel Stoff zum Nachdenken, dass ich dachte, ich würde mich jeden Moment in meinem Körper wiederfinden. Aber nein – meine Freundin führte mich in einen anderen Teil des Raumes, in dem wir uns befanden. Die Wände waren hier nicht geschwungen, sondern gerade und mit verschieden großen Bilderrahmen oder Bildschirmen geschmückt. Darauf waren leuchtende Zeichen zu sehen, die an Schriftzüge oder Piktogramme erinnerten.

› Es sind wirklich Piktogramme. Sie beschreiben, was in den Schränken genau drin ist. Was dich an Bilderrahmen erinnert, ist in Wahrheit eine Reihe von Türen, die zu Stauräumen führen. Hier bewahren wir Sachen auf. Es dient der Ordnung. Was überrascht dich daran? Findest du das etwa banal? Kannst du mir erklären, wieso wir nicht auch so etwas brauchen sollten?

› Ich weiß nicht ... Wir stellen uns da immer eine ganze Menge komplizierter Apparate vor!

› Die gibt es natürlich. Doch ganz gleich, in welche Welt man hineingeboren wird, der Alltag muss doch immer organisiert werden. Von elementarer Bedeutung ist letztlich stets ein Tisch, ein Stuhl ... und ein Schrank, in den man etwas hineinlegen kann. Es gibt diese Dinge zwar in ganz verschiedenen Formen und aus unterschiedlichen Materialien. Manche sind vielleicht ein wenig raffinierter, aber die Funktion ist dieselbe. Komm ein wenig näher, ich möchte dir einen dieser 'Orte der Ordnung' genauer zeigen.

Wir machten ein paar Schritte auf einen pastellgelben 'Rahmen' zu, in dessen Mitte zwanzig bis dreißig leuchtendgrüne Schilder angebracht waren. Als meine Freundin sich auf ihn zu bewegte, schien der gesamte Rahmen nach links zu gleiten, als sei er spurlos von der Wand verschlungen worden. Wir standen nun vor einem großen Schrank. Er war in zartgrünes Licht getaucht und bestand aus Fächern, in denen alle möglichen Früchte lagen. Manche waren mir vertraut - es waren wohl Äpfel und Birnen, andere wieder kannte ich nicht. Einige sahen wie Mangos aus, hatten aber eine andere Farbe. Außerdem waren da Beeren, die an Kirschen erinnerten, aber durchscheinend rosa waren, sodass man den Kern sehen konnte. Dann gab es noch ... Ich weiß nicht mehr genau. Jedenfalls war schon die Vielfalt eine wahre Augenweide.

› Was du hier siehst ist ganz einfach eine Art Kühlschrank, meinte meine Freundin. Mit dem Unterschied, dass wir zum

Konservieren keine Kälte brauchen. Diese Aufgabe übernimmt ein speziell polarisiertes Licht. Dadurch wird die Haltbarkeit erheblich erhöht. Doch nicht deshalb habe ich dich hierhergeführt. Ich möchte dir vielmehr noch etwas über den Respekt erzählen, den wir allem gegenüber aufbringen. Das kann ich dir am besten anhand eines konkreten Beispiels zeigen. Sieh dir einmal diese Birne an. Ich habe sie in zwei Teile geschnitten und die erste Hälfte schon vor einigen Monaten gegessen. Ich kann mich nicht dazu entschließen, die zweite Hälfte auch zu essen, weil sie mir nicht besonders schmeckt. Du siehst also, auch wir haben unsere Vorlieben und Abneigungen. Das Problem ist nur, dass diese Birnenhälfte bald nicht mehr essbar sein wird. Sie wird ihren Nährwert bald verloren haben. Oh, sehen wird man das nicht. Aber sie wird dann nur noch eine schöne Form sein - obwohl sie noch saftig ist und eine ansehnliche Farbe hat. Doch das Leben, das Leben erschaffen kann, wird aus ihr gewichen sein. Ich muss sie also wegwerfen - das kennt ihr ja ganz gut, glaube ich.

Nein, nein, keine Sorge! Ich ahne, was du jetzt denkst! Ich möchte dir keinen Vortrag über ausschweifenden Konsum und Verschwendung halten, sondern dir lediglich etwas bewusst machen, worüber sich deine Mitmenschen meist achtlos hinwegsetzen: Den 'Respekt vor allem, was existiert' - so nenne zumindest ich es. Ich habe als Beispiel eine Frucht genommen, doch ebenso gut hätte ich ein altes Blatt Papier nehmen können, dass seit ein paar Wochen auf deinem Schreibtisch liegt.

Es geht immer darum, wie wir die Dinge sehen, welchen Blick wir auf sie richten. Entweder dringen wir in sie ein und verbinden uns mit ihrem innersten Sein oder wir benutzen sie nur.

Siehst du diese Birne? Ich werde sie wahrscheinlich bald wegwerfen - ihr aber dabei danken. Das ist aus eurer Sicht natürlich lächerlich. Es wirkt fast schon wie ... Fetischismus.

Doch es geht um etwas ganz anderes. Wenn wir den Dingen danken, die wir benutzen - und das gilt umso eher für alles, was wir wegwerfen oder zerstören - so wissen wir sehr wohl, dass unsere Worte nicht von 'Ohren' gehört werden und auch kein individuelles Bewusstsein unsere Gesinnung aufnimmt. Und doch ist die innere Haltung dabei ganz entscheidend - also die Ausstrahlung, die wir in diesem Moment haben. Auch das wissen wir ganz genau, denn der Gegenstand, dessen wir uns entledigen, wird davon bis in die Tiefen seiner molekularen Struktur berührt. Das ist aus unserer Sicht das Entscheidende, verstehst du? Darin wurzelt für uns die Liebe - die Allgegenwart ebenso wie das universelle Bewusstsein. Alles ist mit allem verbunden - je mehr wir diese Wahrheit in die Welt bringen können, desto größer wird auch unsere Verantwortung für die allgemeine Entwicklung, desto eher sind wir mitverantwortlich dafür, dass sie sich weiterentwickelt.

› Nun ja, diese Auffassung leuchtet mir schon ein, aber ist das nicht auch ein bisschen ... verrückt? Es macht alles so kompliziert ... Das kann bestimmt auch zur Obsession werden, oder?

› Hast du den Eindruck, dass ich ständig über so etwas nachdenke? Nein ... ein und dieselbe Handlung kann ganz unterschiedlich ausgeführt werden - es hängt allein von unserer Herzensgesinnung ab ..., die zu möglichst großer Schlichtheit tendieren sollte. Ich werde mir die Freiheit nehmen, diese Birne wegzuwerfen, bin mir dabei aber der Auswirkungen meines Handels voll bewusst. Mit aller Selbstverständlichkeit werden mir die Folgen vor Augen stehen – der Weg der Wandlungen, den Materie und Energie aufgrund meines Tuns durchlaufen werden.

Wenn die Atome meiner Frucht oder deines Blattes Papier sich im Zuge der Verrottung aufgelöst haben ... auf welche Reise begeben sie sich dann? Wie lange dauert sie – und in welche Tiefen führt sie? Wenn die Materie sich zersetzt hat, was wird dann aus den zahllosen Partikeln, aus denen sie aufgebaut waren? Sie zerstreuen sich – verteilen sich in der Erde, im Wasser, dem Feuer, der Luft ... und im Feinstofflichen. Bis sie wieder *etwas* zusammenbringt und ihnen eine Form verleiht, vergehen vielleicht Millionen von Jahren – oder gar Hunderte Millionen von Jahren, wenn nicht noch mehr! Ist das nicht bewegend?

› Du hast doch gesagt, Zeit sei völlig unbedeutend ...

Während ich das sagte, versuchte ich den Blick meiner Freundin einzufangen, um es besser zu verstehen ... Und nun, heute Morgen, erinnere ich mich so genau daran, als würde es eben erst geschehen. Ich versuchte, in die Worte hineinzulauschen und ihren tieferen Sinn zu begreifen ... sozusagen zwischen den Zeilen zu lesen, doch der Blick, den ich suchte, blieb mir verwehrt. Er schien in weite Ferne zu schweifen und brachte dabei die Reinheit und Kraft einer unbekannten Welt zum Ausdruck ... die mir verschlossen war. So viel war klar. Zwar kann ich sie grob skizzieren – andeuten, welche Tönung das Licht ihrer Sonne hat – doch im Grunde ist es ein sinnloses Unterfangen! Allenfalls kann ich eine Atmosphäre wiedergeben – einen Duft, von dem auf ein paar Hundert gebundenen Seiten ein Anflug zurückbleibt ... Ein Funken Hoffnung!

› Habe ich das wirklich gesagt? Stimmt, ich habe verkündet, dass die Zeit eine gigantische Illusion ist, ... also zum Nachdenken und Gestalten anregt, und dass ihre Kontraktionen mit dem Bewusstseinsfeld des Herzens zusammenhängen. Sie dehnt sich aus oder zieht sich zusammen, je nachdem. Allerdings habe ich auch betont, dass sie Teil eines Spiels ist, bei dem wir lernen, uns weiterzuentwickeln.

Das Spiel beherrscht, wer gelernt hat, sich gewandt auf dem Spielbrett zu bewegen ... sich aber im richtigen Moment seiner betörenden Wirkung zu entziehen. Das ist der wahre Meister des Spiels - nicht, wer sich erst gar nicht darauf einlässt.

› Mir fällt gerade ein Wort ein ... ich bin ja immer auf der Suche nach dem passenden Wort ... und zwar das Wort 'Segen'. Entspricht diese besondere Beziehung, die ihr zu den Dingen habt, nicht zutiefst einer Segnung?

Erst jetzt gelang es mir, den Blick meiner Freundin einzufangen. Er war kristallklar. Es lag ein tiefes Leuchten darin, das mir zu sagen schien: "Ja, jetzt kommst du der Sache näher. Ein echter Segen ist viel mehr, als nur ein symbolischer Akt. Eine Segnung hat nichts mit Religion zu tun, sie ist ein Akt der Liebe. Es ist eine Welle, die von unserem Herzen ausgeht und einen Hauch der Durchgeistigung ins Unendliche einzeichnet. Es ist eine Geste des Lebens. Das ist Segen - Er ist jedem Menschen zugänglich."

# Mittwoch, 22. Juli

Ich muss an den Kolibri denken, der gestern auf meiner sonnendurchfluteten Terrasse mit seinem endlos langen Schnabel Nektar aus den Hibiskusblüten sog. Wieso treibt es Zugvögel Jahr um Jahr aus dem Süden in Länder mit ungewissen Wetterverhältnissen? Warum nehmen sie diese erstaunlich langen Flüge auf sich? Vielleicht steckt dahinter dieselbe Abenteuerlust, die mir eine faszinierende Zukunft vor Augen stellt - jene unsichtbare Richtschnur, die mich heute wieder einmal dazu bewegt, auf das höhere Wesen zu warten.

Dabei wird mir immer deutlicher, wie sehr unsere Gespräche, die wir nun fast täglich führen, mich auf der Suche nach einer anderen Welt in unerforschte Regionen entführen. Ich schwebe gleichsam über unbekanntem Gelände und spüre, wie sich bei jeder unserer Begegnungen der Abgrund unter mir ausdehnt.

Das macht mir zwar keine Angst, doch bei aller Euphorie werfen die Horizonte, die sich mir auftun, auch schmerzliche Fragen auf ... Sie gemahnen an die Sehnsucht und die Suche nach dem Namen '*dessen*', was noch höher liegt ... weit jenseits der Einsamkeit und des ungeheuren Kummers, dem jeder irgendwann begegnet, der sich wahrhaft auf den Weg macht.

Und doch – welch ein Glück! Welch Glück, an diesem Sommertag, wieder einen Grund zu haben, zur Feder zu greifen, um etwas aufzuschreiben ...

Heute habe ich mich entschlossen, rückhaltlos alle Fragen zu stellen, die mir auf der Seele brennen und seien sie noch so kindisch.

› Sag mal, es heißt ja oft, die sogenannten ‘hohen Eingeweihten’, welche die großen Traditionslinien begründet haben, kämen aus einer anderen Welt. Was hat es damit auf sich?

› Natürlich kommt jemand aus einer anderen Welt, der ein wenig mehr Liebe und Weisheit an den Tag legt, als dort, wo das Leben uns hingestellt hat, üblich ist! ... Man kommt dann zunächst einmal aus der Welt des eigenen Inneren. Freilich, wenn man hinausgeht und verkündet, welche Mauern man einreißen musste, um innerlich ein paar Schritte weiterzukommen, wird man den anderen stets als Fremder erscheinen, als Häretiker oder Fantast. Wenn man ...

› Das habe ich nicht gemeint ...

› Ich weiß, aber im Grunde ist es die einzige Antwort, die man darauf geben kann! ‘Eine andere Welt’ – das ist zunächst einmal ein anderer Zugang zur Welt, ein neuer geistiger Horizont. Ob dabei andere Planeten ins Spiel kommen, ist völlig unerheblich!

Ich will dir etwas sagen ... Weißt du, warum die Erde heute so im Zentrum der Aufmerksamkeit steht? Weil sie so vielfältig ist, wie tausend Planeten. Auf ihr kreuzen sich unzählige Welten. Sie begegnen sich, prallen aufeinander und nehmen sich zuweilen nicht einmal wahr. Sobald du aber in die Welt von jemandem eindringst, der völlig anders ist als du, gibst du ihm einen Impuls.

› Willst du meine Frage wirklich nicht beantworten?

› Dazu kommen wir noch! Ich kann dir aber auch gleich mit einem großen 'Ja' antworten. Ja, die Menschen, die über all die Jahre immer wieder versucht haben, die Herzen der Erdenmenschen etwas weiter zu öffnen, standen stets in engem Kontakt mit uns - also mit dem Bündnis, von dem ich dir erzählt habe.

› ... ganz bewusst in Kontakt?

› Nicht immer ... und doch waren sie stets mit uns verbunden. Wie sehr, das hing ganz von der Kultur der jeweiligen Epoche ab und von den Vorstellungen, die man damals hatte ... diesen mussten auch sie sich beugen.

› Sie waren also in gewisser Weise 'ferngesteuert' ... ?

› Verbanne solche Begriffe bitte sofort aus deinem Wortschatz! Sie werfen ein völlig falsches Licht auf uns. Wir manipulieren euch doch nicht!

Wird ein solches Wesen - wir nennen es 'Überbringer des Lichts' - nun in eine Welt hineingeboren, der es einen helfenden Impuls geben soll, muss es seine Größe zwangsläufig herabstimmen und sich den gegebenen Umständen anpassen. Es nimmt dann eine bestimmte Persönlichkeit an und beugt sich dem gängigen Sprachgebrauch. Damit folgt es bereitwillig einer Tradition, die weit von seinem Ursprung entfernt ist. Im Zuge dessen mag es die 'Nicht-Irdischen' Wesen, die es geleiten, durchaus 'Gott' oder 'Engel' nennen. Diese begleiten es, sprechen mit ihm und unterstützen es auf seinem Weg. Dennoch kann es zugleich von der Allmacht eines höheren Prinzips getragen sein, die ihm erlaubt, seine wahre Größe und Unabhängigkeit zu erweisen.

Ist es nicht wunderbar, die Dinge so zu betrachten ... einen solchen Blick darauf zu werfen, wie alles zusammenhängt? Es gibt so viele Ebenen, die da hineinspielen! Wie russische Puppen sind wir alle miteinander verbunden und haben unwissentlich Anteil an so vielen Wirklichkeiten.

› Du sagst nie 'Parallelwelten'...

› Weil sie nicht parallel zueinander sind. Parallelen überschneiden sich nie. Die Welten aber überlagern sich alle und haben ein gemeinsames Ziel. Habe ich deine Frage damit beantwortet?

› Noch etwas ... Gehen unsere Religionen auf den Einfluss von Außerirdischen zurück?

Da wird die Stimme in mir sanfter. Mitten in der Intensität ihrer Äußerung, schlägt die impulsive junge Frau auf einmal den Tonfall einer liebenden Mutter an. Mir ist schon oft aufgefallen, wie schnell sie zwischen ganz unterschiedlichen Facetten ihrer Persönlichkeit hin- und herwechseln kann. Das 'kleine Mädchen' kann sich unversehens in einen Meister mit undurchdringlichem Blick verwandeln und im nächsten Moment mir nichts dir nichts wieder das Aussehen und die Sprache einer feinfühligen jungen Frau annehmen. Nun ist sie also ganz Mutter ...

› Hör mal ... Man könnte uns mit Eltern vergleichen, die seit Millionen Jahren ihr Bestes geben. Wir haben noch nie jemandem etwas aufgezwungen ... auch wenn wir zuweilen recht heikle Entscheidungen treffen mussten. Genauso geht es Eltern ja auch ... Kinder sind oft noch nicht in der Lage, das Richtige zu wählen.

Und so haben wir den Weg, der sich vor euch abzeichnete, mit Meilensteinen markiert, denn wir konnten seinen Verlauf wahrnehmen – ein Impuls, der aus tiefstem Herzen kam ... aus unserem Bedürfnis nach Wahrheit und unserer innersten Lebendigkeit. Diese Meilensteine sind jene großen Meister, in denen all das verankert ist. Ihre Mission war es, dem Vergessen entgegenzuwirken und ihrerseits Impulse zu setzen ... was schließlich zu verschiedenen neuen Glaubensrichtungen führte. Ich spreche ganz bewusst von Glauben und nicht von Religion. Damit meine ich Verständnis und eine Öffnung des Herzens ... Religionen hingegen wurden stets nur von Erdenmenschen erschaffen. Darum mussten wir uns gewiss nicht kümmern! Das war nicht immer von Übel, wenn ich so sagen darf ... allerdings hat es sich oft in ein solches verwandelt. Bis auf den heutigen Tag spielen Machtinteressen eine entscheidende Rolle in deiner Gesellschaft. Diese aber versperren den Zugang zu Höherem. Entsprechend sind wir nun Beobachter. Wir verfolgen unsere Aufgabe weiter, haben aber eingesehen, dass wir nur eine Vermittlerrolle haben, also nie etwas anderen tun können, als Botschaften zu überbringen.

Wir machen gute Vorschläge und geben Hinweise - mehr können wir nicht tun. Alles weitere ist nicht unsere Aufgabe. In dieser Hinsicht haben wir viel von euch gelernt. Schweigen, Bescheidenheit und Mitgefühl ... wenn auch gewiss kein Mitleid.

Ich sage dir da natürlich nichts Neues.

Überbrachte einer von uns einem Erdenmenschen eine glasklare Botschaft, dann wurde sie meist so verfälscht - grob und ungeschickt ausgelegt oder mystisch überhöht - dass sie auf Erden nicht mehr zu gebrauchen war. Sie wirkte dann völlig versponnen. Daher ist es nun wirklich an der Zeit es zu sagen: Unsere galaktische Flotte - denn so kann man sie letztlich doch nennen - ist kein Heer von Kreuzrittern und besteht auch nicht aus abgehobenen Weisen, die salbungsvolle Reden schwingen.

Ich bin eine Frau, weißt du ... Ich habe einen Lebensgefährten, eine Familie und Freunde, genau wie die anderen Menschen meines Volkes auch.

Freilich, meine Art zu lieben, immer noch dazuzulernen und *Dem Schönsten zu dienen*, spielt sich auf einer anderen Ebene ab, als bei euch. Ich habe nichts Mechanisches an mir, folge keinem vorab festgelegten Schema – und bin auch keine Asketin. Ich gehöre einfach zu der Menschheit, zu der ihr euch alle einmal entwickeln werdet. Ich bin keineswegs verhärtet, rigide, unanfechtbar oder unsensibel, genauso wenig wie alle anderen, die diese Aufgabe übernommen haben und sich dafür verantwortlich fühlen.

Im Vergleich zu euch sind wir gewiss in vieler Hinsicht Meister ..., aber genau wie eure Kinder euch nicht geringer erscheinen als ihr selbst, betrachten auch wir euch nicht als unterlegen. Wir wissen, dass auch euer Gestammel, eure anfänglichen Versuche und ersten Schritte das Leben größer machen – selbst in den schmerzhaftesten, gefährlichsten Momenten.

› Wenn die Menschheit, der dein Volk angehört so ... menschlich ist, seid ihr dann denselben großen Gesetzmäßigkeiten unterworfen wie wir? Ich meine, wie geht ihr etwa mit dem Tod um? Ist der Karmabegriff für euch von Bedeutung? Glaubt ihr an Wiedergeburt?

› Denk daran ... Ich habe dir ja bereits gesagt, dass wir sehr praktisch veranlagte Wesen sind. Unser Geist ist darin geschult, die Dinge möglichst objektiv zu betrachten ... Wenn wir an etwas glauben, so weil wir es erlebt haben, also wissen, dass es wohlbegründet ist. Darum haben wir uns unseren Ängsten gestellt, anstatt nach Ausflüchten zu suchen. Denn wir sind überzeugt davon, dass das Leben recht und stimmig sein soll.

Folglich mussten wir uns von vielen Dogmen und vorgefertigten Meinungen befreien, die es natürlich auch in unserer Zivilisation zu gewissen Zeiten gab. Als wir uns dazu entschlossen hatten - erst nur Einzelne, dann aber auch kollektiv, ging alles sehr schnell - so wie manche Blumen sich am Morgen im Nu öffnen.

Wir sind zu der Einsicht gelangt, dass Leben und Tod nur zwei Seiten derselben Sache sind - nämlich einer übergeordneten 'Wirklichkeit'. Diese ist unendlich - ich habe sie *das Lebendige* genannt, also 'das Große Leben' oder 'das Große Bewusstsein des Lebens'. Unseren Beobachtungen zufolge, ist Reinkarnation keineswegs ein bloßes Trugbild oder eine mystische Fantasie. Sie gehört einfach zum Wachstum der Welten. Das haben wir immer wieder bestätigt gefunden und zwar umso eher, als wir uns höheren Wahrnehmungen zunehmend öffnen konnten. Was einmal gewesen ist, kann nicht 'nicht mehr sein', verstehst du? Das ist eine mathematische Wahrheit, zu der nur Zugang hat, wer sich ernsthaft und tiefgehend mit Sphärenmathematik beschäftigt.

› Sphärenmathematik?

› Ja. Das ist eine heilige Kunst und Wissenschaft zugleich - wobei wir zwischen beidem eigentlich kaum noch unterscheiden. Was ihr 'Quantenphysik' nennt, ist nur der Anfang dieser Wissenschaft und Kunst.

› Seid ihr also alle ... Weise?

› Noch so ein Wort für die Mottenkiste. Du solltest es ganz schnell vergessen, denn es sagt im Grunde wenig aus. Was euch fürchterlich kompliziert vorkommt, erscheint uns ganz selbstverständlich - ganz einfach weil wir in unserem Inneren dafür Raum geschaffen haben, uns also dafür öffnen können. Wissenschaftler im irdischen Sinne sind wir deswegen noch lange nicht. Wir lieben nur die wunderbare Stimmigkeit des Lebens – die Weisheit mit der es sich entfaltet, in seiner ganzen Schönheit und Harmonie. Wie erfinderisch es seine Liebe verbreitet, erfüllt auch uns mit Liebe ... und je besser wir es verstehen, desto eher erscheint uns seine Logik verblüffend einfach. Nun gut, ich kann dir ja ruhig sagen, dass Reinkarnation – also der Übergang von einer Welt in eine andere und von einem Körper zum nächsten – für uns etwas völlig Reales ist. Wir wissen das schon seit geraumer Zeit. Darum haben wir auch keine Angst vor dem Tod. Diese Gewissheit zu erlangen war natürlich ein wichtiger Schritt für uns.

› Du hast gerade ein ganz entscheidendes Wort verwendet, nämlich 'Gewissheit'. Mir scheint, alles was damit zu tun hat – jede Form von Sicherheit – ist so ziemlich aus unserer Welt verschwunden. Daran krankt unser Planet wohl ganz wesentlich.

Meine Freundin scheint lange und bedächtig zu nicken, als wolle sie Zeit gewinnen, um nach der richtigen Antwort zu suchen.

› Da möchte ich dir nicht widersprechen. Die Ungewissheit und Unklarheit in allen Lebensbereichen ist zermürbend für die Bewohner deines Planeten. In allerkürzester Zeit haben sich Werte als brüchig, marode ... und einfach unhaltbar erwiesen, die Jahrtausende lang tragfähig waren. "Gott ist tot", wurde verkündet – in der Überzeugung, der Menschheit damit einen langen Dorn aus der Ferse zu ziehen. In Wahrheit war es aber nur Großtuerei und Überheblichkeit und führte lediglich dazu, dem 'Unmenschlichen' im Menschen Raum zu geben. Aber auch das musste gelebt werden - schließlich habt ihr so die Ausweglosigkeit fast ausgeschöpft.

› Nur fast?

› Ja, fast. Der Werteverfall ist noch nicht vollständig - die Lüge noch nicht offenkundig genug. Noch immer wird sie nicht von allen wahrgenommen.

› Wie weit müssen wir denn noch gehen?

› Bis zur totalen Erschöpfung ... bis zum Erbrechen - bis zum Ende!

› Hat es denn überhaupt ein Ende?

› Nicht für eines, für alle ... Aber das Ende jedes Einzelnen wird in Verbindung mit dem Ende all der anderen eine Mauer bilden, auf der die Erdbevölkerung ihre Unmenschlichkeit entdecken wird. Ohne Rückgrat kann man sich nicht aufrichten und auch nicht voranschreiten.

› Ja, nur ... habe ich nicht den Eindruck, dass sich alle aufrichten und weiterkommen wollen. Schon seit unserer ersten Begegnung sprichst du von Wachstum und Erblühen. Wenn ich mir unseren Alltag so anschaue, scheint dieses Ideal jedoch keine breite Zustimmung zu finden. Man hört ja oft, dass im Grunde alle Menschen um Frieden ringen und ein besseres gegenseitiges Verständnis anstreben. Aber offen gestanden, kommt mir das immer weniger so vor. Wenn man sich anschaut, was heute alles passiert ..., sieht es doch eher so aus, als ob Schatten und Schwere die Leute anziehen - nicht aber Klarheit und Licht!

› Das meine ich ja gerade mit Erschöpfung ... sich von Abgründen angezogen zu fühlen und in ihnen stecken bleiben - das geht immer auf Verzweiflung zurück! Aber auch sie muss durchlebt werden, ich sage es nun zum wiederholten Male. Auch Verzweiflung ist in gewisser Weise ein Lehrmeister. Ja ... gerade sie muss man bis zum Erbrechen gefressen haben.

› Sind die sogenannten Lichtkräfte - oder 'Kräfte der Hoffnung' darum so zurückhaltend? Greifen sie deshalb nicht ein ... bei allem, was uns entzweit und herabzieht?

› Damit legst du den Finger in die Wunde. Genau das ist der entscheidende Grund! Alles andere kannst du vergessen. Es wäre ein Leichtes für uns, plötzlich zu erscheinen, gewichtig aufzutreten und die Menschheit wie durch Zauberhand zu verändern. Doch das ist nicht unsere Absicht. Du weißt ja, dass wir die Dinge nicht nur äußerlich verändern wollen. Es geht nicht um ein schönes Erscheinungsbild.

Außerdem ist unser Ziel ... nicht nur *unser Ziel*. Es entspricht den Absichten des Lebens selbst - dem großen, namenlosen Plan des Lebendigen in jedem von uns.

› Dann schaut das Licht also zu ... und wartet, bis seine Zeit gekommen ist?

› Es ist immer 'seine Zeit'. Außerdem wartet es nicht und beobachtet auch nicht. Es wirkt - inmitten von Ausweglosigkeit und Verzweiflung. Dabei nutzt es Zersetzung und Auflösung als Sprungbrett. Aus dem Herzen des Schattens spricht es zu uns ... und wenn es stumm zu sein scheint, dann vor allem, weil viele Menschen taub sind!

Das Licht tritt in Verkleidungen auf, weißt du. Es nimmt sich alle Zeit der Welt, die Masken fallen zu lassen und sich zu zeigen - schließlich hat es die Zeit ja erfunden. In erster Linie bedeutet es Freiheit. Licht ist eine große Erfinderin.

› Ich kann dir folgen, möchte aber nicht so theoretisch an die Sache herangehen. Erst gestern habe ich an einer Straßenecke einen Jungen gesehen. Er war höchstens sechzehn Jahre alt, saß vor einem Schaufenster und war völlig schwarz gekleidet - ganz bewusst und durchaus raffiniert. Sein Gesicht war blass und die Ringe unter seinen Augen gaben ihm etwas Abgründiges. Dann sah ich einen Nasenring, der genau zwischen den Nasenlöchern herunterhing, wie bei einem geknechteten Tier, das bald zum Schlachthof geführt wird. Der Junge streckte seine Hand aus, ohne auf die Passanten zu achten ... und auch für ihn schien sich niemand zu interessieren. Er war - hier auf dem Gehsteig, den er vielleicht schon seit Wochen oder gar Monaten zu seinem Wohnort erkoren hatte - ein völlig alltäglicher Anblick. Niemand interessierte sich für ihn ..., weil es Zehntausende davon gibt, in allen Großstädten, auf allen Straßen der Welt - wider Willen Symbole unseres kranken Bewusstseins.

Musste es wirklich so weit kommen? Spiegelt sich darin deine 'lichtvolle, geduldige Gegenwart'? Wie lässt sich diese Realität fassen? Setzt das nicht eine Fähigkeit voraus, die den meisten Menschen abgeht, nämlich die Dinge von einer höheren Warte zu betrachten? Auflösung und Zersetzung als Nährboden für Wachstum zu bezeichnen ... das wird Menschen, die nicht mehr wissen, wer sie sind oder wohin sie gehen, völlig absurd vorkommen. Für sie sind das doch nur schöne Worte - reine Rhetorik.

› Glaubst du vielleicht, das weiß ich nicht? Die Lösung liegt aber hier nicht in Worten, sondern darin, wie man die Dinge betrachtet. Wenn der junge Mann die Hand ausgestreckt hat, so wollte er wohl nicht nur ein paar Münzen, sondern vor allem auch Zuwendung. Das war ihm vielleicht gar nicht bewusst ... doch ich kann dir versichern, dass Bettelei in deiner Welt heutzutage eine ganz neue Dimension erreicht hat. Es geht um den Mangel an Hoffnung und Liebe. Gib den Menschen Liebe und Hoffnung, so werden sich die Pforten zur Lebensfreude weit auftun! Angesichts dessen ist es höchste Zeit, damit aufzuhören, andere abzulehnen und zu verurteilen. Polemik führt nicht weiter. Sie gleicht einem Geschwür, das deine Zivilisation zersetzt. Manche Leute haben sie zu ihrem Lebensinhalt gemacht, ohne zu merken, wie viel Gift sie damit verspritzen. Geschliffene Auseinandersetzungen mögen klug erscheinen - doch das ist nur eine Illusion. Kontroversen und Kritik sind allenfalls gute Gelegenheiten für Ahnungslose, sich groß aufzublasen. Wer hat recht? Wer ist im Irrtum? Das ganze 'wie' und 'warum' ... Angesichts der aktuell herrschenden Zerrissenheit hat es kaum noch Bedeutung. Darum sage ich dir: *Die Lösung liegt im Blick*.

Man muss lernen, den anderen wirklich anzusehen, tief einzutauchen in das weite Meer seiner Augen ... und bewirken, dass er einen einlädt - in seine Seele. Und dann wagen, zu lächeln ... und den Anflug des Lächelns spüren, das der andere für uns noch nicht ganz aufbringt. Das ist der Keim der Heilung. Darin liegt das Geschenk der Hoffnung, weißt du. Es ist so einfach, das man oft gar nicht draufkommt ..., aber so schön, dass man es immer wieder und wieder tut, sobald man es einmal entdeckt hat. Lasst alle Theorien und Dogmen beiseite, seid still - und seht euch an. Lächelt euch an ... und öffnet euch füreinander! Das ist der entscheidende Rat, den mein Volk deinem geben kann. Viel mehr gibt es dazu nicht zu sagen ...

# Donnerstag, 20. August

Seit einem Monat ist es mir nicht mehr gelungen, mich dem Wesen zu öffnen. Der Sommer hat mich mitgerissen, mit allen seinen Vergnügungen. Die Tage vergingen wie im Flug und so ließ ich meine Feder ruhen. Zuweilen fragte ich mich: "Was machst du da eigentlich? Du wirst doch am Schreibtisch erwartet ... und auf einer anderen Ebene des Lebens." Aber man muss sich den Gegebenheiten beugen. Unsere Existenz gibt den Rhythmus vor - die Einatmung, die Ausatmung und sogar die Atempausen. Sie weiß besser, was wir wirklich brauchen.

Nun aber liegt wieder ein weißer Bogen vor mir und ich bin ein bisschen aufgeregt bei dem Gedanken, ihn mit Worten zu füllen, die nicht von mir stammen. Ich werde sie erhaschen wie Seifenblasen, die aufsteigen ... aus einem unsichtbaren Hauch.

"Viel mehr gibt es dazu nicht zu sagen" hatte mir das befreundete Wesen vor einigen Wochen ins Ohr geflüstert, indem sie das Band, das uns verbindet etwas ausdehnte. Es gibt so gut wie nichts mehr zu sagen ..., dabei ist meine Seele heute Morgen so voller Fragen! Vor allem beschäftigt mich der Karmabegriff. Wenn man sich näher damit befasst, gibt es einiges zu entwirren. So erscheint er mir zwar weitaus inspirierender für Geist und Seele als die überkommene, lähmende Vorstellung der Erbsünde, kann aber doch sehr widersprüchlich gedeutet werden ... und manche Interpretationen sind nicht gerade motivierend.

› Kannst du mir sagen, ob 'Karma' für euch irgendeine Bedeutung hat?

› Natürlich. Wie könnte es anders sein, da wir um Wiedergeburt wissen. Du musst bedenken, dass Reinkarnation für uns keine philosophische Theorie ist. Wir erleben sie ständig und das Gesetz von Ursache und Wirkung ist eine logische Folge davon. Dennoch freut es mich, dass du mir diese Frage stellst, denn Karma bedeutet für uns wohl etwas anderes als ihr es gegenwärtig auf Erden auffasst. Wir haben ja schon mehrfach über die Zeit gesprochen, nicht wahr? Wenn es eine Spielregel des Lebens gibt, die besonders eng mit dem Begriff der Zeit verbunden ist, dann das Karma. Schließlich ist es außerhalb einer linearen Zeitkonzeption schwerlich vorstellbar. So gesehen ist Karma zwangsläufig mit einer sehr vereinfachten Vorstellung von Zeit verbunden. Wenn die aufeinanderfolgenden Jahrtausende uns auf einen Weg zwingen, auf dem wir nicht mehr umkehren – allenfalls noch über die Schulter zurückblicken können, so entspricht das einer allzu schlichten, rein mechanischen, ja geradezu kindischen Auffassung von Karma. Jeder würde sich dann aus seinem persönlichen 'Reisegepäck' eine Gegenwart und schließlich ein Schicksal schmieden. Es käme also ganz darauf an, was man sich 'an der letzten Station' – im letzten Leben – aufgeladen hat ..., was man 'in seinen Koffer gepackt' hat. Man erntet, was man gesät hat. Wird das nicht gerade 'Gerechtigkeit' genannt?

› Du scheinst nicht ganz dieser Ansicht zu sein.

› Doch, in einem Universum, in dem das Bewusstsein in einer starren Zeitauffassung gefangen ist, gilt das durchaus. Aus dieser Perspektive erscheint das Karmagesetz als absolute Wahrheit. Es zu verstehen und zu respektieren ist wohl ein wesentlicher Schlüssel zu innerem Frieden und einem guten Auskommen mit seinen Mitmenschen. Wir sind jedoch stets dazu aufgefordert, weiterzugehen und uns zu Höherem aufzuschwingen ..., um Schleier zu lüften, die wir zuvor nicht einmal bemerkten. In höhere Gefilde zu fliegen bedeutet aber stets, sich der Quelle zu nähern, für die Zeit und Distanz völlig bedeutungslos sind. Vergangenheit, Gegenwart und Zukunft sind eins. Angesichts dieser Einheit, löst sich selbst das Karmagesetz auf ... und erweist sich als weiser Lehrer, der uns auf unserem Wege begleitet und gestützt hat. Es ist also lediglich eine Krücke.

› Sobald man in der Lage ist, geistig zu fassen, dass Vergangenheit, Gegenwart und Zukunft eins sind, müsste man sie also auch immer wieder verändern können, wenn ich recht verstehe?

› Ich würde sagen ... man kann sie neu gestalten, überarbeiten - wie ein Künstler immer wieder an seinem Werk feilt, bis er den 'Diamanten seines Wesens' hineinlegen kann.

› Ist das nicht ein bisschen ...?

› Verrückt? Ja, es ist völlig verrückt! Es ist erfüllt von jenem heiligen Wahn, der uns den Mut gibt, zu neuen Ufern aufzubrechen - eine Verrücktheit, die alle Schutzschichten und Schalen sprengt und uns wachsen lässt. Auch wir haben eben erst begonnen, diese neuen Regionen zu entdecken. Wir haben noch keine genauen Landkarten für diesen 'Kontinent' - und doch ist es schon jetzt ganz wunderbar. Wie soll ich das beschreiben? Worte greifen wieder einmal zu kurz, sie sind bloß leere Hülsen. ... Weißt du, es muss einfach alles ganz neu erfunden werden!

Versuche einmal Folgendes zu verstehen: Wir sind Künstler, die ganz in ihrem Werk aufgehen. Je mehr wir malen, schnitzen oder Noten notieren und unser Instrument spielen - umso eher werden wir selbst zum Kunstwerk und bauen dabei immer mehr Brücken zwischen unseren *simultanen Existenzen, unseren gleichzeitig ablaufenden Wirklichkeiten*.

Wenn es also stimmt, dass man Zukunft aus der Schönheit der Gegenwart errichtet, so kann man auch seine Vergangenheit heilen, indem man sie in der Gegenwart umschreibt. Im Grunde ist das Gegenwartsgefühl, das wir alle kennen, nicht 'wirklicher' als unsere Wahrnehmung von Vergangenheit und Zukunft. Das Geheimnis liegt in der Verbindung dieser drei Dimensionen! Erst diese ultimative Einheit kann erweisen, wer wir wirklich sind - sowohl individuell als auch als Gemeinschaft.

Wenn die irdische Menschheit die vollständige Heilung erfährt, nachdem sie bewusst in Christus am Kreuze gelebt hat, kann es sogar sein, dass die Kreuzigung nicht mehr stattgefunden haben wird.

› Was könnte denn der Schlüssel zu so einer Verschmelzung der Zeit sein?

› Mitgefühl - es ist der Anfang der Verschmelzung.

Plötzlich senkt sich Stille auf mich herab. Ich empfange sie, wie einen dicken, weißen Samtmantel und so steht der Stift in meiner Hand einen Augenblick still. Nun versuche ich, die Anwesenheit meiner Freundin im Licht der Morgensonne zu spüren ..., aber da ist nichts! Absolute Ruhe umgibt mich, undurchdringlich wie eine uralte Einsamkeit. Ich habe den Eindruck, die Worte, die mir soeben überbracht wurden, gehören zum Wichtigsten, das ich überhaupt gehört habe. Blitzartig wird mir klar, dass das Karmagesetz im Grunde auch nur eine Illusion ist ... nichts als ein weiteres 'Hologramm des Bewusstseins', das ständig neue Wege erfindet und Regeln aufstellt, um ein notwendiges, heiliges Gesetz zu schaffen ... das aber letztlich doch endlich ist.

Ja, plötzlich erscheint es mir sonnenklar: Eines Tages - an einem Tage höchster Erleuchtung, wird Christus nicht mehr gekreuzigt worden sein .. und die Katharer, um nur eine von unzähligen Gräueltaten zu nennen, werden nicht mehr auf dem Scheiterhaufen gelandet sein.

Aus dem geistigen Raum heraus, der uns bereits zu sich ruft, wird mir auf einmal mit unerbittlicher Logik klar, was es bedeutet, 'seine Vergangenheit zu heilen'. Es geht nämlich nicht nur darum, die Erinnerung an sie zu heilen, sondern sie völlig umzuschreiben, bis ins kleinste Detail, in ihrer ganzen Vernetzung ... und zwar weil *alles* in einem Punkt im Herzen der Schöpferkraft zusammenläuft, mit dem wir unablösbar verbunden sind ...

› Und dieser Punkt sagt uns, dass wir im Göttlichen Bewusstsein bereits vollendet sind ... greift die Stimme meine Gedanken auf. Alles, was wir erleben - in zahllosen Situationen und Lebensformen - hat einzig zum Ziel, uns unsere göttliche Natur vor Augen zu führen. Das allein sollen wir geistig durchdringen ... und uns klarmachen, dass wir stets nur als eine Reihe virtueller Bilder aus dem Göttlichen herausgetreten sind. Das absolute Licht - das Licht das keinen Schatten wirft, hat es nicht nötig, dass man daran glaubt ... es gibt nämlich gar nichts anderes. In diesem Lichte geht letztlich alles auf. – Aber sag' mal, wird dir nicht wieder schwindelig? Jetzt oder nie ... !

Ich muss gestehen, dass dieser Einwand meiner Freundin mich umhaut! Er lässt mich aus den Sphären recht ... häretischer Höhenflüge herabstürzen. Fast hätte ich darüber die schlichte Schönheit des Augenblicks vergessen! Genau das wollte sie mir wohl mitteilen ... und so brechen wir beide in befreiendes Gelächter aus.

› Lassen wir es damit gut sein, wenn du einverstanden bist. Geh' hin und säg' ein Brett, schlag' einen Nagel ein, beschneide einen Baum oder mach' einen Spaziergang in den Bergen. Der Körper muss oftmals ins Schwitzen geraten, damit Seelennahrung recht verdaut wird! Na los!

# Dienstag, 25. August

Gestern Abend habe ich eine Bitte geäußert. Ich habe darum gebeten, mehr zu erfahren und mehr sehen zu dürfen. Ich will wissen, wie sie leben, ihre Lebensform genauer kennenlernen. Wenigstens einen kleinen Teil ihrer Welt möchte ich mir ansehen ... und ein paar Schritte durch diese Stadt gehen, die sich zwischen den Sternen bewegt.

Ich habe darum gebeten ... und meine Bitte wurde erhört ... heute Nacht - wieder einmal in der Nacht! Wie kann ich also sicher sein, dass es kein Traum ist? Aufgrund von Erfahrung! Das kann man nur unterscheiden, wenn man es einmal erlebt hat. Nur wer 'dieses Wunder' erfahren durfte, kann das einschätzen ... nun ja, sofern das Wort 'Wunder' hier überhaupt einen Sinn hat. Die Grenzen des Bewusstseins werden dabei in einem Maße gesprengt ... Man kehrt völlig verändert zurück. Streng genommen war ich heute Nacht 'wacher' als nun, da ich versuche, aufzuschreiben, was genau geschehen ist.

Wieder einmal wurde der Teil meines Wesens, der sich seiner selbst bewusst ist - meine Seele, wenn man so will - von einer anderen Existenzebene angezogen. Es geschah ganz plötzlich und doch sehr sanft, wie gewohnt. Das liegt einfach daran, dass ich mich völlig widerstandslos füge, mich nicht allzu sehr mit meiner physischen Hülle identifiziere. Insofern ist dafür keine spezielle Technik mehr erforderlich ... man muss nur rückhaltlos an das glauben, 'woran man glaubt'. Darin liegt das Geheimnis.

Als ich von einer anderen Facette des 'Lebensdiamanten' angezogen wurde, war es auf meinem Wecker genau 1.53 Uhr. Schlagartig war ich von üppiger Natur umgeben. Unter Koniferen wucherte Farnkraut und doch war es kein Urwald, im Gegenteil, alles sah viel geordneter aus. Es gab freie Flächen mit Blumenbeeten. Die roten Blüten erinnerten mich an Amaryllis. Es war sozusagen ein großer Garten und er war in ein höchst eigentümliches Licht getaucht. Ich schaute auf. Von der Sonne kam es nicht. Über mir, zwischen den Bäumen, leuchtete nur der herrliche, nächtliche Sternenhimmel. Es war ein ganz besonderes Himmelszelt, voller Tiefe und Leben, wie man es nur hoch im Gebirge oder weit draußen in der Wüste antrifft ... oder eben im Weltraum.

Ohne zu zögern begann ich, zwischen den Blumen und Farnen umherzugehen. Das war leicht, denn es gab kleine Pfade, die einen in verschiedene Richtungen einluden. So ging ich einfach drauflos, bis das Plätschern eines kleinen Wasserfalls an mein Ohr drang. Da spürte ich auf einmal, dass mir jemand folgte und drehte mich um. Tatsächlich! Meine Freundin war da, die 'Muse' dieser Zeilen. Sie ging hinter mir her und trat dabei genau in meine Fußstapfen, wie ein Kind, das Vergnügen daran findet, meinen Gang nachzuahmen. Natürlich brach sie gleich in Gelächter aus. Ich hingegen war etwas verwirrt. Es war so anders, als wenn sie mich wie gewohnt an meinem Schreibtisch besuchte! Doch alles hier unterschied sich auch stark von dem Zimmer, in das sie mich bereits geführt hatte.

Natürlich hätte ich auch denken können, ich sei auf dem Mont Royal oder in irgendeinem botanischen Garten ... doch dies unglaubliche Licht belehrte mich eines Besseren.

› Das überrascht dich, nicht wahr?, sagte sie, bevor ich überhaupt fähig war, eine Regung zu zeigen. Du hast bestimmt nicht erwartet, dass dein Wunsch so schnell in Erfüllung geht – und so 'konkret' wird. Auf die Gefahr hin, dich zu enttäuschen, muss ich jedoch sagen ... es geht nicht nur darum, deine Neugier zu befriedigen. Meine Freunde und ich haben etwas ganz anderes vor!

› Das ist mir klar ... schön ist es aber trotzdem!

Meine Freundin schritt nun, mit der ganzen Lebhaftigkeit des kleinen Mädchens, welche sie schon vorhin an Tag gelegt hatte, voran. Und so ging ich zwischen den Bäumen schweigend hinter ihr her, bis zum Wasserfall, den ich in der Nähe vermutet hatte. Hier gab es ein paar ockerfarbene Felsen, dahinter freie Landschaft. Hier war die 'Natur' zu Ende, es gab keinen Wald und keine Blumen mehr, nur noch eine riesige, elfenbeinfarbene Mauer mit vielen großen Glasfenstern und breiten Balkonen. Sie war jedoch keineswegs einförmig ... und auch nicht überall gleich hoch. Im Gegenteil, diese Wand bestand aus sehr unterschiedlichen Elementen, die ganz offensichtlich so zusammengefügt waren, dass es schön aussah. Der Aufbau entsprach also einem weisen Prinzip, das von ästhetischen Ansprüchen getragen war.

› Das ist ein Teil unserer Stadt. Hier leben und arbeiten wir. Alles, was du siehst, liegt unter einer durchsichtigen Glaskuppel ... Daher rührt auch das bestirnte Himmelszelt, das uns ständig begleitet. Du hast zwar erst mich kennengelernt ... doch hier leben mehr als zehntausend Menschen.

Als ich das hörte, fragte ich mich, woran diese Leute eigentlich alle arbeiteten. Niemand war zu sehen, keine Spur von regem Leben. Ich konnte mir kaum vorstellen, dass hier schlichtweg in Büros gearbeitet wurde ... irgendjemand ganz banal an so etwas wie einem Bildschirm saß oder virtuelle Bilder bearbeitete. Das entsprach doch allzu sehr den abgedroschenen Vorstellungen eines Science-Fiction-Romans. Es war einfach nicht überzeugend! Also fragte ich meine Freundin ganz direkt danach.

› Arbeit? Wenn du willst können wir gerne darüber sprechen! Es gibt so viel dazu zu sagen. Ja, lass uns darüber reden ... Arbeit bestimmt ja euer gesamtes Leben.

› Eures etwa nicht?

› Keineswegs! Jedenfalls nicht so, wie bei euch!

› Kannst du mir sagen, worin der Unterschied besteht?

› Das ist ganz einfach. Eure Beziehung zur Arbeit vergiftet euch ... zumindest meistens. Ihr haltet Arbeit für eine lästige Pflicht, verwechselt sie mit einem Frondienst und so wird euch der Alltag zur Last. Er macht euch Mühe. Das Seltsamste aber ist – wer sich nicht abschuftet, wird für einen Versager gehalten. Im Grunde ‘verdient ihr’ nicht mit allen möglichen Berufen euren Unterhalt, sondern verliert damit euer Leben – ihr verschwendet es daran! Ihr sperrt euch gegenseitig in ein völlig verfehltes System, demzufolge man sich alles im

Schweiße seines Angesichtes verdienen, also ständig mit Schwierigkeiten kämpfen und leiden muss. Findest du das nicht auch ziemlich merkwürdig? Dahinter steckt eine Moral, die es bei uns nicht gibt. Sie hat mit Schuld zu tun, nach dem Motto: "Wenn du dich nicht abmühst, hast du auch nichts verdient. Wenn du deine Arbeit gerne machst und bei deiner Tätigkeit Glück empfindest, kennst du den wahren Wert des Lebens nicht." Könnte man sich etwas Bedrückenderes vorstellen, als eine solche Denkweise? Niemand nimmt das wahr, doch deine Welt ist fast vollständig davon bestimmt. Es drückt auch alle nieder, zieht euch herab!

› Dem habe ich nichts entgegenzusetzen, nur ... sag' mir doch bitte, was man dagegen tun kann? Habt ihr etwa eine Welt erfunden, in der es keine lästigen Pflichten mehr gibt? Wir sind jedenfalls sehr weit davon entfernt. Alles, was du mir dazu sagen kannst, ist dann wohl recht frustrierend für uns!

› Hör zu - in welcher Welt auch immer - es wird stets unliebsame Aufgaben geben, die anstrengender sind als andere. Allerdings sind diese Begriffe sehr relativ. Was sie im Einzelnen bedeuten, hängt ganz davon ab, wie weit eine Gesellschaft entwickelt ist. Allerdings ist es schon faszinierend, wie eingefahren ihr in diesem Punkt seid, wie unflexibel ihr an diese Frage herangeht. Wir sehen das schon seit Jahrtausenden mit an ... wir haben es studiert ... einfach, indem wir euch zugeschaut haben. Dabei ist uns ganz deutlich geworden, wie sehr 'Leben', 'inneres Gleichgewicht' und 'Glück' aus eurer Sicht mit Geld verbunden sind. Alles hat für euch eine wirtschaftliche Seite, 'alles hat seinen Preis' ... als könne das Leben selbst, in seiner ursprünglichen Schlichtheit, keinen inneren Frieden und kein Glück bieten! Und wenn man von Wirtschaftlichkeit spricht, geht es stets auch um Berechnung, um Handel und Profit. Das weißt du bestimmt. Man kann sehr wohl auch 'gesund' damit umgehen, doch das setzt eine geistige Reife voraus, die nur wenige besitzen. Andernfalls kann es fatale Folgen haben.

› Du sprichst vom Leben in seiner ursprünglichen Schlichtheit ..., aber ehrlich gesagt, was ich hier sehe, scheint weit davon entfernt zu sein. Ich sehe vor allem ein gigantisches Werk höchster Vollendung ...

› Du hast mich nicht ausreden lassen ... Ich wollte von 'Einfachheit' im menschlichen Umgang sprechen. Sie entsteht auf der Basis von Respekt. In einer Welt, in der man sich gegenseitig hohen Respekt zollt, gibt es keine Machtbeziehungen mehr. Niemand muss dann seine Zeit damit verschwenden zu beweisen, dass er anderen 'überlegen' ist. In einem solchen Umfeld nimmt die Aufgabe, die jedem Einzelnen zukommt, eine ganz andere Tönung an. Das liegt an der Reife der Gesellschaft. Fühlen wir uns an dem Ort, an den unsere Fähigkeiten uns gestellt haben, anerkannt und respektiert, so sind wir auch nicht neidisch oder unzufrieden. Man muss dann nicht mehr ständig etwas anderem hinterherjagen. Wird unsere Arbeit als Teil des gesellschaftlichen Gleichgewichtes geschätzt, so wirkt das zwangsläufig auf uns zurück. Glück und Wohlstand sind die unmittelbaren Folge eines 'einfachen' Bewusstseins – das keine Hintergedanken kennt. Das aber ist unser aller Geburtsrecht.

Alles Hinterlistige, Durchtriebene ... alles, was es darauf anlegt, Machtverhältnisse zu schaffen, zerstört die natürliche, vom Lebensodem geschaffene 'Kette der Fülle'. Es ist eine Tragödie – eine der vielen 'Dramen', die ihr auf Erden aufführt. Jetzt steckt ihr darin fest. Darum empfinden die meisten von euch Arbeit als stumpfsinnig und mühselig ... nicht aber als Beitrag zum Gemeinwohl. Ich weiß, was du jetzt sagen wirst:

“Schön und gut, deine Ausführungen sind ja sehr idealistisch, passen aber nicht in eine Welt, die sich im Wesentlichen in zwei Lager aufteilt - nämlich Menschen, die andere ausbeuten und solche, die ausgebeutet werden.”

› Vermutlich hast du auch darauf schon eine Antwort!

› Ja ... freilich ist sie kein bloßes Gedankenspiel, keine intellektuelle Pirouette. Meine Antwort geht allein auf die Beobachtung des unreifen Verhaltens deiner Welt zurück. Denk doch einmal nach! Zwischen Ausbeuter und Ausgebeutetem herrscht ein perverses, masochistisches Spiel - das Täter und Opfer stets verbindet. Das Gleiche gilt für Dieb und Bestohlenen, Kranken und Therapeuten ... entsprechend aber auch für eine Führungsriege und ihre Untergebenen. Sie sind voneinander abhängig. Die anderen haben immer nur so viel Macht über uns, wie wir ihnen einräumen. Wir alle manipulieren in gewissen Lebenslagen. Oft tut man selbst, wofür man andere verdammt.

In Wahrheit aber - von oben gesehen - gibt es weder Täter noch Opfer, sondern allenfalls Komplizen in einem abgekarteten, dualistischen Spiel um Missbrauch und Mangel, Selbstherrlichkeit und Depression - bei dem letztlich alle auf der Stelle treten. Wenn du das erst einmal verstanden hast, befindest du dich bereits auf dem Wege der Besserung.

› Du hast unser Verhalten nun schon mehrfach als krankhaft bezeichnet. Meist du das eher bildlich - oder siehst du es wirklich so?

› Oh, aus unserer Sicht ist das keine Metapher. Alles, was eure gegenwärtige Welt ausmacht - wie ihr euch verhaltet und reagiert -, ist die Folge einer genetischen Bürde. Sie führt dazu, dass ihr euch verhärtet. Aus der Sicht meines Volkes hat sich dieses Verhalten über Jahrtausende wie ein Virus ins kollektive

Bewusstsein der Erde eingeschlichen ... und prägt euch nun bis tief in euer zelluläres Gedächtnis hinein. So einfach ist das. Darum macht ihr auch immer wieder die gleichen Fehler. Ihr seid unfähig geworden, das Glück beim Schopf zu packen, es in euch aufzunehmen und euch wirklich zu Eigen zu machen. Ihr seid tatsächlich entsprechend programmiert.

› Du meinst, wir haben uns das selbst eingeimpft?

› Ja ... wobei man es kaum noch als lehrreiches Erforschen eines Irrweges bezeichnen kann, eher schon als Sackgasse. Darum sind wir da und bringen uns aktiv ein!

› Glaubst du wirklich, dass man ... mit Worten eine Verhaltensänderung bewirken kann – indem man jemandem etwas beibringt, wie unter anderem du es tust?

› Die Lehren werden nur Menschen berühren, die auch in der Lage sind, die Saat weiterzugeben.

› Und?

› Und außerdem ... gibt es noch die genetische Methode, mit der sich die Sache beschleunigen lässt. Wo es unbedingt nötig war, haben wir sie schon angewendet.

› Was meinst du damit?

› Das Bündnis von dem ich dir erzählt habe, hat vor ein paar Jahrzehnten begonnen, in die menschliche DNA einzugreifen. Damit meine ich, dass 'Kreuzungen' zwischen deinem und meinem Volk stattgefunden haben. Es gibt also heute auf der Erde Kinder, Jugendliche und junge Erwachsene, die das Leben mit ganz anderen Augen sehen, als es in eurer gegenwärtigen Zivilisation üblich ist. Es sind zugleich Erden- und Sternenkinder. Wie ein Zaubertrank wirken sie dem Gift entgegen, das euch zerfrisst und ermöglichen eurem leidenden Organismus, sein Immunsystem umzubauen, ohne euch im Geringsten zu übermächtigen. Sie sind lediglich Überbringer einer neuen Weisheit, die ihren Zellen eingeschrieben ist. Daher wenden sie diese auch ganz konkret und konsequent an.

Die intensive Anwesenheit meiner Freundin lenkte mich schon geraume Zeit von der frappierenden Schönheit der Umgebung ab. Daran erinnere ich mich. Allerdings muss ich zugeben, dass mich ein unangenehmes Gefühl beschlich, als sie von genetischen Eingriffen seitens ihres Volkes erzählte. Zwar hatte ich schon öfter davon gehört, war nun aber zum ersten Mal ganz direkt damit konfrontiert.

› Das mag vielleicht schockierend wirken, fügte das Wesen hinzu, als es merkte, wie verwirrt ich war. Um diesen Eingriff wirklich zu verstehen und gutzuheißen, muss man schon eine gesunde Distanz zu den irdischen Ereignissen und Bedürfnissen haben.

› Man könnte fast von Einmischung sprechen ...

› Nun ja, es war keine einfache Entscheidung. Manchmal muss man eben radikal vorgehen, weißt du? Stell dir einmal vor, ein Freund von dir hätte ein Geschwür am Arm - vielleicht während er bewusstlos ist - und du müsstest an seiner Stelle die Entscheidung treffen, den Arm zu amputieren, um ihn zu retten. Entsprechend muss man sich unser Eingreifen in eure Welt vorstellen. Du kannst aber ganz beruhigt sein, es ist völlig gewaltfrei abgelaufen. Ich glaube, du hast das schon verstanden. Es geschieht stets nur im innigsten Einvernehmen mit den jeweiligen irdischen Eltern. Sie werden nach ganz bestimmten Kriterien ausgewählt, bevor wir mit ihnen Kontakt aufnehmen - woran sie sich übrigens später meist nicht mehr erinnern. Vergessen ist in diesem Fall die beste Garantie, das Alltagsleben zu schützen, findest du nicht auch? Die Zeugung findet außerhalb des physischen Leibes statt und zwar nach bestimmten feinstofflichen Gesetzmäßigkeiten, mit denen wir vertraut sind. Für die Völker, die zu unserem Bündnis gehören, ist es aber stets ein echter Liebesakt, nicht etwa eine künstliche Befruchtung, im Grunde also eine 'Vor-Zeugung' außerhalb des irdischen Körpers. Dabei wird dem genetischen Code des leiblichen Vaters ein außerirdisches Element eingegliedert. Darin liegt der Unterschied ... Ein echter Liebesakt ist vor allem ein energetischer Austausch, dessen Reinheit und Intention der Leibesfrucht Orientierung geben, sie gleichsam neu ausrichten soll. Für uns hat es also nichts Mechanisches. Es ist kein steriler, medizinischer Vorgang, sondern eine Kommunion der Herzen auf hohem Niveau. Es geht um eine echte Vereinigung, mit dem Ziel, die Dinge voranzubringen. Insofern ist es zwar die Reaktion auf eine Notlage - zugleich aber auch etwas Schönes und Heiliges.

› Du hast von Genetik gesprochen. Damit ist zunächst einmal der Körper angesprochen. Woher aber kommen Seelen, die solche Zwischenwesen - wenn ich so sagen darf - einmal bewohnen sollen? Welches Bewusstsein haust in ihnen?

› Das kommt drauf an. Manchmal von der Erde selbst, meist aber aus einer unserer Welten. Es sind natürlich reife Seelen, die bereit sind, gleichsam 'ohne Noten zu spielen' - also über die irdischen Konventionen hinauszugehen.

› Etwas hat mich stutzig gemacht - du hast doch angedeutet, dass so etwas nicht zum ersten Mal auf unserem Planeten passiert ist. Offensichtlich hat es damals wenig gebracht. Wir befinden uns ja schon wieder in einer kritischen Situation.

› Kann es sein, dass du ein bisschen zu schnell bist in deinen Schlussfolgerungen? In Wahrheit hat dieses Vorgehen einst erheblich zur Verbesserung der Situation beigetragen.

Eure Lage war vor ein paar Tausend Jahren überaus belastet. Es war niemals ein autoritärer Eingriff, sondern stets ein sanftes Einfügen.

Das ist unsere Methode. Das musst du dir vor allem klarmachen. Ein gesellschaftlicher Organismus, der einer solchen Aufpfropfung unterzogen und damit veredelt wird, kann sein Schicksal wieder in die Hand nehmen. Im Grunde wird er nur von ein paar Schlacken befreit, von schädlichen Haltungen und Gesten, die ausgedient haben. Der freie Wille bleibt stets erhalten. Du merkst es ja selbst. Wir befinden uns doch heute in einer ganz ähnlichen Situation und haben noch immer Vertrauen. Es ist wie damals, zu biblischen Zeiten, als die Elohim sich mit den Töchtern der Menschen verbanden. So wird ein neuer Zyklus eingeleitet.

Das blonde Wesen hatte allmählich einen sehr ernsten Ton angeschlagen. Ohne ein weiteres Wort führte sie mich nun vor das große, elfenbeinfarbene Gebäude. An einer Stelle war ein mächtiger Bogen, den wir durchschritten. Er führte auf einen riesigen, öffentlichen Platz, der die Form einer Ellipse hatte. Zu meiner Überraschung herrschte hier reges Leben. Es waren viele Leute unterwegs. Sie unterhielten sich angeregt. Einige begleiteten kleine, mit Paketen beladene Fahrzeuge. Vor uns erhob sich ein weiteres, beeindruckendes Gebäude, an dessen Fassade durchsichtige Aufzüge sehr schnell in die Erde abtauchten. Das Gebäude hatte also ein Untergeschoss. Letztlich verunsicherte mich all das in gewisser Weise, daran erinnere ich mich noch. Einerseits war es banal, weil es vielleicht das Erste ist, was einem einfällt – man kann es sich allzu leicht vorstellen. Auf der anderen Seite war es auch wieder völlig verrückt, weil es sich ja zugleich im Raum fortbewegte.

Mir ist bewusst, dass ich eine solche Szene nur höchst bruchstückhaft wiedergeben kann. Allerdings wäre eine genauere Beschreibung auch wenig sinnvoll. Sie würde uns vom Wesentlichen nur ablenken ..., denn im Grunde kommt es mir lediglich darauf an, was ich dort im Kern erlebt habe.

› Schau, es ist ganz ähnlich wie bei euch in einer Stadt, wo jeder seiner Beschäftigung nachgeht ... oder wie an Deck eines großen Schiffes. Jeder übernimmt bei der Instandhaltung des Raumschiffes eine Aufgabe, betreibt vielleicht Forschungen oder erfüllt eine bestimmte Mission, die damit zusammenhängt.

› Es wundert mich, dass die Leute sich so gleichen ... sie haben alle eine ähnliche Statur und tragen fast dieselbe Kleidung wie du.

› Das liegt einfach daran, dass du den Anblick meines Volkes nicht gewohnt bist. Wenn man zum ersten Mal nach China fährt, hat man ja auch den Eindruck, dass die Chinesen alle gleich aussehen ... und fragt sich, wie man sie überhaupt voneinander unterscheiden soll!

› Na gut ... Gibt es denn bei euch eine Hierarchie?

› Das kommt ganz drauf an, was du darunter verstehst. Manche Menschen tragen eine höhere Verantwortung als andere oder müssen in bestimmten Situationen Entscheidungen treffen. So gesehen gibt es schon eine Hierarchie. Aber in einem tieferen Sinne - auf seelischer Ebene - gibt es sie nicht. Erinnere dich, wir haben doch vorhin über das Gleichgewicht gesprochen, das auf gegenseitigem Respekt basiert.

› Heißt das, ihr verkörpert bis zur Perfektion jenes Ideal der Gleichheit zu dem wir auf Erden noch immer nicht fähig sind?

› Vorsicht ... wäge deine Worte ab! Es hängt alles davon ab, auf welcher Ebene du diese 'Gleichheit' ansiedelst. Im Hinblick auf die Herkunft eines Menschen und seine Grundwerte ist sie für uns eine Selbstverständlichkeit. Was jedoch unsere persönliche Entwicklung und unsere Fähigkeiten angeht, wäre es geradezu frevelhaft alle als 'gleich' zu betrachten. Zum Glück! Sonst wäre es doch langweilig und lähmend. Ich habe es dir schon einmal gesagt: Kein Stein gleicht dem anderen, keine Blume ist wie die andere. Um genau zu sein ... unsere Gesellschaft hat einfach die Tatsache akzeptiert, dass wir zwar alle verschieden sind, uns aber wunderbar ergänzen. Völlige Gleichheit würde alles einebnen und unsere Unterschiede eindampfen. Das ist doch leicht zu verstehen, oder? Die Natur setzt alles dran, sich im Kosmos weiterzuentwickeln, auf unendlich vielfältige Weise. Ihr Anliegen ist es, alles miteinander zu verbinden – die einzelnen Formen, Eigenheiten und Essenzen. Das ist ihr Ziel ... eine ständige Herausforderung, die zu einer explosionsartigen Entwicklung des Lebendigen führt.

So gesehen leben wir also eher nach dem Gesetz des Ausgleichs, als nach dem der 'Gleichheit'. Das steht eher im Einklang mit der kosmischen Ordnung. So sieht es zumindest unsere Gesellschaft – und diese Auffassung wird allein vom gesunden Menschenverstand getragen. Sie hat nichts mit irgendwelchen Idealen oder politischen Positionen zu tun ..., um Begriffe aufzugreifen, die euch so nahe liegen!

› Ach ... weil du es gerade ansprichst ... hat Politik für euch überhaupt eine Bedeutung?

› Ebenso wenig wie Religion. Wir haben uns sowohl von religiösen Dogmen als auch von politischen Doktrinen verabschiedet. Weißt du, im Grunde funktionieren beide nach demselben Prinzip! Ziel einer jeden Doktrin und eines jeden Dogmas ist es, seine Vormachtstellung zu behaupten. Also geht es darum, möglichst viele Anhänger zu gewinnen und seine Macht auszuweiten. Dieser kindische Mechanismus basiert stets auf der geistigen Schwäche und emotionalen Labilität der jeweiligen Völker. Ist dir nie aufgefallen, dass politische Ideologien nach demselben Prinzip funktionieren wie Religionen und sogar Sekten? Sie erlauben nur scheinbar eine freiheitliche Gesinnung und ein freies Leben. Ihr seid dermaßen fremdbestimmt, dass ihr nicht einmal mehr merkt, wie nachhaltig sie sich zu 'weltlichen Religionen' entwickelt haben. Das kann ich dir versichern. Wir hingegen orientieren uns am gesunden Menschenverstand! Sonst lassen wir uns von niemandem dirigieren. Er allein bestimmt unsere Entscheidungen ... und das stiftet Harmonie zwischen uns.

Wir haben längst gelernt, dass dieser 'gesunde Menschenverstand' in Respekt, Mitgefühl und Liebe zum Ausdruck kommt. Darum ist Philosophie – welcher Denkrichtung auch immer – in unseren Augen stets nur ein intellektuelles Spiel, das nur Kinder in seinen Bann zieht ... oder allenfalls Jugendliche, die sich schon für erwachsen halten.

Eines schönen Tages werdet auch ihr den schmerzhaften, eingefleischten Zwang gelehrter Debatten überwinden. Das wird wahrlich ein Tag der Erleuchtung für euch sein. Im Moment seid ihr allerdings noch von der Idee besessen, in eurem Denken völlig frei und selbstbestimmt zu sein. In Wahrheit aber, ich sage es noch einmal, liegen eure Herzen und Seelen in tiefem Schlaf ... verraten und verkauft an windige Vorstellungen.

# Sonntag, 30. August

Heute Morgen bin ich noch ganz erfüllt von unserem letzten Kontakt ..., der leider so plötzlich abbrach. Seltsam, wie das immer abläuft. Es sieht fast so aus, als würden mir stets nur homöopathische Dosen verabreicht. Nun, da ich wieder am Schreibtisch sitze, frage ich mich, wie ich solche Begegnungen außerhalb meines Körpers eigentlich finden soll. In mein physisches Gewand zurückzuschlüpfen versetzt mir immer wieder einen Schock. Es erfüllt mich fast mit Ekel. Erst komme ich mit einem Diamanten in Berührung ... und dann verwandelt er sich mir nichts dir nichts in eine Glasscherbe – den Tisch, an dem ich schreibe.

Das ist nicht leicht! Immerhin ist meine Freundin wieder da. Vorhin, als ich mich hingesetzt habe, war der sanfte Druck ihrer Hand auf meiner Schulter zu spüren. Das ist immerhin beruhigend. Sicherlich, es mag angenehm sein, begleitet zu werden ... Dennoch fühle ich mich oft wie ein Seiltänzer: Ich kann zwar mein Gleichgewicht halten, weiß aber, dass ich über einen Abgrund schreite. Für manche bin ich sowieso schon 'abgestürzt', ich weiß – hinabgezogen von der Last des Lächerlichen und völlig Unglaubwürdigen. Andere gehen immer wieder das Wagnis ein, mir zu vertrauen.

Ihnen zuliebe möchte ich auch heute Morgen wieder zuhören. Ich weiß, dass auch sie es weitergeben können, genau wie ich ... wenn sie anfangen, die Dinge von einer höheren Warte zu betrachten.

› Mir scheint, wir haben uns in letzter Zeit in große Höhen vorgewagt. Nun würde ich gerne über einfachere Sachen sprechen, über Dinge, mit denen wir jeden Tag zu tun haben ... wobei wir mehr oder minder glücklich damit sind. Ich denke dabei in erster Linie an die Liebe – und zwar nicht als höheres Prinzip, sondern gerade an die körperliche Liebe. Sie steht im Zentrum unseres Lebens und wirft doch oft Probleme auf. Wir machen uns viele Gedanken darüber. Angeblich steht sie dem Geist entgegen. Zumindest hat man uns das immer wieder eingeredet.

› Im Grunde möchtest du über Sexualität sprechen – über *unsere* Sexualität, nicht wahr?

› Ja, aber ... vielleicht habt ihr gar keine!

› Wieso denn nicht? Kannst du mir sagen, warum wir keine mehr haben sollten? ... gibt die Stimme sogleich in amüsiertem Ton zurück.

› Vielleicht, weil man das irgendwann überwindet, wie so viele andere Dinge auch! Vielleicht ist es nur ein bestimmtes Entwicklungsstadium des Lebens!

› Sieh mal, es ist ganz einfach ... Wir müssen gar keine großen metaphysischen Betrachtungen heranziehen. Solange es Himmel gibt und Planeten, Sonne und Mond, Feuer und Wasser, wird es auch Sexualität geben. Warum? Nun, weil sie grundlegend an der Ausdehnung des Lebens beteiligt ist, sowohl auf feinstofflicher als auch auf materieller Ebene. Stets ist sie an der Dynamik des Lebens beteiligt. Ja, ich kann dir ohne alle Ausflüchte bestätigen, dass wir uns auch 'körperlich lieben' - genau wie ihr.

› Das beruhigt mich irgendwie! Das möchte ich dir doch sagen.

› Du darfst es ruhig sagen ... ich bin froh, dass wir darüber sprechen können. Gerade weil wir euch ähnlich sind, könnt ihr zu uns hinlauschen. Es ist höchste Zeit, auch in diesem Bereich wieder einmal mit althergebrachten Vorstellungen aufzuräumen, die wie Spinnweben an dem Thema haften. Die Staubschicht ist so dick ... und es liegen die schönsten Dinge darunter verborgen. Dadurch wirken sie schmutzig und stumpf ... als könne man sie nur noch wegwerfen.

Warum sollte man etwas verachten, das am Ursprung des Lebens selbst steht? Und damit meine ich durchaus nicht nur das materielle Leben, das ihr erlebt - in seiner ganzen 'Dichte', sondern alle Formen, die es annehmen kann. Was glaubst du denn, was geschieht, wenn auf der Erde morgens ein Kontinent nach dem anderen die Sonnenstrahlen empfängt? Das ist ein Liebesakt ... durch und durch! Man muss das ganz wörtlich nehmen - es handelt sich dabei keineswegs um einen banalen poetischen Vergleich. Es ist eine Realität - die deine Vorstellungen weit übersteigt. Es ist wirklich eine gegenseitige Durchdringung von Energien, ein affektiver Austausch voller Liebe. Die Welten, die sich dabei begegnen - von denen ihr nur eine sehr vage Ahnung habt - besitzen nämlich ein Bewusstsein.

Aber du hast ja gesagt, wir sollen uns heute nicht in allzu hohe Regionen aufschwingen! Kommen also wir auf die menschliche Liebe zurück ... und auf das Leibliche. Ja, wir verbinden uns miteinander - einfach, weil wir das schön finden und stimmig. Der respektvolle und harmonische Ausdruck der Sinne ist in unserer Zivilisation sogar ganz grundlegend. Auch das möchte ich dir mitteilen.

Wir unterscheiden dabei sehr deutlich zwischen Sinnlichkeit und Sexualität. Wir sind sinnliche Wesen - nicht 'sexuelle'. Aus unserer Sicht wirkt eine reine, gebändigte und geformte Sinnlichkeit erhebend auf alles. Ein Streicheln - ist doch nichts anderes als zärtliche Zuwendung einer Seele, die es wagt, sich zu zeigen. Das bedeutet keineswegs, dass wir mit unseren Körpern verrückte Dinge anstellen und uns zu 'Ausschweifungen' hinreißen lassen. Von Trieben gesteuert zu sein, ist für uns nur noch eine alte Erinnerung. Der körperliche Liebesakt[5] ist bei uns also nicht triebhaft, wie es auf Erden noch immer oft der Fall ist. Er ist vielmehr die ... ja ... Krönung des Liebesimpulses ... im Sinne von Zärtlichkeit und Ästhetik. Das Lebendige, das in uns lebt ... und in allem, ist ja in erster Linie 'ein Liebender' ..., der etwas erschafft und erfindet, genau wie ein Künstler. Um der Sache näher zu kommen, bemühen wir uns darum, *kunstvoll* zu lieben - sowohl körperlich als auch seelisch und geistig. Wenn ihr doch nur endlich begreifen wolltet, dass sich das mitnichten ausschließt. Wenn ihr das Materielle nicht immer als Feind des Geistes auffassen würdet ... wie sehr würde sich euer Blick auf die Welt dann verändern!

Ist euch eigentlich bewusst, in welchem Maße ihr von Denkweisen bestimmt seid, die euch übermächtigen, euch Schuldkomplexe einreden und eure Freiheit beschneiden? Glaub mir, ich weiß genau, wovon ich rede, wenn ich so etwas

---

*5) Es handelt sich durchaus noch um einen 'Leib', auch wenn dieser feinstofflicher ist.*

sage. Ich wähle meine Worte mit Bedacht. Ihr habt euch vermeintlich 'weisen Führen' unterworfen, die in Wahrheit aber die Sklaven ihrer eigenen Ängste, Zwänge und Bedürfnisse sind. Jetzt wirst du sagen: "Wahrscheinlich mussten wir diese Phase einfach durchmachen." Nun ja, es stimmt schon - selbst Irrwege müssen beschritten werden, um sie zu erproben und kennenzulernen. Andererseits ist 'Unterwegs-Sein und Entdeckungen machen' wie gesagt genau das Gegenteil von Stagnation.

› Lebt ihr als Paare, mit einem Partner zusammen?

› Ja ..., aber auch von Familie und Partnerschaft haben wir eine andere Auffassung als ihr. Wir leben in einer Gesellschaft, in der jeder von Anfang an weiß, dass die Verbindung, die er mit einem anderen eingeht, zwangsläufig einen Anfang und ein Ende hat. Sie hängt nämlich von den Veränderungen ab, die jede Seele auf ganz natürliche Weise durchläuft, indem sie immer wieder eine andere 'Seelenfarbe' annimmt. Darum ist unsere Vorstellung vom Leben sehr offen. Der Horizont weitet sich ständig. So fühlt sich niemand eingeengt. Keiner leidet von Kindheit an unter Besitzansprüchen. Man wird nicht auf etwas festgelegt.

Es heißt, in den Regionen des höheren Bewusstseins weiß man, dass Wesen einer bestimmten Schöpfungswelle sich zu gegebener Zeit miteinander verbinden und Partnerschaften eingehen. Darum ist die vollständige Verschmelzung aller Lebensformen einer solchen Phase der Schöpfung aus unserer Sicht unvermeidlich. Es ist etwas Heiliges, denn sie schweißt eine 'lichtvolle Familie' zusammen, die dann ihrerseits mit ihrer Quelle verschmilzt. So breitet sich das Göttliche immer weiter aus.

› Ist das eine Theorie?

› Nein, es ist ein Erfahrungswert. Wir haben es erlebt ... und verstehen erst allmählich seine volle Tragweite. Jedenfalls bringt es uns dazu, unsere Liebe völlig zwanglos und unverkrampft zu entfalten, ohne besitzergreifend zu sein.

› Muss ich daraus schließen, dass eure Beziehungen von außerordentlicher Klarheit und Vernunft geprägt sind und ihr alle eine Reife erlangt habt, von der wir auf Erden nur träumen können?

Da wird es auf einmal still ... Einen Moment lang herrscht Schweigen. Doch während ich die Frage aufschreibe, spüre ich über meiner Schulter ein Lächeln.

› Vielleicht zeichne ich ein etwas zu ideales Bild von meinem Universum. Um bei den Tatsachen zu bleiben: Wenn ich von 'uns' oder 'meinem Volk' spreche, meine ich damit etwa 95 % aller Wesen, die auf den Planeten unseres Bündnisses leben. Das ist doch eine ganze Menge, stimmt's? Die 5 %, die aus dieser Harmonie herausfallen, werden in meiner Zivilisation als unreif betrachtet, wenn sie nicht gar Persönlichkeitsstörungen haben.

› Werden sie deswegen ausgeschlossen oder geächtet?

› Nein, wieso denn? Sie sind Teil unserer Gesellschaft, haben eben nur eine marginale Bedeutung. Freilich ist das ein destabilisierender Faktor, das ist uns durchaus bewusst ... Es gehört aber nun mal zum Spiel des Lebens.

› Woher kommen denn diese 'Verhaltensstörungen', was meinst du?

› Der freie Wille ist fraglos unser kostbarstes Gut. Er erlaubt uns, Dinge zu erforschen und etwas zu lernen ..., aber eben auch 'abtrünnig' zu werden, uns von unserem Ursprung abzuspalten!

Wir haben uns für Gesellschaftsformen entschieden, die eng damit zusammenhängen, wie weit die Friedfertigkeit in unserem Inneren entwickelt ist. Dennoch steht es natürlich jedem frei, seinem eigenen Rhythmus zu folgen. Das ist ganz entscheidend, findest du nicht? Du siehst also, dass ich nicht etwa 'in der besten aller möglichen Welten' lebe. Jede Form von 'Einheitsdenken' erscheint uns völlig hirnrissig. Das würde die Stabilität unserer Gesellschaft massiv untergraben. So viel ist klar. Da nehmen wir schon lieber den Stachel einer gelinden Labilität in Kauf. Das ist ein ungleich 'dynamischeres' Risiko!

Wir haben nichts zu verbergen! Es herrscht durchaus manchmal Uneinigkeit zwischen uns. Zuweilen gibt es sogar Streit – allerdings selten, denn wir sind weitaus weniger Spielball unserer Emotionen, als ihr. So sind wir zwar sehr feinfühlig – wie du dir bestimmt schon gedacht hast –, lassen uns aber nicht von Gefühlen dominieren. In diesem Punkt sind die Erdenmenschen unter anderem für die Völker des Bündnisses ein hervorragendes Studienobjekt. Ihr habt eine ganze Palette vielschichtigster Gefühle! Es ist wirklich beeindruckend. Das ist absolut typisch für euch. Es ist das Erste, was einem auffällt. Sie schaffen eine ... energetische Wolke, so könnte man vielleicht sagen, welche die ganze Galaxie durchzieht. Sie ist so kraftvoll, dass sie sogar auf manche Welten ganz intensiv einwirkt und sie zur Gärung bringt ... so auch auf unsere! Ihr leidet an eurem eigenen Reichtum!

› Wieso sprichst du von Reichtum, wenn es doch offensichtlich eher ein Handicap ist?

› Weil die Kraft der Emotionen, seien sie nun schöpferisch oder zerstörerisch, noch nie zuvor so intensiv erforscht und entfaltet wurde, wie von euch – bis an die Grenzen von Sinnlosigkeit und Selbstzerstörung. Aus unserer Sicht ist das eine Bombe und ein Zauberstab zugleich. Wenn es euch nämlich gelingt, diesem inneren Universum Herr zu werden und es in die rechten Bahnen zu lenken, so könnte auf Erden eine Sensibilität entstehen, die noch kreativer ist, als unsere. In diesem Sinne sind dein Planet und seine Bewohner dabei, eine neue Dimension der Schöpfung zu entdecken. Nicht zuletzt darum gilt euch unsere volle Aufmerksamkeit. Zuweilen erblüht aus Zerstörung und Leid ganz unerwartet neues Leben! Wusstest du eigentlich, dass jeder Planet im Gesamtzusammenhang eine ganz bestimmte Rolle spielt? Er entspricht einem Organ im Körper. Ein Organ ist jedoch viel mehr, als bloß ein weiser Mechanismus. Es stellt etwas Bestimmtes dar, eine ganz spezifische Qualität – kurz, es ist Abbild eines Symbols und damit Ausdrucksform einer Facette des Lebendigen. In diesem Sinne lässt sich die Erde mit der Leber vergleichen. Der Mond wäre dann die Gallenblase. Das sollte dich keineswegs überraschen!

Schon seit ein paar Minuten, lässt meine Freundin ihre Stimme nicht mehr in mich gleiten. Ich spüre aber ihre Anwesenheit. Wahrscheinlich sitzt sie mir gegenüber, in absichtsvolles Schweigen gehüllt. Sie will mir wohl Zeit geben, zu verdauen, was ich aufgenommen habe. Also lese ich mir die Notizen noch einmal durch und wäge meine Worte ab. Ich weiß wohl, dass meine Besucherin mich schon morgen oder in wenigen Tagen bitten wird, kleine Änderungen vorzunehmen, um den einen oder anderen Ausdruck zu verbessern oder schärfer zu fassen. Ich mag dieses Vorgehen. Es bringt sie mir näher und diese Nähe trägt wesentlich zur Vollendung dessen bei, was sie sich vorgenommen hat. Dabei habe ich mehr denn je das Gefühl, nicht etwa ‘einen Meister’ an meiner Seite zu haben, sondern ein durch und durch menschliches Wesen – das ganz offensichtlich entwicklungsfähig ist.

Selbst in der Stille, die nun zwischen uns herrscht, ist die wohltuende Schlichtheit ihrer Worte spürbar. Ich weiß sehr wohl, wie verrückt all das ist. Das Buch, das daraus hervorgeht, wird von allen, die ich zu schreiben hatte, wohl das wagemutigste sein. Letztlich ist unsere Gesellschaft eher bereit, etwas zu akzeptieren, das mit unserer Seele zu tun hat ... als intelligentes Leben auf einem anderen Planeten ... Einerseits wohl aus Stolz, andererseits stecken gewiss auch bestimmte Machtinteressen dahinter, die Informationen einfrieren und jede konstruktive Auseinandersetzung mit dem Thema im Keim ersticken.

Nun ja ... jedenfalls kann man all das 'unmöglich' finden. Ich bewege mich nach wie vor im Bereich des Lächerlichen – sehe mich aber doch gezwungen, es zu notieren. Ich muss einfach aufschreiben, wie weit das Menschliche gehen kann ... und bis wohin es bereits gegangen ist, um uns ein Zeichen zu geben und uns zu etwas zu bewegen. Ja, das Wort menschlich drängt sich mir auf, es ist hier wirklich angebracht. Tag für Tag gewinnt es an der Spitze meiner Feder zunehmend an Bedeutung. Immer weniger geht es darum, gewagte Begriffe wie 'Außer-dies' oder 'Meta-jenes' zu verwenden. Vielleicht müssen wir uns einfach darüber klar werden, dass wir uns aus Sicht einer wahrhaftigen 'Menschheit' noch auf einer vor-menschlichen Stufe befinden. Doch diese 'Menschheit und Menschlichkeit' ist zunehmend von uns gefordert.

Ich lese mir also noch einmal durch, was ich vor einer Stunde aufgeschrieben habe. Dabei springt mir der Ausdruck 'beste aller möglichen Welten' ins Auge. Ich habe ihn einfach flott notiert ... jetzt aber wirft er eine wichtige Frage auf.

› Ich weiß nicht, ob du mich noch hörst und bereit bis, das Gespräch fortzusetzen ... jedenfalls ist mir ein bestimmter Ausdruck aufgefallen. Er macht auf mich den seltsamen Eindruck, als würdest du unsere Kultur in und auswendig kennen.

Wieder ist ein freies, fröhliches Lachen im Inneren meines Kopfes die Antwort. Es verklingt jedoch alsbald, um der vertrauten, sanften Stimme Platz zu machen. Sie versucht es mir zu erklären ...

› Du meinst, weil ich die 'beste aller möglichen Welten' gesagt habe, nicht wahr? Und jetzt willst du wissen, ob mir das zufällig eingefallen ist - oder ob ich damit einen Buchtitel zitiere? Nun, es war Absicht! Ich wollte, dass du merkst, wie nah wir euch oft sind, wie genau wir wissen, was euch beschäftigt. Ich möchte, dass du weißt, wie tief einige von uns - sie entscheiden sich selbst dafür - in wesentliche Aspekte eurer Geschichte und Kultur eindringen. Ohne es zu ahnen, helft ihr uns nämlich, die Entwicklung des kommenden Bewusstseins zu fördern. Alles, was geschaffen wird, ob nun auf Erden oder anderswo, ist eine Bereicherung des Lebens. Darum ist alles, was ihr lernt und worüber ihr euch Gedanken macht, bedeutsam für uns. Wir sammeln es und werten es aus. So wird es zum Bestandteil ausführlicher Studien über die Vorgehensweisen der menschlichen Intelligenz - in all ihren Windungen und Varianten. Vergiss nicht - wir säen, weißt du! Abgesehen von der Aufgabe, die uns bei euch zukommt, versuchen wir das Leben auch in anderen Welten zu verbreiten. Euer Verhalten, eure ganzen Eigenheiten, aber auch was ihr geschaffen habt, hilft uns dabei - wenn wir es verstehen. Wir können unser Vorgehen dann verfeinern.

› Dann sind wir also Studienobjekte für euch!

› So solltest du das nicht sagen ... Es verfälscht nur wieder das Bild von der Beziehung, die wir zueinander haben. Vor allem unterschlägt es die innige Liebe, dank derer wir schon die längste Zeit versuchen, euch in unsere Familie zu integrieren. Wer meint, das Wort 'Studien' habe zwangsläufig etwas Kaltes an sich, studiert nicht wahrhaftig! Er analysiert die Dinge nur, seziert sie, ohne ihre Essenz zu erfassen und sich zu Eigen zu machen. Wer so vorgeht, manipuliert die Informationen und steckt sie in bestimmte Schubladen. Das liegt uns ganz fern. Wir sind in erster Linie Liebende - so altmodisch und naiv dieser Zugang zum Leben manchen Leuten auch vorkommen mag. Sieh nur, wo unsere 'Naivität' und unsere 'psychedelischen Romantik'- wie so mancher das wohl nennen dürfte - uns hingeführt haben. Du kannst es ja bezeugen ... Die einzige Schwierigkeit, der du dich stellen musst, liegt darin, deine Angst, dich lächerlich zu machen, zu überwinden. Wir tun wirklich alles, um euch besser zu verstehen ... und gehen sogar so weit, bei euch zu inkarnieren. Schließlich ist ein besseres Verständnis die Basis jeder tieferen Liebe. Darum beobachten wir euch gerne, wie gesagt. Angesichts eurer emotionalen Irrungen und Wirrungen lernen wir, wie das Leben neue Wege erschließt. Das Spiel eurer verwirrenden Facetten ist uns eine Lehre - freilich aber auch das, was wir für Unsinn halten. Wenn es etwas gibt, das wir euch vor allem beibringen wollen, so ist es Stimmigkeit.

Denn glaub mir, aus Stimmigkeit entspringt auch jene andere Dimension der Liebe, die wir euch ans Herz legen möchten. Wenn Stimmigkeit herrscht - man also ehrlich zu sich selbst ist, im Reinen mit allem, das uns durchzieht ... und durch das wir durchgehen, so gelangt man nach und nach ganz von selbst auf eine andere Wellenlänge der Liebe.

Gib vor allem Folgendes weiter: Die Erde muss eine respektvolle Liebe entwickeln, eine Liebe, die sich den Umständen anschmiegt und alle Unterschiede einschmilzt - kurz: eine Liebe, die wahrhaft verbindet. Auf diesen Weg soll eure Erde sich begeben ... Das ist ihr Schicksal. Sie kann sich ihm nicht entziehen.

# Mittwoch, 2. September

Sie hat mir viel von sich erzählt ... von ihnen allen. Es kommt mir immer mehr wie ein Interview vor. War das letztlich nicht auch ihr Wunsch? Sie ... so nenne ich das Wesen nach wie vor... und auf einmal wird mir klar, dass ich noch immer keinen Namen für sie habe ... und für ihr Volk auch nicht, obwohl ich es immer deutlicher wahrnehme - nicht nur wegen der paar Gestalten, die ich neulich nachts zu sehen bekam. Ich spüre dieses Volk als eine Kraft, die hinter ihr steht - und auf die ihre Anwesenheit bei mir zurückzuführen ist.

Wie heißt meine Freundin also - und welchen Namen tragen sie alle? Ich habe nie danach gefragt. Warum? Wohl weil es bei jeder Begegnung immer unwichtiger wurde, es tat einfach nichts mehr zur Sache. Unwillkürlich ist man ja oft auf eine bestimmte Identität fixiert. Für allzu 'Neugierige' gibt es in meinen Aufschrieben bisher nicht viel zu holen, das ist klar.

Und so warte ich heute Morgen wieder auf sie - jene anonyme Gestalt, mit der ich dieses Abenteuer erlebe ... und hoffe, dass es ihr gelingt, durch die Sirenen der Krankenwagen, die zum Sainte-Justine Hospital rasen, zu mir durchzudringen. Welch seltsame Situation ... Mir wird eine Brücke zu einer anderen

Welt aufgeschlagen, während auf unserer Erde unzählige 'innere Planeten' aufeinanderprallen, ohne Verständnis füreinander zu haben!

Wie soll ich nur eine Stimme hörbar machen, die 'von irgendwo anders' herkommt, wenn um mich herum so viele unterschiedliche Existenzen mit all ihrem Leid, ihren Zweifeln, Ängsten und Nöten kollidieren ... Freilich begegnen sie sich auch in Freuden, zum Glück - aber ach wie kurz, wie knapp bemessen sind diese doch oft ... sofern sie nicht, im Gegenteil, völlig aus dem Ruder laufen.

Man könnte die Hoffung, die mich motiviert, weiterzuschreiben, fast ein wenig lächerlich finden.

Manchmal bekomme ich zu hören, es sei ein Kampf auf verlorenem Posten. Das ist jedoch nicht der Fall.

Ganz im Gegenteil - es geht darum, völlig neue Gebiete zu erschließen. Es ist ein kühner Schritt ins Offene, denn was uns heute absurd vorkommt, mag schon morgen ganz selbstverständlich erscheinen. Mitten in meine Überlegungen hinein hat das Wesen es geschafft, durch den Straßenlärm zu mir vorzudringen. Diesmal ergreife ich als Erster das Wort und beginne, Fragen zu stellen.

› Du hast doch gesagt, dass einige von euch zuweilen bei uns zur Welt kommen - gibt es auch den umgekehrten Fall? Dürfen irdische Menschen darauf hoffen, zu euch zu gelangen?

› Ja, das kommt vor, antwortet die Stimme sehr sanft. Es geschieht wirklich. Das Leben erlaubt es manchen Seelen, die an einem Wendepunkt angekommen sind. Dadurch soll ihre Entwicklung angestoßen werden. Sie erhalten einen kräftigen Impuls und können dann andere anregen, sich zu verwandeln.

Kurz gesagt, es kommt vor, aber man sollte nicht zu viel herumfantasieren. Es bleibt doch immer eine Ausnahme. Ich weiß, dass manche von euch sich ernsthaft *Praktika* auf anderen Planeten ausmalen, sobald ihr Bewusstsein sich für solche Dinge öffnet.

Sie erzählen dann immer, was sie einmal *anderswo* gewesen sind und rechtfertigen damit ihren Lebensüberdruss. Es dient ihnen als Ausrede, nicht die volle Verantwortung für ihr gegenwärtiges Leben übernehmen zu müssen, wird also zum Vorwand, den eigentlichen Schwierigkeiten ihrer Existenz auszuweichen. Wie leicht ist es doch, Hindernissen aus dem Weg zu gehen und sie einfach ... auszulagern, findest du nicht?

Leider geschieht das recht oft. Man muss dabei gar nicht so weit gehen, wie in meinem Beispiel. Wenn man nicht den Mut aufbringt, in den Spiegel zu schauen und sich mit sich selbst auseinanderzusetzen, ist es wohl das Einfachste, die Umwelt anzuklagen und sein Inneres auf sie zu projizieren. So gibt es eine ganze Reihe von Leuten, die Dinge über uns verbreiten, die völlig aus der Luft gegriffen sind, das muss ich schon sagen. Im Grunde spielen sie nur mit Worten, um ihre eigenen Defizite zu kaschieren.

Das schadet zunächst einmal ihnen selbst - denn Lügen lässt einen oxydieren! Zugleich schadet es aber auch der Sache, der sie eigentlich dienen möchten. Schließlich erweist es doch nur ihre eigene Labilität. Das schmerzt uns, denn solch' wirres Gerede ist unserem gegenseitigen Austausch nicht gerade förderlich. Die Mauer zwischen euch und uns wird so nur dicker.

Da unsere Existenz immer wieder solche *Wahnvorstellungen* ausgelöst hat, offenbaren wir uns nur noch selten ... und eher einzelnen Menschen. So viel haben wir inzwischen gelernt.

Die Erdenmenschen haben die Neigung, noch die kleinste Erfahrung, die sie machen, zu ihren Gunsten auszulegen. Alles wird zum Anlass genommen, sich zu großen Taten berufen zu fühlen, also sich der eigenen Bedeutung zu versichern ... sei es, um sich davon zu überzeugen, dass man zu etwas nütze ist – oder aber um sich vor etwas zu drücken. Es kann nämlich auch ein Fluchtreflex sein. Für unser Vorhaben ist es in jedem Fall schädlich, trägt es doch maßgeblich dazu bei, die Entwicklung zu verlangsamen.

Freilich muss das Licht die Finsternis nicht fürchten. Weißt du warum? Weil die Finsternis sich ganz klar fassen lässt. Insofern ist sie eine dynamische Kraft, die einen zwingt, zu reagieren ... sich also zu bewegen und weiterzukommen. Das Licht hingegen wird ständig von Leuten ausgebremst, die sich zwar darauf berufen, selbst aber gar nicht lichtvoll sind. Warum? Nun, weil Reinheit sich nie mit einem Abklatsch ihrer selbst zufriedengeben kann. Darum wende ich mich durch dich direkt an Menschen, die meine Worte aufnehmen und in sich bewegen wollen. Ich möchte Folgendes sagen:

"Wir verlangen von euch, so klar wie möglich Position zu beziehen. Ihr sehnt euch nach Wahrheit? Dann versucht, nicht selbst im Zwielicht stecken zu bleiben – es nicht zu befördern! Fangt damit an, wahrhaftig zu sein, in eurem tiefsten Inneren, ohne alle Ausflüchte. Es geht nicht darum, euch auf Biegen und Brechen *der Spiritualität zu verschreiben*, sondern um die Entwicklung des Lebens selbst. Das ist alles! Das Leben aber lässt sich nicht betrügen. Eine Maske kann man austauschen, aber die Lebendigkeit, die sich darunter verbringt lässt sich niemals täuschen ..."

Es geht auch nicht in erster Linie um 'unsere Sache'. Ihr sollt euch nicht uns zuliebe erheben – etwa um zu beweisen, dass es uns wirklich gibt. Nein, es geht um Aufrichtigkeit und Anstand. Ich weiß, das klingt ein wenig moralisierend und lässt den einen oder anderen vielleicht schmunzeln. Doch ich meine damit Vertrauenswürdigkeit ... Ehrlichkeit, Zuverlässigkeit. Es geht hier nicht um Begriffe aus der langweiligen, sogenannten 'Spiritualität'. Es sind schlichte, durch und durch 'menschliche' Worte, die gerade deshalb ein ganz einfaches Glück vermitteln. Natürlich können auch sie ein Lächeln hervorrufen, klingen sie auf Erden doch allzu naiv.

In Wahrheit aber sind gerade Leute recht naiv, die meinen, sie könnten ständig nach Belieben die Spielregeln ändern. Mit der eigenen 'Existenz' kann man notfalls noch umspringen - mit dem Leben niemals! Es ist nicht naiv - es ist 'rein'. Und es nimmt nur in sich auf, was freiwillig und ganz konkret, 'mit sich im Reinen ist'. Menschen können einen anlügen - und ihr könnt auch selbst lügen ... oder euch einer kollektiven Unwahrheit anschließen, doch all das sind nur Umwege. Es ist an euch, auszusteigen! Ihr könnt dieser Situation ein Ende setzen - oder euch den Umständen unterwerfen und weiter auf gewundenen Wegen wandeln. Die Entscheidung liegt ganz bei euch.

› Du verwendest wirklich immer ganz einfache Begriffe. Nie setzt du so etwas wie '*esoterisches*' Wissen oder entsprechende Argumente voraus. Es würde mich interessieren, ob es in eurer Welt überhaupt so etwas wie Esoterik gibt.

Da ereignet sich ein kurzes Schweigen und die geistige Nähe, die zwischen dem Wesen und mir entstanden ist, wird deutlich spürbar. Einen Augenblick lang glaube ich sogar das Gesicht meiner Freundin wahrzunehmen, zu sehen, wie sie amüsiert die Augen nach oben verdreht. Also lege ich den

Stift weg und frage mich, was ich wohl Drolliges gesagt haben mag ...

› Sagen wir lieber ... du hast auf eine Schwierigkeit hingewiesen.

› Das habe ich mir schon gedacht. Daher würde ich gerne deine Meinung zu diesem Thema hören!

› Nun gut, also zunächst einmal muss ich sagen, dass es Esoterik für uns nicht gibt und zwar aus einem ganz einfachen Grund. Wir können über alles sprechen, ohne beurteilen, kritisieren oder gar zerstören zu müssen, was wir noch nicht verstehen. Der Begriff 'Esoterik' ist in deiner Welt vor allem aus einer Schutzmaßname heraus entstanden. Es war nämlich bei euch bisher einfach klar, dass es *immer* irgendwo jemanden gibt, der alles, was sein Bewusstsein übersteigt, ins Lächerliche zieht oder herabwürdigt. So ist bei euch neben dem allgemein zugänglichen, 'offiziellen' Wissen, eine Art *'untergründiges* Wissen' entstanden. Nun, wozu sollte es in einem Universum erwachsener Seelen so etwas wie 'Geheimlehren' geben? Wer für bestimmte Dinge kein Talent oder Interesse aufbringt, respektiert diese einfach, ohne tiefer in sie einzudringen. Der Impuls, etwas zu verbergen geht oft auf Angst zurück. Zuweilen stecken auch Machtbestrebungen dahinter, etwa ein Bedürfnis nach Elitenbildung. All das hat sich im Laufe der Jahrtausende vermischt und beeinflusst deine Gesellschaft in vieler Hinsicht. Es ist wirklich so ... denk nur nach! Blättere doch einmal in juristischer Fachliteratur oder in Schriften aus dem Bereich der Medizin, Wirtschaft oder Informatik.

Verstehst du diese Texte etwa? Das würde mich wundern. Sie sind hochgradig *esoterisch* – einem engen Kreis von Fachleuten vorbehalten, also einer 'Mikrogesellschaft'. Man muss gleichsam 'eingeweiht' sein, um sich damit auszukennen. Du siehst ... es gibt in vielen Milieus ‘geschlossene Zirkel’, die sich, mit Verlaub, wie Sekten verhalten. Sie wählen ihre Mitglieder nach strengen Regeln aus und schulen sie im Sinne eines ganz spezifischen Denkens. Indoktrinierung existiert auf allen Ebenen deiner Gesellschaft, ob ihr es euch nun eingesteht oder nicht. Sie ist keineswegs auf den Bereich der Metaphysik beschränkt. Alle sozialen Klassen und großen Berufszweige deiner Welt haben sich selbst ‘geformt’, um einer bestimmten Denkweise zu genügen. Das verschafft ihnen ein Gefühl der Kontrolle. So bewältigen sie ihre Ängste. Gerade eure Wissenschaft ist am stärksten von dieser ‘Gehirnwäsche’ betroffen. Das lässt uns wirklich vor Schmerz aufschreien.

Dabei denkt die große Mehrheit der Wissenschaftler die Dinge einfach nicht zu Ende. Ohne es zu merken, bleiben sie mitten in ihren Überlegungen stecken ..., weil sie fürchten, sonst aus dem Rahmen ihres erlernten Wissens herauszufallen. Sie sind also längst nicht so vernünftig, wie sie sein könnten. Doch lassen wir es damit gut sein, wenn du einverstanden bist. Ich möchte die Seiten nicht mit Polemik füllen und auch niemandem üble Absichten unterstellen. Machen wir lieber weiter! Es hilft nichts, Türen zu öffnen, wenn man dafür andere hinter sich zuschlägt!

› Du hast dich vorhin dazu hinreißen lassen, das Wort *Sekte* zu verwenden. Damit hast du ein schwieriges Thema angeschnitten! Der Nachklang dieses Wortes in meinem Inneren hat mich darauf gebracht, dass ich für viele meiner Mitmenschen bereits in Verdacht gerate, einer obskuren Gemeinschaft anzugehören, wenn ich nur unser Gespräch weitergebe. Ist das nicht zum Verzweifeln?

› Hör mal, lass uns die Sache positiv sehen ... Wir wissen genau, was heute so gespielt wird. Du hast es ja selbst neulich gesagt: Es reicht schon, wenn drei von euch irgendwo in der Öffentlichkeit ein ungewöhnliches Thema anschneiden oder ein paar unkonventionelle Thesen in den Raum stellen - schon werdet ihr verdächtigt, einer dubiosen Verbindung anzugehören. Es ist ja wirklich so. Man muss das ganz gelassen hinnehmen. Das geht vorbei ... wie eine Kinderkrankheit. Es ist das Beste, die Sache einfach zu entschärfen, also nicht weiter zu dramatisieren. Schließlich kann man nicht erwarten, dass sich über Nacht alles ändert. Habt ihr das Gefühl, zu ersticken? Umso eher werdet ihr lernen, den Kopf über Wasser zu halten ... und euch später frei und souverän zu entfalten.

Betrachte die Dinge doch einmal ganz klar und einfach ... so wie wir sie seit Jahrtausenden in bestimmten Abständen immer wieder beobachten konnten. Ich helfe dir dabei. Eine Sekte ist im Grunde genommen - etymologisch betrachtet, wenn du so willst - eine Abspaltung von einer großen Religion oder Traditionslinie. Ursprünglich hatte das Wort nichts Negatives an sich. Es beschreibt lediglich eine Abweichung. So gesehen ist das Urchristentum auch nichts anderes als eine Abspaltung des Judentums. Und die Entwicklung des Christentums haben wir ja von Anbeginn verfolgt und befürwortet. Das Wesen, das ihr 'Meister Jesus' nennt, hat natürlich auch die Rolle eines Abtrünnigen gespielt. Gemessen an der etablierten Ordnung war er ein Rebell. Nun, wir wissen ja, was aus seiner 'Bewegung' alles hervorgegangen ist! Entsprechend könnte man sagen, der Protestantismus ist eine Abspaltung der römisch-katholischen Kirche und insofern auch eine 'Sekte'... Das ist einfach nur logisch und gilt genauso für eine ganze Reihe anderer Partikularismen.

In der Welt, in der du lebst, bemisst sich die Bedeutung eines Glaubens allein an der Zahl seiner Mitglieder. Also ist es ganz unerheblich, ob man nun das Wort 'Sekte' verwendet oder nicht. Entscheidend ist vielmehr, wie man den Begriff füllt und wie er aufgefasst wird. Es gibt lichte, 'gutartige' Sekten, andere wieder können großen Schaden anrichten, wie die Geschichte gezeigt hat.

Unserer Meinung nach besteht die Schwierigkeit darin, abweichende Meinungen als etwas ganz Natürliches anzuerkennen. Ein System oder eine Denkströmung, die das nicht anerkennen will, ist zwangsläufig totalitär - also krank. Es wird sich früher oder später auflösen. So stabil es auch erscheinen mag, strebt es doch seiner Zersetzung entgegen.

› Du musst aber zugeben, dass auch Entfremdung im Sinne einer Gehirnwäsche ein großes Problem darstellt. Diese wird von einigen Sekten ja systematisch betrieben. Hier liegt die Wurzel allen Übels, denn so werden ursprünglich respektable Vorstellungen völlig verändert und in den Schmutz gezogen.

› Aber deine *ganze Gesellschaft* leidet doch unter Entfremdung! Ich habe es dir ja schon gesagt ... Ihr seid nicht ihr selbst, gerade auch als Gesellschaft nicht. Von 'Gehirnwäsche' im weitesten Sinne sind nicht nur Religionsgemeinschaften betroffen. Eure ganze Welt funktioniert nach diesem Muster. Ihr seid auf allen Gebieten fast ausnahmslos Konzeptionen und Standpunkten unterworfen, die von einer winzigen Minderheit gestellt werden ... auch wenn es euch kaum bewusst ist. So werden die Machtvorstellungen einiger weniger auf höchst geschickte, kaum wahrnehmbare Weise zur Norm der Mehrheit. Wenn du also von Entfremdung, Verfälschung und Vergiftung sprichst ..., dann stimmt das zwar - betrifft aber deine Welt im Ganzen. Da kann man auf allen Ebenen ansetzen. Ihr müsst euch aus *jeglicher* Art von Fremdbestimmung befreien, verstehst du?

Wenn jemand angegriffen wird und seinem Gegner die Schläge zurückgibt, einen nach dem anderen, ohne zu merken, dass er damit dessen gewaltsame Gesinnung übernimmt – gehört er schlichtweg zur ... *Sekte der Primitiven*. So einfach ist das!

## Mittwoch, 7. Oktober

Indian Summer ... Rostrot und Gold hat er sich bereits auf den Hügeln des Mont-Royal ausgebreitet. Heute spielt ein leichter Wind in den Ästen der Bäume und der Himmel ist von einem zarten, silbrigen Blau, welches schon den ersten morgendlichen Frost ankündigt.

Nun bricht schon die dritte Jahreszeit an ... seit meine Freundin aus den höheren Welten sich mir zum ersten Mal gezeigt hat.

Durch die Glastür des Balkons beobachte ich das Treiben der Spatzen. Sie suchen nach Körnern oder etwas Brot. Während ich ihren dunklen, starren Blicken begegne, wird mir klar, dass auch sie mich im Auge haben.

Ich gehöre für sie wohl zu jener Art von Wesen, die sie faszinieren und anziehen, aber doch undurchdringlich für sie bleiben und ihnen Angst einjagen ... so nah und fern zugleich. Die Distanz zu ihnen gemahnt an jene, die mich von meiner Geistesfreundin trennt ... denke ich weiter. Wir sind uns so nahe und doch, bei aller Vertrautheit des Gesprächs, durch eine so riesige Entfernung voneinander getrennt!

Auch ich hasche doch letztlich nur nach ein paar Körnern aus der Welt jenseits der Scheibe, die unsere Universen voneinander abgrenzt.

Was ihre Anwesenheit mir gibt, was ich davon aufnehmen und mir aneignen kann, wird nie mehr sein, als eine flüchtige Ahnung ... eine schwer verdauliche Speise. Ich kann es auch noch nicht recht wiedergeben. So ist es eben. Man muss das in aller Bescheidenheit demütig annehmen. Wir stehen erst am Beginn einer anderen Menschheit – können sie uns erst ganz anfänglich zusammenbuchstabieren.

Und so kann ich nicht umhin, während ich den unermüdlichen Reigen der Spatzen betrachte, die mich noch immer mustern, mir darüber Gedanken zu machen, in welchem Maße wir angesichts dessen, was sich bereits abzeichnet, immer noch Tiere sind. Ist das nur eine Träumerei, nichts als eine windige Vorstellung? Nein ... Es ist die höchste Einsicht.

Plötzlich aber erscheint die Kraft an meiner Seite. Die Scheibe zwischen den Welten zerspringt. Ich greife zur Feder und alsbald nehmen die Worte, die ich höre, Gestalt an.

› Die Mauern einreißen und die Scheiben zerschlagen – ja, genau darum geht es heutzutage. Das hat Priorität. Es ist absolut vorrangig. Und das entscheidende Hindernis dabei, kann man ganz einfach 'Stolz' nennen. Ihr seid zu überheblich – bis tief in eure heiligen Schriften hinein. Die Krönung der Schöpfung! Habt ihr euch nicht immer wieder so gesehen? Du hast mich ganz richtig verstanden ... Ich habe gesagt, *ihr habt euch so gesehen*. Ich möchte nicht etwa die Heiligkeit dieser Texte infrage stellen, kenne aber ihre Grenzen und weiß, dass sie nur zum Teil authentisch sind.

Es gibt praktisch keinen einzigen großen Text, der auf eine Offenbarung zurückgeht ... und nicht von Menschenhand bearbeitet worden wäre.

Von jeher haben die weltlichen Interessen der Stunde, sowie das unersättliche Bedürfnis, Macht über andere auszuüben, den Priestern und ihren Schreibern die Feder geführt, sei es nun aus Stolz oder aus Selbstgefälligkeit.

Die Geschichte hat sich ständig wiederholt: Ein paar Leute haben eine Lehre empfangen. Sie haben alles mit eigene Ohren gehört und selbst gesehen ... mit den Mitteln, die ihnen zur Verfügung standen, so, wie sie zu ihrer Zeit in der Lage waren, es zu verstehen. Dann haben andere ihre Worte aufgenommen, sie ihren Interessen angepasst und ihren eigenen Ängsten unterworfen ... Und schließlich hat die Menge sich davor verneigt. Sie hat sich alles einverleibt, es erstarren lassen und zuletzt nicht einmal mehr gewagt, am nunmehr 'heiligen Text' auch nur ein Komma zu versetzen.

Heute aber geht es nicht mehr um Kommata, verstehst du? Es rostet gerade alles ein, sogar die Worte, die Syntax und Interpunktion! ... Denn Buddha schläft noch in euch und Christus hängt noch immer am Kreuz ... bis tief in eure Zellen hinein – ja, gerade in euren Zellen!

Schon seit Jahrtausenden ist euer Körper vor allem der Tempel eurer Blockaden. Er ist Ausdruck eurer Engstirnigkeiten und eurer Art, alles kleiner zu machen.

Wir nehmen das sehr genau wahr ... Kaum wird euch das auch nur ansatzweise bewusst, kaum dämmert euch, dass ihr zu ersticken droht, schon stellt sich das Körpergedächtnis allen Fluchtimpulsen entgegen. Es krallt sich an seine Gewohnheiten und drängt euch zurück ins alte Fahrwasser. Genau hier, an dieser Schwelle, müsst ihr ansetzen. In dem Moment, da eure Zellen anfangen, euch übermächtigen zu wollen, beginnt die Arbeit.

Die nächste Frage ergibt sich von selbst. Meine Feder notiert sie sogleich, ganz knapp und direkt.

› Wie? Sag mir nur bitte wie!

› Indem ihr es wagt! Ja, ich weiß, du wirst sagen, ich wiederhole mich. Aber Mut ist nun einmal die entscheidende Triebfeder. Das ist ganz in Vergessenheit geraten. Mut allein kann die eingefahrenen Mechanismen unserer Routinen durchbrechen. Er ist einfach unersetzlich. Ohne jenen Funken Verrücktheit, den echte Verwegenheit mit sich bringt, wäre wahre Hoffnung undenkbar. Es heißt immer, Liebe sei die wesentliche Kraft der Verwandlung. Dabei macht man sich nicht im Geringsten klar, welche Kräfte ihr Erblühen und ihre Ausbreitung erst ermöglichen. Wagemut ist für mein Volk die entscheidende Voraussetzung für Liebe. Erst dank der Dynamik des Mutes kann sie sich offenbaren. So sehen wir das.

Ihr denkt immer, Liebe sei ein Zustand, den man irgendwann einmal erreicht, um dann auf ewig darin zu verharren. Das ist völlig falsch! Das Erwachen des Bewusstseins ist niemals statisch, im Gegenteil. Es lässt sich nur durch ständige Erneuerung aufrechterhalten, entlang einer unendlichen Reihe von Stufen, die man eine nach der anderen erklimmen muss. Doch dafür muss man zahllose Gewohnheiten durchbrechen.

Wer die Kraft der Liebe liebt, lebt wie jemand, der gerade Klettern lernt. Verstehst du das nun? Wie ein Bergsteiger, hangelt er sich von einer Herausforderung zur nächsten. Kaum hat er einen Griff losgelassen, sucht er schon den nächsten Haltepunkt, der höher liegt und gleichsam reiner ist ...

› Und anspruchsvoller ...

› Ja, anspruchsvoller, das stimmt!

Kühnheit ist der Mut des Akrobaten, des Seiltänzers oder Gauklers. Er scheut nicht die Blicke schaulustiger Gaffer, die in der etablierten Ordnung vor sich hindämmern.

› Aber wir haben doch gerade vom Gedächtnis der Zellen gesprochen ...

› Richtig ... Gerade in unzähligen Alltagssituationen entlastet Wagemut das Zellgedächtnis und ermöglicht es ihm, sich zu erneuern. Man kann sich noch so vielen Reinigungsritualen unterziehen - solange sie nicht von der Bereitschaft getragen sind, etwas zu wagen, bleiben sie nur Schall und Rauch.

Das Denken hat nur einen geringen Anteil an den Verwandlungen. Leider gelingt es deiner Menschheit allzu selten, es abzuschütteln. Darum stagniert sie ... und oxydiert. Sie rostet buchstäblich ein.

Mut ist das Siegel auf der Pforte zum 'höheren Bewusstsein'. Wenn sie sich öffnet, werden die Glaswände, die uns trennen, zertrümmert. Dann werden neue Szenarien entworfen und unsere Geschichten neu erfunden. Denn im Grunde ist sie nichts anderes, als eine verwegene Vorstellungskraft ... ein hochwirksames Reinigungsmittel.

Freilich kann man diesen Mut niemandem einimpfen. Er ist nicht ohne Weiteres übertragbar! Es genügt jedoch, ihn einmal erlebt zu haben, um ihm einen Weg im eigenen Inneren zu bahnen.

Weißt du, wie wichtig das ist? Bei uns nimmt es in der Kindererziehung einen zentralen Platz ein. Das 'Noble Risiko' - wenn man es so nennen möchte - ist eine ganz eigene Disziplin. Dabei stellt sich jeder einmal im Jahr einer selbst gewählten Herausforderung. In einem solchen Umfeld kann man keinen Rost ansetzen! Die Zellen werden ständig gemischt und durchgeknetet, sodass sich keine Schlacken von Ängsten und unerfüllten

Begierden darin ablagern können. Das Ergebnis ist eine große, echte Lebenslust ... Daher auch unser unwiderstehliches Bedürfnis zu lieben – und die Liebe immer wieder neu zu erfinden! Wer sich als edler Abenteurer versteht, wird wie von selbst zu einem wunderbaren Liebenden des Lebens.

Er wirkt anregend auf die Dynamik des Lebens und ist sich dabei vollauf bewusst, dass er Anteil an der Gnade hat, die ihn belebt.

› Liegt darin nicht auch ein gewisser ... Stoizismus? Stets Tapferkeit, Willenskraft und Mut an den Tag zu legen und natürlich auch viel zu leiden ...

› Du wirfst alles durcheinander! Wirke ich etwa wie eine Frau, die aus einer Welt kommt, in welcher die Überwindung von Schwierigkeiten und Schmerzen die höchste Gesinnung ist? Anspannung und Verhärtung nehmen in unserer Welt keine zentrale Stellung ein, ganz im Gegenteil. Den spartanischen Weg haben wir längst erprobt und überwunden. Er ist nämlich ein kriegerischer Weg ... und Krieg bleibt immer Krieg – auch wenn man ihn gegen sich selbst führt. Wozu sollte man eine Herausforderung als Gewalt gegen sich selbst auffassen?

Es gibt einen anderen Zugang, der viel stimmiger ist. Man kann ja auch spielerisch an die Sache herangehen und sie nicht als Kampf auffassen, sondern als eine Art 'fröhliche Wette'. Das kann man lernen. Man muss sich nur etwas Zeit nehmen und in aller Ruhe das Spiel seiner Illusion spielen.

› Erzähl mir doch noch mehr über Schwierigkeiten und Leid, da du das Thema schon aufgeworfen hast. Weißt du, bei uns auf Erden hält man sie oft für unverzichtbar, gerade wenn es um seelische Erhebung geht, besonders in den Religionen.

Erneut scheine ich ein Lächeln zu vernehmen, ich *höre* es

förmlich. Dieses Lächeln schenkt mir das höhere Wesen immer, wenn ich eine besonders heikle Frage aufwerfe.

› Denkst du dabei an Kutte und Geißelung oder meinst du eher die zahllosen Leiden des Lebens selbst?

› Ehrlich gesagt, scheint mir die Peitsche ziemlich überholt zu sein - also wohl eher die alltäglichen Prüfungen. Unsere Schutzpanzer sind schon recht dick. Man muss lernen, sie zu aufzubrechen, aber ...

› Aber es erscheint dir kein Allheilmittel zu sein?

› Ich habe genug Menschen kennengelernt, die durch Prüfungen und Leid nur rauer und härter geworden sind - nicht etwa gefälliger und reiner. Wie geht ihr denn damit um? Habt ihr dieses Problem gelöst?

Ein langes Schweigen ist die Antwort. Ich lege die Feder beiseite. Zum ersten Mal habe ich den Eindruck, dass meine Freundin nicht alleine hier ist. Sie scheint sich mit anderen auszutauschen. Ich sage nichts und warte erst einmal ab.

› Hör gut zu ... Die Schöpferkraft, die uns vor langer, langer Zeit das Leben geschenkt hat, stellt uns völlig frei, an ihrer Ausdehnung teilzuhaben. Wir können also selbst entscheiden.

Das ist die Spielregel - eine außergewöhnliche Regel, die sogar zulässt, sich gegen sie aufzulehnen ... Denn letztlich kann man Größe und Vollkommenheit eines Spiels erst ermessen, wenn man seine Möglichkeiten ausgeschöpft hat. Ausgehend von diesem Prinzip, hatte dann 'jemand' die Frechheit, das Spiel nach seinen Regeln zu spielen. Er erlebte das aufregende Gefühl, zu betrügen beziehungsweise neue Regeln aufzustellen.

In Wirklichkeit aber, spielte er nur eine Möglichkeit aus, die bereits angelegt war. Er wollte einen Spielball, der nicht glatt ist, sondern voller Stacheln, weil er dachte, Stacheln können reizvoll sein. Sie geben einem das Gefühl, intensiver zu leben. Also brachte er diesen Ball ins Spiel. Beeindruckt von der Neuerung fing ein Spieler ihn auf – stach sich natürlich und warf ihn sofort weiter zu jemand anderem ... der dasselbe tat und so weiter.

Dieses Gleichnis zeigt, wie die Geschichte begonnen hat – und wie wir sie noch immer fortführen. Die Dornen der ersten Leiden, die wir entdeckt haben, stecken noch immer in unserem Wesen und der Ball kommt in der Hitze des Gefechtes immer wieder zu uns. Wir sind in der Leidenschaft des Spiels befangen und können uns – obwohl es wehtut – gar nichts anderes mehr vorstellen.

Das geht so weit, dass die Dornen zum festen Bestandteil der Funktionsweise unserer Zellen geworden sind und diese sich nur noch im Leid des Kampfes wahrnehmen können, besessen von der fixen Idee vom Leben attackiert zu werden.

So folgen wir seit unvordenklichen Zeiten alten Reflexen und reagieren ganz unwillkürlich. Jedes Mal, wenn wir eine Ladung Aggression abbekommen, schleudern wir sie sogleich zurück. So laufen doch all unsere Kriege ab, die kleinen wie die großen – weil wir längst vergessen haben, dass die Freiheit, die unserem Spiel zugrunde liegt, uns nach wie vor ermöglicht, den Ball auszutauschen.

Indes ist einigen inzwischen klar geworden, dass man nicht zwingend Schmerzen erleiden und kämpfen muss. Leid muss nicht unbedingt weitergegeben werden ...

Allmählich dämmert das immer mehr Menschen. Sie beginnen es zu begreifen.

Auch uns ist es nun klar. Wir stehen euch unauffällig zur Seite und versuchen, einen anderen Weg aufzuzeigen - also einen anderen Ball ins Spiel zu bringen.

› Sind Dualität, Kampf und Leid für dich und deine Welt also nur noch eine blasse Erinnerung? Habt ihr sie bereits überwunden?

› Nein, offen gestanden, sie sind nicht nur eine Erinnerung. Soweit sind wir noch nicht. Zumindest nicht die Mehrheit. Einzelne von uns mögen diesen Zustand erreicht haben. Genau wie auf der Erde, haben auch wir Weise, oder Wesen, die uns auf den rechten Weg zurückbringen. Allerdings sind wir nicht mehr von der Idee der Aggression eingenommen. Diese Vorstellung lebt nicht mehr in uns. Wir haben sie aus unseren grundlegenden Verhaltensweisen verbannt, weil wir endlich eingesehen haben, wie gedankenlos und absurd sie doch ist und wie sehr sie einen vergiftet. Das heißt freilich nicht, dass es keine Unstimmigkeiten oder Schwierigkeiten mehr gibt - also auch Leid. Schließlich sind wir aus demselben Freiheitsimpuls entstanden wie ihr ... Aber wir gehen anders damit um. Wir betrachten die Dinge eher von oben und können eher Abstand zu einer Situation gewinnen. Dadurch relativiert sich vieles. So versöhnen wir uns schneller.

Doch auch wir wissen, was Leiden heißt, durchaus! Wir haben lediglich aufgehört, das absurde Spiel um Angreifer und Opfer zu spielen. Wir streuen kein Salz in die Wunden und säen keinen Krieg mehr. Wir finden einfach keinen Gefallen mehr daran, empfinden kein perverse Lust dabei.

› Du sprichst da einen Punkt an, der mich sehr beschäftigt und berührt. Ich habe wirklich den Eindruck, dass es auf Erden noch immer Menschen gibt, denen es ein zwielichtiges Vergnügen bereitet, Krieg zu schüren.

› Natürlich, darum steckt dein Planet auch bis zum Hals in Schwierigkeiten, die sehr schwer zu überwinden sind. Mit Krieg meine ich aber auch die kleinen Konflikte, all die Zwiste des Alltags, in die jeder von uns verwickelt ist. Die großen Auseinandersetzungen gehen letztlich daraus hervor. Ja, viele von euch weiden sich noch an Kampfeslust. Und weißt du auch, warum?

› Ich glaube, dass der Kriegszustand, der in vieler Hinsicht ein Ausnahmezustand ist, uns anspornt, indem er uns alles abverlangt und intensiv unsere Kräfte mobilisiert. Er fordert unsere "Stärke" heraus – die ursprüngliche Dynamik des inkarnierten Wesens. Darum vermittelt er vielen Menschen wohl das Gefühl, über sich hinauszuwachsen ... und erst eigentlich "zu existieren". Das taugt dann auch als Rechtfertigung, sich eine Welt einzurichten, die Kampf zum entscheidenden Antrieb der Selbstwertschätzung stilisiert. Dieser Mechanismus läuft unbewusst ab. Er ist zutiefst pervers.

› Nun gut ... nur hast du das noch nicht zu Ende gedacht. Du hast doch eben das "Gefühl zu existieren" erwähnt ... Wieso habt ihr dieses Gefühl nicht auch unabhängig von Konfliktsituationen? Warum nicht? Kannst du mir ferner sagen, was es mit diesem "Gefühl zu existieren" überhaupt auf sich hat?

› Ich weiß nicht – vielleicht ist es das Bedürfnis, sich in allen Bereichen des Seins zu entfalten ... seine Kräfte, Kreativität und Persönlichkeit voll auszuleben ...

› Für dich ist das wohl so! Doch das habe ich hier nicht gemeint. Für viele bedeutet 'existieren' noch immer, 'mehr sein' zu wollen als der andere – stärker, mächtiger, reicher ... alle Möglichkeiten von 'mehr', die du dir nur denken kannst! Kurz, es bedeutet, Macht auszuüben, den anderen zu beherrschen und ihm die eigene Sicht aufzuzwingen – und zwar aus einem einzigen Grund, ganz einfach: Es geht darum, die eigenen Ängste dahinter zu verbergen. Wir kommen immer wieder auf denselben Punkt zurück.

Die meisten von euch haben noch immer nicht begriffen, dass sein Leben zu meistern, mit sich und anderen gut auszukommen und das Glück zu erforschen, nichts mit Machtgehabe zu tun hat. Jeder, der es darauf anlegt, einen anderen zu beeindrucken oder ihm seinen Willen aufzuzwingen, ganz gleich ob es sich dabei um eine Einzelperson oder eine Gruppe handelt, stellt damit nur die eigenen Ängste unter Beweis. Er zeigt nur, wie wenig er sich selbst im Griff hat und wie ... kindisch er ist. Folglich sind autoritäre Kräfte stets ein Hinweis auf Minderwertigkeitsgefühle, unkontrollierte Ängste und Kleinlichkeit.

› Jetzt habe ich aber eine Frage! Woher kommt denn dieses nagende Gefühl der Unterlegenheit?

› Das habe ich dir doch schon gesagt, weißt du es nicht mehr ...? Von der Trennung, von der Isolation. Es liegt daran, dass wir von unserer Quelle abgeschnitten sind. Wir haben fast vergessen, wer wir sind und was unsere Bestimmung ist.

All diese Kriege mobilisieren Energien ... so bleibt die Vorstellung des Konfliktes auf Erden eng mit der menschlichen Seele verbunden. Wenn sie nicht schon bis zur Erschöpfung gegen die Mauern dieser Sackgasse gerannt ist und sich dabei wund geschlagen hat ... und sich andererseits noch nicht die Mühe gemacht hat, sich mit ihrem eigentlichen Wesen auszusöhnen, findet sie keinen Ausweg. Weißt du, man denkt immer, 'die Eins' würde der 'Zwei' entgegenstehen und Konflikte seien aufgrund des zwieschlächtigen, polaren Charakters alles Existierenden absolut unvermeidlich. Das ist ein Irrtum, nichts als eine kindische Vorstellung, eine Weltsicht, in der sich die Erde und noch ein paar andere Planeten verstrickt haben. Warum sollte man die Zwei zum Feind der Eins machen. Ist die Frau etwa eine Widersacherin des Mannes? Wer das glaubt, oder gar so sehr davon überzeugt ist, dass er es zu seinem Lebensprinzip erhoben hat, sollte sich wirklich einmal Gedanken machen. Das Trennende und Gegensätzliche, das uns begegnet, ist kein universelles Gesetz. Es ist nicht die Norm ... und kurbelt auch die Lebensenergie keineswegs an.

Es ist vielmehr eine Krankheit. Nicht die Krankheit des Lebens – das ist makellos rein, wie ein Diamant –, sondern die Krankheit der Existenz.

Die Eins und die Zwei sind grundlegende Elemente im Zusammenhang mit dem Fortschritt der Kraft. Harmonie, so heißt es, kann nur aus ihrer Verbindung hervorgehen. Das ist ganz klar, dem lässt sich ohne Weiteres zustimmen. Nur kann es heute nicht mehr darum gehen, sich dieser Auffassung einfach anzuschließen ... und sich dahinter zu verstecken.

Wenn es brenzlig wird, sucht man nicht mehr nach Ausflüchten. Dann kann man sich nicht mehr bloß aufspielen – dann legt man seine Seele bloß, zeigt sich und krempelt die Ärmel hoch.

› Und das erfordert eine gewisse Demut ...

› Ja, aber eine Demut, die einen sogleich wachsen lässt. Eine Maske wird immer irgendwann zu schwer. Eines Tages muss man sie ablegen, lieber früher als später. In meiner Welt lernen wir beizeiten, unser Unbehagen, unsere Ängste und unseren Schmerz auszudrücken. Wir äußern sie, sobald wir sprechen können. Das ist ein Teil unseres Erziehungssystems. Es ist sehr wichtig für uns, denn es verhindert, dass wir uns hinter Ausflüchten und faulen Ausreden verschanzen. Religionen sind für uns unbedeutend, dafür machen wir uns viele Gedanken über den Menschen und das Glück. Gerade das aber erhebt die Seele und bringt sie der Quelle des Schöpfers näher. Man muss die Theorien mit ihrem Gestammel und ihren ganzen Lügen hinter sich lassen und zur Tat schreiten, verstehst Du?

Nur darum bin ich hier und darum befinden sich auch sehr diskret einige unserer Raumschiffe an eurem Himmel. Es geht dabei nur um diese Bewusstseinserweiterung.

Machtbeziehungen sind Frevel. Eine entsprechende Lebensauffassung ist im Grunde eine Beleidigung der Quelle alles Lebendigen, denn wir haben es in der Hand, wie wir die Welt sehen - und welche Macht wir den Umständen einräumen wollen.

› Warum nicht auch 'wie viel Macht wir anderen geben'?

› 'Die anderen' kommen ja de facto als "Umstände" auf uns zu. Es sind Gelegenheiten, Werkzeuge des Lebens - Hindernisse, die es uns in den Weg stellt, um uns zu formen. In der Begegnung mit 'den anderen', geht es zunächst einmal um die Begegnung mit uns selbst. Sie fungieren als Filter, der unsere Fehler und Unvollkommenheiten ans Licht bringen und den Finger in die Wunde legen ... Zum Glück ermuntern sie uns aber auch, unsere guten Seiten zu zeigen. Du gibst mir Gelegenheit dazu - und ich gebe sie dir.

Du bist also in gewisser Weise 'nur ein Umstand' für mich ... und ich bin einer für dich. Das ist aber keineswegs abwertend gemeint, im Gegenteil. Die Umstände, die Situationen, in die wir geraten, kommen Entscheidungen der Schöpfung gleich. Es sind Gesten Gottes. Daher haftet ihnen etwas Magisches, ja geradezu Heiliges an. Sie geben uns Gelegenheit, aufzublühen.

Wir haben gelernt, die Dinge so zu sehen und du kannst mir glauben - so betrachtet sieht das Leben ganz anders aus! Es wird viel leichter ... Allmählich bekommen wir Lust, seine

Bewegungen mitzumachen und uns von seinem Schwung tragen zu lassen. Wahrheit und Mut, Sanftmut, Kraft und Verbundenheit ... All diese Welten wollen wir euch nahe bringen. Ihr sollt sie selbst entdecken. Jetzt gleich ... ohne noch lange zu zögern!

# Mittwoch, 14. Oktober

Es ist nun schon seit über eineinhalb Monaten nicht mehr vorgekommen – aber genauso abgelaufen wie die vorherigen Male. Wieder habe ich nichts unternommen, um mein Bewusstsein aus meinem Körper austreten zu lassen. Doch vielleicht wirkt der Weg, der sich allmählich vor mir abzeichnet, schon wie eine ständige Einladung, auf die etwas in mir reagiert, wenn es soweit ist ... gut möglich. So wurde ich erneut von einer anderen Facette des Lebens angezogen und landete schließlich in einem halbrunden Saal. Seine Wände waren ganz glatt, von einem samtigen Tiefblau ... fast schon schwarz. Es ging etwas Magisches von ihnen aus. Wir saßen in sehr bequemen Sesseln – auch meine Freundin, direkt neben mir. Zuerst spürte ich nur ihre Anwesenheit, ohne sie zu sehen. Als ich mich zu ihr umwandte, bemerkte ich, dass noch andere Leute da waren – etwa zehn. Auch sie saßen in den tiefen Sesseln. Es war recht finster im Saal, die Gesichtszüge der Anwesenden konnte ich jedoch ausmachen. Das lag wahrscheinlich an dem seltsamen, diffusen Licht, welches die Wände selbst zu verströmen schienen. Doch mein Blick blieb nicht an den Menschen hängen, die mich umgaben und auch sie schienen keine Notiz von mir zu nehmen. Ich wollte nur das Gesicht meiner Freundin sehen, das allein interessierte mich. Es war das einzig Vertraute in dieser Umgebung ... der einzige Anhaltspunkt, anhand dessen ich begreifen konnte, was hier eigentlich geschah. Sie schenkte mir ein Lächeln – das gewohnte Lächeln, diesmal begleitet von leichtem Augenzwinkern, das mir wohl zu verstehen geben sollte: "Es ist alles in Ordnung." Wie immer in solchen Fällen, war ich hellwach und klar im Kopf, vollständig anwesend in der Situation. Ich fühlte mich sogar lebendiger als in meinem Körper. Während ich dies notiere, spüre ich noch die warmen, samtigen Armlehnen des Sessels.

Auf einmal wurde das düstere Gewölbe, das uns alle umgab, hell und lebendig. Alles andere war aus meinem Blickfeld verschwunden. Ich wurde gleichsam davon verschlungen und achtete nur noch darauf, was dort geschah ... und das war wirklich faszinierend. Es sah aus wie ein dreidimensionales Lichtspiel, das Szenen aus unserem irdischen Leben vorführte. Zumindest war das mein Eindruck. Die Bilder folgten rasch aufeinander und führten uns mit beklemmender Eindringlichkeit und Detailfreude sehr lange zurückliegende Ereignisse vor Augen. Das erforderte meine volle Aufmerksamkeit. Alle Sinne waren angesprochen, sogar der Geruchs- und Tastsinn. Ja, irgendetwas in mir roch die Düfte der Vergangenheit und spürte die Oberflächen der damaligen Materialien. Ich war wirklich in dem Film, spielte darin mit ... war aber zugleich die Kamera, die ihn aufnahm und der verblüffte Zuschauer. Das erinnerte mich natürlich gleich an die Akasha-Chronik ... Es wurde nicht nur eine Epoche untersucht, sondern viele, ganz unterschiedliche Zeitperioden. Manche von ihnen sagten mir gar nichts. Ich gab mir Mühe, zu begreifen, was das alles sollte, fand aber kein Leitmotiv, das mir irgendwie vertraut vorkam. Zum Teil waren Alltagsszenen aus mir unbekannten Zeiten zu sehen, dann wieder große, oder gar dramatische Ereignisse ... doch in ganz fremdem Gewand.

› Ist das wirklich die Erde? Letztendlich erlaubte ich mir innerlich meine Freundin zu fragen. Die Antwort war ein eindeutiges 'Ja', und dann erklang ihre Stimme klar und deutlich in meinem Kopf.

› Ja, es handelt sich schon um die Erde, aber was darüber in euren Geschichtsbüchern steht, ist nur ein winziger Bruchteil dessen, was sich wirklich auf ihr abgespielt hat. Du darfst dich also nicht wundern, wenn die meisten Szenen dir unbekannt sind.

Wir sind in einem Studierzimmer. Hier haben wir die Möglichkeit, Filme aus der Vergangenheit anzusehen ... oder eben über das, was man als 'Vergangenheit' erlebt. Wenn unsere Studenten wissen wollen, wie dieses oder jenes Ereignis abgelaufen ist, oder wie sich jemand einst verhalten hat, dann greifen sie auf dieses 'Archiv des genauen Gedächtnisses' zurück, wie wir das nennen. Es ist sozusagen eine unbegrenzte visuelle Bibliothek. Aber ich will nicht über sie mit dir sprechen, sondern über ein paar Bilder, die du soeben gesehen hast. Schau sie dir noch einmal an und versuch' sie dir genau einzuprägen.

Also richtete ich meine Aufmerksamkeit wieder auf das, was über mir und um mich herum geschah, nun noch intensiver ... in völliger Hingabe. Zuweilen glaubte ich auch wirklich in der endlosen Abfolge der Szenen, eine Epoche zu erkennen, manchmal auch ein Ereignis, doch im nächsten Moment war es wieder anders. Der Eindruck wurde immer sofort widerlegt. Im Übrigen erschien mir die Bildfolge völlig willkürlich. Mir war schon klar, dass ein intelligentes Wesen sie sorgfältig ausgewählt und eigens so angeordnet hatte, um damit etwas Bestimmtes zu zeigen – doch was, war mir völlig rätselhaft.

› Und was studiert ihr? ... warf ich ein.

Wie erwartet, kam die Antwort nicht sofort und so vertiefte ich mich wieder in den Film. Es waren natürlich Kriege zu sehen, viele Kriege ganz unterschiedlicher Natur mit höchst merkwürdigen Kämpfern, die aus der Zukunft zu kommen schienen ... Fast hatte ich den Eindruck, man wolle mir die krankhafte Wiederkehr des Krieges vor Augen führen. Doch wozu? Nein, es ging um etwas anderes. Es war frappierend und zugleich so selbstverständlich! Kaum zu glauben, dass es mir nicht gleich aufgefallen war. Da war zum einen das Licht, in dem sich alles abspielte – oder genauer gesagt, die unterschiedlichen, seltsamen Lichtverhältnisse und auf der anderen Seite, der Rhythmus, in dem die Ereignisse – weniger aufeinanderfolgten, als von innen heraus abliefen. Das Erstaunliche war eigentlich, wie 'dicht' das Licht war und wie schnell das Leben ablief.

Nun kam es mir vor, als wolle man mir zeigen, dass der Himmel über uns nicht immer blau gewesen war, sondern lange Zeit auch orange, rot oder sogar blassgrün. Zugleich wurde mir klar, dass die Atmosphäre auf unserem Planeten zuweilen sehr 'dicht' war, fast 'zum Schneiden' und die Menschen zu dieser Zeit allenfalls eine Sichtweite von ein paar Metern hatten. Es gab Dunst und Nebel und vielleicht auch eine flüchtigere Materie. Auf jeden Fall war sie ganz anders, als wir es kennen. Abgesehen davon wurde noch etwas offenkundig: das Lebenstempo! Ich ahnte, dass die menschlichen Aktivitäten über lange Perioden sehr langsam verlaufen sein mussten, zögerlich wie in Zeitlupe.

Sobald ich die Tragweite dessen, was mir hier gezeigt wurde, begriffen hatte, floss die Stimme meiner Freundin wieder in mich ... fest und schützend.

› Du siehst also, worauf wir dich aufmerksam machen wollen. Wieder einmal ist es die unausweichliche Wirklichkeit der Wandlung. Dabei geht es weniger um Form und Erscheinung, als um die Grundschwingung, die dahintersteckt. Denn letztlich ist die Schwingungsfrequenz der jeweiligen Lebenswoge das Entscheidende an der Schöpfung. Es gibt zum einen die Schwingung des Kosmos als Ganzes und zum anderen die Wellenlängen der jeweiligen, untergeordneten Welten. Wunderbarerweise verändern sich all diese Wirklichkeitsebenen ständig. Sie werden schneller. Und warum? Nun, das hängt mit dem Bewusstseinsgrad zusammen, den das Leben jeweils erreicht hat. Jede dieser Welten wird nämlich von einer natürlichen Aufwärtsbewegung zu höheren Erkenntnisebenen emporgehoben. Ist dir klar, was das heißt? Man darf sich da nicht täuschen lassen. Nur aus heutiger Sicht erscheinen die einstigen Ereignisse ja unschärfer, dichter oder träger, also verlangsamt. Wenn man seinem aktuellen Bewusstseinsstand entsprechend lebt, also in seiner Zeit aufgeht, bleiben einem ihre vorübergehenden Erscheinungsformen verborgen. Man hält sie dann zumeist für unabänderlich - für den Endzustand der vergangenen Entwicklungen.

Wenn dein Bewusstsein einen riesigen Sprung in die Zukunft machen und Bilder deiner jetzigen Zeit zu sehen bekäme, so würde es dir ganz ähnlich ergehen. Die irdische Atmosphäre deiner Epoche würde dir dann dumpf und schwer erscheinen, die Menschen und Dinge recht unscharf gezeichnet und jede Bewegung käme dir schwerfällig und ungeschickt vor.

Es ist ganz leicht zu verstehen. Nimm einen höheren Standpunkt ein, schwing dich auf ... begib dich auf einen Berg und blicke ins Tal ... und während du herabschaust such' ein Auto, das eine Straße entlangfährt. Du musst zugeben, dass seine Bewegung dir langsam erscheinen wird. Doch was aus deiner Perspektive nur ein paar Zentimeter sind, sind für diesen Wagen mehrere Hundert Meter. Nun musst du dir nur noch klarmachen, dass für geistige Dinge dasselbe gilt wie für physische Distanzen. Je schneller die Schwingungsfrequenz unseres Bewusstseins wird, desto eher bekommen wir eine andere Wahrnehmung des Universums. Es prägt uns nämlich seine Harmonie ein, verändert unser Bewusstsein also ständig und gestaltet es neu.

In Wahrheit waren die Bewegungen der Menschen, die vor Millionen oder gar Hunderten Milliarden von Jahren auf Erden gelebt haben, nicht langsamer als eure ... und auch die Atmosphäre kam ihnen keineswegs 'dichter' vor. Sie erschien ihnen ebenso,normal' wie euch heute. Nur sehr wenigen ist es gegeben, die Vernebelungen und Trägheiten ihrer eigenen Bewusstseinszone zu empfinden – und womöglich, *etwas anderes* zu erahnen, sich etwas vorzustellen, das darüber hinausgeht. Es ist beunruhigend, dass heute ja wirklich etwas beeindruckend *anderes* auf euch zukommt ... auch wenn ihr euch weigert, darauf zuzugehen. Dennoch ist es unausweichlich! Und zwar weil das Universum ganz einfach seinen eigenen Gesetzmäßigkeiten folgt. Es gehorcht weder einem vermeintlich unüberwindlichen physikalischen Gesetz noch eurer Logik ... selbst dann nicht, wenn sie durch ein Diplom belegt ist. Auch religiöse oder moralische Vorstellungen haben keinen Einfluss darauf. Es wächst einfach nur!

› Und lässt uns an seinem Wachstum teilhaben, nicht wahr, es zieht uns da hinein?

› So kann man es sehen. Ich würde es eher so sagen: Wir begleiten uns gegenseitig in einer unendlichen Wachstumsspirale. Es ist nämlich völlig verfehlt, noch immer zu meinen, wir seien von der Schöpfung abgeschnitten – es gäbe auf der einen Seite uns und auf der anderen das Universum. Das habe ich ja von Anfang an versucht, dir nahe zu bringen. Nein, sie bedingen sich gegenseitig und spiegeln einander. Ob es uns nun gefällt oder nicht, ob es unsere Gewohnheiten und Bequemlichkeiten stört oder nicht – diese Bewegung ist unserem Leben auf allen Ebenen eingeschrieben. Sie ist gleichsam das Alphabet, aus dem es zusammenbuchstabiert ist. Das bedarf keines wissenschaftlichen Beweises und muss auch nicht von irgendeiner Religion abgesegnet werden, denn das Leben steht weit über Wissenschaft und Religion. Ich weiß, es fällt euch schwer, das zu akzeptieren. Dieser oder jener Wissenschaftler oder Papst hat dies und das gesagt ... Wunderbar! Aber ihr, ihr selbst – euer tiefstes Inneres, das von jeher dem Rhythmus des Lebendigen folgt – was sagt denn ihr?

Im Allerheiligsten eurer Seele ist euch sehr wohl bewusst, wie viele Gestalten ihr schon angenommen habt und dass das Leben euch schon einmal zwei paar Augen, sechs Brüste oder drei Mägen gegeben hat, wenn es nötig war. Ihr wisst doch genau, dass die Wolken über euren Köpfen schon einmal rot waren und dass ihr morgen bestimmt durch Mauern gehen könnt und sprechen, ohne den Mund aufzutun. Das ist längst beschlossene Sache! Mach' dir angesichts dieser vermeintlich so verrückten, irrealen Bilder, die hier vor dir ablaufen, also eines klar: Es hat keinen Sinn, sich an althergebrachte Gewohnheiten zu klammern, die vom etablierten Denken untermauert werden ..., denn es öffnet sich bereits eine neue Türe. Die Erde hat den Türgriff schon in der Hand und ist dabei, sie aufzustoßen ... Darum löst sich scheinbar alles auf, denn es wird bald alles ganz schnell gehen!

An dieser Stelle brach die Unterweisung des höheren Wesens in mir ab – wie ein Vogel, der im freien Flug aufhört zu fliegen. Ich erinnere mich, dass ich gerne noch eine Frage gestellt hätte, doch die Bilderflut wollte nicht abreißen. Sie wurde übermächtig und allmählich ließ meine Konzentration nach. War es Übelkeit oder Schwindel, Überdruss oder Berauschtheit – ich weiß nicht, welches Wort es am ehesten trifft ... jedenfalls lag ich schlagartig wieder in meinem Bett. Nun war ich wieder in meinem Körper gefangen ... und ganz wild darauf, zu schreiben.

# Sonntag, 18. Oktober

Schon! Es ist schön sonnig und frisch. Der Wind spielt wie verrückt mit den abgefallenen Blättern ... Mein Blick bleibt am herbstlichen rostroten Mont Royal hängen. Alles lädt zu einem Spaziergang ein und ich habe keine Lust, den Stift zur Hand zu nehmen. Dem Wesen würde ich schon gerne begegnen ..., aber lieber auf einem Weg unter Bäumen. Wie viel einfacher wäre es doch, diese Begegnung für mich zu behalten, als den Versuch zu unternehmen, etwas zu vermitteln, das man im Grunde gar nicht ausdrücken kann! Würde meine übervolle Seele dann unter der Last des Schweigens zusammenbrechen? Vielleicht wäre es ja so ...

Seit vier oder fünf Tagen, genauer gesagt, seit unserer letzten Begegnung beschäftigt mich das Thema 'Wahrheit'. Seit ich mich in das alte Buch des 'rechten Gedächtnisses' vertieft habe, treibt mich die Frage noch mehr um. Also setze ich mich wieder einmal an meinen Tisch, um sie 'an höherer Stelle', wie ich das gerne nenne, vorzutragen. Natürlich habe ich auch eine eigene Vorstellung davon, aber auf die kommt es nicht an. Soll ich denn nicht ein Interview führen?

Seltsam, heute frage ich mich nicht einmal, ob meine Freundin überhaupt da ist. Wenn ich mir einen Ruck gebe und meine

Lust herumzustreunen überwinde, wird sie mich schon hören. Davon gehe ich einfach einmal aus. Dann kommt sie bestimmt und ich kann schreiben.

# Montag, 19. Oktober

Von wegen! Gestern ist alles schiefgelaufen ... Da sieht man wieder einmal, dass man nichts 'ein für alle mal hat'. Wahrscheinlich war ich einfach nicht richtig bei der Sache, mein Geist nicht auf seine Aufgabe konzentriert. Jedenfalls hat meine Freundin nichts von sich hören lassen. Ich bin also leer ausgegangen und habe bis heute Morgen über meine Frage nachgedacht. Doch jetzt ist da ein sachtes Klicken in der Mitte meines Kopfes, gefolgt von einem Gefühl der Frische, als würde jemand eine Tür aufstoßen. Das ist ein gutes Zeichen. Nun gilt es, die Augen zu schließen und mich bereit zu machen.

› Sag mal ... Ich glaube, du hörst mich ... Erzähl doch noch ein wenig von diesem Gedächtnis, in das ihr willentlich eindringen könnt. Es ist eure 'ultimative Bibliothek', das habe ich verstanden. Es wundert mich nicht, dass es sie gibt, denn mir ist schon klar, dass nichts in Vergessenheit gerät – sondern dass wir Menschen keine Zugang dazu haben ... von wenigen Ausnahmen einmal abgesehen. Es wäre doch so einfach! Stünde uns ein getreues Gedächtnis der Geschehnisse aus der Vergangenheit zur Verfügung, ließen sich doch viele Irrtümer vermeiden. Dann könnten wir unseren Lebensweg danach ausrichten. In dieser Hinsicht sind wir euch gegenüber wirklich im Nachteil, das musst du schon zugeben. Wie sollen wir vermeiden, immer wieder dieselben Fehler zu machen, wenn wir dem Vergessen so wenig entgegenzusetzen haben? ... So müssen wir immer neue Versuche machen.

› Oh ... Meinst du nicht, dass einem stets die Werkzeuge an die Hand gegeben werden, die man zu verwenden versteht? Wahrheit ist eine anspruchsvolle Angelegenheit!

› Ja, sie ist anspruchsvoll, aber auch lehrreich! Es würde uns immerhin helfen, oder?

› Nun ja ... manche Lehrmeister sind eben streng ...

› Jetzt verstehe ich dich nicht mehr ...

Heute Morgen ist unsere Unterhaltung ja höchst spannend! Ich suche mit geschlossenen Augen nach Argumenten und versuche zugleich, die Züge meiner Freundin auszumachen, ihr ovales Gesicht, das blonde Haar und vor allem ihre Augen, die so geheimnisvoll für mich sind. Das hilft, den Kontakt aufrechtzuerhalten. So bleibt die Türe weit geöffnet, scheint mir ...

› Nein, ich verstehe dich wirklich nicht mehr ... Ich sehe nicht ein, wieso du lehrreichen Tatsachen gegenüber Vorbehalte hegen solltest. Es würde doch alles ändern, wenn wir eine vollständige Einsicht in unsere Geschichte hätten, finde ich ...

› Das glaubst du nur ... und zwar, weil du einem Ideal anhängst. Aber ein Ideal muss man auch vertreten können, mit all seinen Konsequenzen. Vor allem, wenn es dabei um ein grundlegendes Lebensprinzip geht. Will man die Wahrheit seiner Vergangenheit kennen, so muss man erst einmal in der Lage sein, sich ungeschminkt im Spiegel zu betrachten – und zwar in allen Details, mit seinen Stärken und Schwächen, mit allem, was einem zum Ruhme gereicht – und zur Schande. Das ist gar nicht so einfach!

› Nun gut ..., aber hast du nicht einmal gesagt: "Wahrheit ist befreiend"? Gewiss stellt uns das auf die Probe, aber ist es nicht besser, den Abszess der Lüge ein für alle mal aufzustechen? Ich bin felsenfest davon überzeugt, dass wir uns gar nicht mehr wahrnehmen können, weil wir uns unter unzähligen Lügenschleiern allmählich aus den Augen verlieren.

› Du sprichst von Abszess ... Wenn die Eiterbeule nun aber zu groß und zu tief ist, glaubst du wirklich, dass man sie dann noch einfach so öffnen kann? Wohl kaum ... Man muss innerlich schon sehr gefestigt sein, wenn einem das Privileg zuteilwerden soll, die Dinge völlig klar und ungeschminkt zu betrachten. Reife erlangt man nicht über Nacht, nur weil man beschlossen hat, 'erwachsen zu spielen'. Weisheit kann man niemandem auferlegen, sie stellt sich ganz von selbst ein ... und folgt allein ihrem eigenen Rhythmus. Darum gilt: Wahrheit befreit in der Tat – aber zunächst einmal muss man in der Lage sein, solche Freiheit überhaupt tragen zu können! Sie mit aller Gewalt verfrüht erreichen zu wollen, wäre, wie jemandem statt eines heilenden Balsams eine Dosis Gift zu verabreichen. Ja, man würde damit geradezu in ein explosives Gebiet eine Bombe werfen!

› Ah, darin liegt für dich also das Problem: Wir müssen erst einmal fähig sein, der Wahrheit und der echten Freiheit, die aus ihr folgt, gerüstet gegenüberzutreten.

› Es ist gut, dass du 'gerüstet gegenübertreten' sagst, denn es ist schon etwas mehr, als eine einfache Konfrontation. Stell dir das einmal vor! In kürzester Zeit würden alle gesellschaftlichen und individuellen Masken fallen – und wertlos werden!

Es würde das totale Chaos ausbrechen. Ihr würdet in einer Flut von Informationen untergehen und wärt gezwungen, euer Leben auf allen Ebenen schlagartig umzukrempeln. Freiheit und Wahrheit sind zweischneidige Schwerter. Vergessen ist fraglos hinderlich, aber es ist auch ein Schutz.

› Dann haben wir bisher also ständig in der Lüge gelebt?

› Ich würde eher sagen ... in der Verschleierung. Man lügt ja nicht immer mit voller Absicht. Oft hat man nur Angst, sich der Wirklichkeit zu stellen. So haben sich die Völker der Erde seit Urzeiten Schutzschichten zugelegt ... einfach um Dinge nicht sehen und nicht wirklich über sich nachdenken zu müssen. Wir landen also immer wieder bei den zentralen Begriffen Mut und Wagemut, wie du siehst.

Freiheit lässt einem Flügel wachsen, heißt es immer. Allerdings muss man, um frei zu sein, erst einmal die Vorstellung in sich entwickelt haben, *fliegen zu können*. Das vergisst man oft dazuzusagen. Und im Übrigen ... was ist denn Freiheit überhaupt? Kannst du mir das sagen?

› Nach allem, was ich von dir gehört habe, ist es wohl die Kunst, sich bestimmte Dinge abzugewöhnen und durch Selbstbestimmung und Respekt zu ersetzen.

› Gar nicht so schlecht ... vergiss aber nicht, dass Autonomie nicht etwa bedeutet, von allem abgeschnitten zu sein. Selbstbestimmung ist etwas anderes als Selbstgenügsamkeit. Man muss Herr über sich sein und sein Wachstum selbst in die Hand nehmen – denn letztlich ist alles mit dem großen Ganzen verbunden. Das wollte ich dir noch einmal ausdrücklich sagen.

› Wenn ich dich richtig verstehe, dürfen wir nicht damit rechnen, auf Erden bald die Wahrheit zu schauen!

› Als Gemeinschaft sicher nicht ... Einzelne schon eher ... das hängt von jedem selbst ab. Ihr könnt alle *die Vorstellung zu fliegen entwickeln.* Es steht euch frei, das zu leben ... ihr müsst den kollektiven Wahn ja nicht mitmachen, diese 'Gehirnwäsche' und die ganzen wechselnden Moden. Individuell kann alles sehr schnell gehen. Es gibt zuweilen beträchtliche Bewusstseinssprünge. Ihr habt wahrscheinlich das Gefühl, das im Moment enorm viel auf euch zukommt. Man kann das so sehen. Aber wenn ihr es erst einmal bewältigt und die Lektion gelernt habt, wird es euch kinderleicht erscheinen. Es ist genauso leicht, wie einen Gegenstand um seine Achse kreisen zu lassen!

› Wir haben ja schon einmal über Wahrheit gesprochen. Nun stellst du es dar, als sei sie etwas Festes. Aber letztes Mal hast du doch gesagt, sie entwickelt sich ständig weiter und ist ungreifbar. Du sagtest, sie stünde in engem Zusammenhang mit dem jeweiligen Bewusstseinsniveau - nicht nur jeder Welt, sondern jedes Einzelnen ...

› Du hast gut aufgepasst, Kompliment! Nein, ich möchte nicht revidieren, was ich damals gesagt habe ... Es stimmt schon, dass Wahrheit aus einer Vielfalt von Offenbarungen besteht. Sie hängen ganz davon ab, wie weit wir 'die Augen aufmachen'.

Hier habe ich es ganz allgemein gemeint. Allerdings kann man sich durchaus einer einfachen Definition von Wahrheit nähern. Wir wollen nun einmal alles 'eingrenzen' und verstehen. Für mich ist Wahrheit schlichtweg Frieden. Nicht nur eine Ruhephase zwischen zwei Konflikten, verstehst du? Nein, echter Frieden. Ein Frieden, der weit über die 'Ruhe' eines Meditierenden hinausgeht. Wenn man ihn verbreitet, weit um sich herum ..., kann er zur stabilen Basis der Gesellschaft werden. Das nämlich kommt meines Erachtens der Wahrheit am nächsten, ganz gleich, welcher Moral oder Philosophie die jeweilige Gesellschaft anhängt oder welche Lebensformen sie pflegt - und zwar einfach, weil Wahrheit und Glück eng miteinander verknüpft sind. Wahr ist, was einen glücklich macht, denn was einen glücklich macht, bewirkt Gutes – für einen selbst und fürs ganze Universum.

› Das überrascht mich auch ... Du sprichst ständig davon, dass man zunächst sich selbst Gutes tun muss, um es auch verbreiten zu können. Das scheint mir schon zu stimmen, steht aber im krassen Widerspruch zur Auffassung vieler Menschen meines Kulturkreises, das musst du wohl zugeben. Der 'klassischen' westlichen Denkweise zufolge, führt erst Selbstvergessenheit zum Erblühen der Seele. Allerdings ist das für die meisten ein recht vager Begriff.

› ... du könntest noch hinzufügen: Es bringt viele aus dem Gleichgewicht! Gerade deshalb ist es an der Zeit, die Dinge in ein neues Licht zu rücken. Es kommt wieder einmal alles von der alten Idee der Erbsünde, die euch anhaftet wie Pech. Allzu viele von euch haben die Vorstellung gepflegt, es sei verwerflich, glücklich zu sein, wenn andere es nicht sind. Als würdet ihr ihnen damit etwas wegnehmen ... als würde tagtägliches Leiden euch glaubwürdiger, mitleidiger und mildtätiger – kurz, zu besseren Menschen machen. Entschuldige bitte, wenn ich das so sage, aber ... da hat sich ein echter Virus ins Programm eures Inneren geschlichen. Er blockiert euch und legt euch lahm. Glück und Frieden bergen in Wahrheit die stärksten Verwandlungskräfte überhaupt. Nur kann man sie nicht verbreiten, wenn man sie nicht in sich trägt ... Man kann keine Saat ausbringen, ohne zuvor geerntet zu haben.

Das ist doch völlig logisch. Wie willst du säen, wenn du keine Körner hast? Was hast du zu geben, wenn deine Taschen leer sind? Wenn deine Seele und dein Herz nicht zumindest einen gewissen Frieden erlangt haben und der Körper, der sie beherbergt, sich selbst nicht liebt, wie willst du da Hoffnung in die Welt bringen ... wie den Impuls zu lieben und etwas Neues zu beginnen? Alles was du unternimmst - selbst mit größtem Elan und den besten Absichten - stünde dann im Zeichen eines eklatanten Ungleichgewichts.

Man kann meine Worte schockierend finden, ich weiß. Und doch waren viele Menschen, die nach ihrem Tode zu Heiligen erklärt wurden, innerlich höchst unausgeglichen. Ihre Heiligkeit ging oftmals allein auf eine administrative Entscheidung zurück. Es ging nur darum, Vorbilder zu schaffen, eine bestimmte Denkrichtung zu unterstützen oder ein Dogma zu untermauern. Heiligenkult ist meist nichts anderes als ein Opferkult. Es geht dabei viel weniger um Liebe, als um Leid und Selbstkasteiung ... Diese selbst auferlegten Qualen gehen häufig mit einem hohen Maß an Intoleranz einher. Man muss sich nur die Lebensgeschichten so mancher Heiligen ansehen - da klafft oft eine große Kluft zwischen dem frommen Bild, das von ihnen kursiert und der handfesten Wirklichkeit der realen Person. Für mein Volk ist es eine unleugbare Tatsache, dass man anderen eigentlich nichts geben kann, wenn man nicht selbst auf gesunde Weise im Leben steht. Eure mehr oder minder bewusst gewählten abendländischen Vorbilder propagieren ja in erster Linie die Verachtung des menschlichen Körpers und all dessen, was mit ihm zu tun hat. Doch die schönste Offenbarung der Materie ist der Körper als göttlicher Tempel.

Außerdem wirst du mir wohl zustimmen, dass diese Vorbilder oft Intoleranz gegenüber anderen Religionen predigen. Sie lehnen sie ab, oder beschäftigen sich erst gar nicht mit ihnen.

Wir wundern uns immer wieder, was auf der Erde so alles geschieht. Für uns ist es eine Selbstverständlichkeit, dass man sich nicht als Überbringer der Liebe und Schönheit des Lebens aufspielen kann, wenn man sich einem so grundlegenden Teil unserer Wirklichkeit konsequent verschließt. Lieben heißt leben und leben bedeutet, dem göttlichen Hauch zur Entfaltung zu verhelfen. Diese Bewegung führt von der Mitte zum Umkreis. Sie quillt aus der inneren Fülle eines Menschen hervor und verbreitet sich wellenartig um ihn herum ... bis ins Unendliche!

› Aber ein Problem gibt es dabei doch ...

› Könntest du bitte auf diesen schnöden, ermüdenden Ausdruck verzichten? Ein Problem ... das ist wie ein Knoten! Ich sehe allenfalls Fragen, auf die wir eine Antwort suchen ... Das ist keineswegs dasselbe! Du solltest nicht gerade dort Wände sehen, wo es um Türen geht!

› Also gut, wenn dir das lieber ist: Es gibt da eine Türe, in der die meisten von uns stecken bleiben. Ich kenne jede Menge Leute, die schon seit einigen Jahren alles verbreiten, was du sagst. Bevor man anderen Gutes tut, muss man erst einmal sich selbst mit Aufmerksamkeit begegnen. Diese Auffassung ist in manchen Kreisen sogar sehr in Mode. Es gibt eine ganze Reihe von Seminaren dazu – allerdings mit erstaunlichen Folgen, das muss ich schon sagen. Viele Leute, die diese Ideen anwenden, sind ganz schön egozentrisch geworden ... oder gar narzisstisch! Das ist doch eine riesige Falle. Das Ganze sieht ja sehr verlockend aus ... umso eher tappt man hinein. Leicht übertrieben gesagt, führt es dann zu folgenden Überlegungen: "Es ist wirklich an der Zeit, dass ich mich auch selbst liebe und auf mich achte. Ich werde alles tun, um weiterzukommen. Die anderen sind ja auch gar nicht so wichtig! Sollen sie ihre Sorgen doch selbst lösen. Was schert es mich – Hauptsache ich fühle mich wohl. In Zukunft kümmere ich mich nur noch um das Göttliche in mir, das muss genügen!"

Kaum habe ich diese Worte gesprochen, bricht meine Freundin in schallendes Gelächter aus. Sie hört gar nicht mehr auf zu lachen und wirkt dabei wieder wie ein kleines Mädchen. Das verwirrt mich immer ein bisschen.

› Na gut, sagt sie endlich, in Ordnung. Ich verstehe schon, was du meinst! Das ist natürlich eine Gefahr, ganz klar. Aber weißt du ..., wenn du nähen willst, musst du schon eine Nadel zur Hand nehmen – und mit der kann man sich eben auch stechen. Jeder Weg, den man geht, hat auch eine Schattenseite ... so eine Art düsteren 'Doppelgänger'. Oft kommt es nur auf die richtige Dosis an. Du weißt ja, dass zum Beispiel Curare sowohl ein Medikament als auch ein starkes Gift sein kann. Mit ein wenig Weisheit und Wachsamkeit betrachtet, ist ja klar, dass es keine Allheilmittel gibt. Ist das denn so schwer zu verstehen? Woher kommt nur eure Neigung, euch bis zum Gehtnichtmehr in einen Weg zu verrennen und steif und fest zu behaupten, es gäbe keinen anderen? Maß zu halten hat nichts mit Laschheit zu tun ... das wissen leider die wenigsten. Es zeugt lediglich von innerem Gleichgewicht. Dieser Weg – der Welt eine Gabe zu reichen oder einfach anderen zu helfen – muss doch nicht im Widerspruch dazu stehen, dass man auch für sich selbst einen gebührenden Platz findet, an dem man sich achten und wachsen kann.

Wieso sollte Mitgefühl denn mit Selbstverleugnung einhergehen, kannst du mir das vielleicht verraten? Habt ihr nicht langsam genug davon, die Welt in zwei Teile zu zerschneiden, um von einem zum anderen zu pendeln? Das Universum ist weder schwarz noch weiß, sondern voller durchscheinender Farben. Wenn man also die Entscheidung trifft, sich selbst zu entdecken, sein inneres Chaos zu lichten und sich lieben zu lernen ..., so heißt das doch nicht, dass man sich deshalb vom Mitgefühl abwenden muss. Märtyrer, die ihrer Güte zum Opfer fallen, sollten endlich aus der Mode kommen! Dasselbe gilt für Narzissten, die alles nur auf sich beziehen und sich ständig 'über die Masse erheben' müssen. Solche Kindereien zehren euch nur aus. Sie machen eurer Leben zu einem großen Drama ..., während ihr in Wahrheit auf der Stelle tretet.

› Und worin besteht dann die Lösung?

› Oh! Sag bloß nicht, dass auch du eine endgültige Antwort auf diese Frage haben willst. Ich kenne *die* Lösung nicht ... Meiner Meinung nach kann man an vielen Strängen ziehen, um den Knoten zu lösen. Ein wichtiger Ausweg aus zahlreichen irrigen Verhaltensweisen besteht ganz einfach in Sanftmut. Man ist oft allzu unerbittlich und sieht überall nur Gegensätze: Feuer - Wasser, Erde - Luft ... Damit beraubt man sich des Schönsten, das wir haben. Ein fließender Bach, der sich im Tal durch Felsen schlängelt, zeigt uns auf seine Weise, wie man vorgehen kann ... Sanftmut ist sein Geheimnis! Er schmiegt sich an, geht stets dorthin, wohin das Leben ihn ruft, ohne zu fragen, ob die Pflanze oder der Stein, die er im Vorüberfließen streift, etwas Besonderes oder ganz Gewöhnliches ist, heilig oder profan ... und auch nicht, ob er nur sich selbst dient, oder den Boden, auf dem er gedeiht, fruchtbarer macht. Solche Schlichtheit ist doch beruhigend, findest du nicht? Nun gut ... leg deinen Stift jetzt beiseite!

# Freitag, 23. Oktober

Eine Frage ist neulich offen geblieben. Das höhere Wesen - meine Freundin - war so schnell wieder verschwunden! Ich hatte geradezu den Eindruck, dass sie anderswohin gerufen wurde ... ja, es kam mir fast vor, als würde auf einer anderen Leitung jemand auf sie warten. Dieses Bild mag etwas unpassend erscheinen und doch könnte ich wetten, dass es ihr gefällt, wenn sie es auf dem Blatt Papier entdeckt, gleich nachher ... oder morgen. Ich bin nämlich zumeist nicht alleine, wenn ich mir noch einmal durchlese, was ich notiert habe. Oft scheint sie mir dabei über die Schulter zu schauen. Ihr Blick macht sich sanft bemerkbar, als eine Woge der Frische. Das ist das Zeichen. Wenn ich darauf achte, kommt auch bald ihre Stimme. Sie sagt dann immer wieder zu mir: "Nein, hier würde ich lieber dieses oder jenes Wort haben, das wollte ich eher damit sagen." Oder: "Könntest du diesen Satz nicht etwas kürzen? Wenn du alles Wort für Wort wiedergibst, was ich sage, klingt es zu schwerfällig ... Versuche es etwas knapper und klarer zu formulieren."

Dann mache ich mich an die Arbeit - an mein Werk als Reporter - und überarbeite das 'Interview' ... verfeinere es. Das Wesen aber weicht nicht von meiner Seite, bis es vollständig zufrieden ist ... Manchmal muss ich sogar Sätze verbessern, die ich vor einem Monat aufgeschrieben habe!

Heute Morgen ist sie schon da. Ich weiß es, obwohl sie noch nichts gesagt hat. Vermutlich ist sie also mit meinem letzten Aufschrieb einverstanden. Umso besser! Also los! Heute stelle ich wieder die erste Frage!

› Bei unserer letzten Begegnung hast du einen Begriff gebraucht, den du gerne noch etwas vertiefen kannst – und zwar hast du das Wort 'heilig' verwendet. Ich glaube es gehört zu den Wörtern, die man heute nur noch halbherzig ausspricht. Mit dem 'Heiligen' zu leben, ist für viele so, als wäre man einem Aberglauben verfallen. Es ist ja ganz nett ... irgendwie rührend und auch ein bisschen romantisch, aber irgendwie sinnlos ... auf jeden Fall unrealistisch und ... lächerlich.

› Ja, ich verstehe, was du meinst. Im Denken der Erdbewohner geht wirklich alles durcheinander! Auch hier wird Religiöses und Spirituelles systematisch vermischt. Indem deine Gesellschaft alles, was mit Religion zu tun hat, von sich weist, wischt sie zugleich auch jede Vorstellung oder Wahrnehmung 'des Heiligen' vom Tisch. Im Grunde hat beides jedoch gar nichts miteinander zu tun. Heiliges meint nicht unbedingt auch Religiöses. Für uns ist vor allem das Heilige wertvoll – natürlich nicht im Sinne eines Marktwertes, das wäre ja völlig subjektiv –, sondern ganz wesentlich! Es ist einfach essentiell, weil es uns 'die wahren Tropfen des Lebens' einflößt, die durch unsere Panzer bis in unser Herz vordringen. Das Heilige flößt uns Respekt ein – und dafür braucht es keine Begründung, das kann ich dir versichern. Allein schon wie das Universum gebaut ist ... seine ganze Architektur und innere Harmonie ... sein Ursprung, seine Bewegungsrichtung und sein Ziel ... all das lädt uns zum Dialog. Ich sehe es als Brücke zwischen all dem Kleinen und dem Großen in uns. Ja, es ist wirklich eine Einladung ...

› Und wie sollen wir diese Auffassung des Heiligen wiedererlangen, nun, da wir sie abgewiesen haben? Mit schönen Reden wohl nicht, oder?

› Durch Schweigen. Ihr habt das Schweigen verlernt ... und könnt es nicht mehr fruchtbar einsetzen. Stille ist für euch Leere - also Langeweile. Doch Leere gibt es nicht ... Stille aber kann zur Seelenfülle werden. Schweigen ist also keineswegs stumm, man muss es nur anzuwenden wissen. Es wäre sehr hilfreich für euch, wenn ihr nur fünf Minuten am Tag der Stille widmen würdet! Man muss einfach "Stop!" sagen und sich fragen: "Was ist wichtig? Was will ich eigentlich? Was spricht zu mir - aus diesem ganzen Tohuwabohu? Man legt also Kopfhörer und Fernbedienung kurz weg, lässt die Tastaturen ruhen, nimmt den Fuß vom Gas ... und fragt sich, ohne zu Schummeln: "Was ist wirklich bedeutsam?"

Weißt du, wenn man dem Heiligen eine Absage erteilt, verlieren Leib und Seele nachhaltig an Würde. Die Seele verleugnet sich damit selbst. Sie verliert ihren wahren Weg aus den Augen. Dann hat der Körper niemanden mehr, der ihn führt. Er wird richtungslos und wuchert nach allen Seiten. Zugleich entwickelt man eine Neigung, die tiefe Ordnung des Lebens im Menschen zu verachten. So beschmutzt man sich aus Unwissenheit selbst, trocknet allmählich aus ... und richtet sich langsam aber sicher zu Grunde.

Ich habe dir nun schon viel vom Bewusstsein erzählt, aber auch der Körper verdient Aufmerksamkeit. Ob ihr ihn nun verachtet oder vergöttert - jedenfalls wisst ihr wenig über ihn. Allerdings muss ich eingestehen, dass auch wir lange gebraucht haben, um in seine Geheimnisse - oder eher verborgenen Mechanismen

– einzudringen. Nun verstehen wir ihn besser und haben erkannt, dass er keineswegs ‘das fünfte Rad am Wagen’ ist ... irgendso ein unbedeutendes Teil, das man nicht braucht, um weiterzukommen. Ganz im Gegenteil. Der Körper mag ein Diener sein – aber ein Diener, der unmittelbar aus dem Meister hervorgegangen ist. Er ist unmittelbarer Ausdruck der uns innewohnenden Kostbarkeiten. Ihr hab also kein Recht, ihn ins Chaos zu stürzen!

› Willst du damit auf den lockeren Lebenswandel anspielen, der in letzter Zeit in der westlichen Kultur um sich greift?

› Ja, natürlich ... Das hat Dimensionen angenommen ... Es geht da dermaßen anarchisch zu – das allein zeigt doch schon, wie verderbt die Lage ist. Ich meine das aber nicht im moralischen Sinne, das möchte ich ganz deutlich sagen. Die kosmische Ordnung hat wie gesagt mit Moral nichts zu tun. Sie ist in dieser Hinsicht völlig neutral. Moral ist ja stets wechselnden Moden unterworfen. Sie hängt ganz vom Weltbild des jeweiligen Zeitgeistes ab.

› Wie kommst du dann zu deinem Urteil?

› Sag lieber, zu meiner Meinung oder meiner Beobachtung, das trifft es eher. Meine Haltung in dieser Sache geht allein auf eine genaue Kenntnis des menschlichen Körpers zurück. Dieses Wissen teile ich mit meinem ganzen Volk. Für uns ist es eine ganz klare Sache – und einer der ersten Schritte auf unserem Weg zur Verbindung mit der ‘kostbaren Seite des Lebens’.

Hör gut zu ... Es ist dir ja sicher nicht neu, dass der menschliche Körper – unabhängig von allem biologischen Wissen über ihn – einem sehr ausgefeilten Stromkreis vergleichbar ist. Man kann also nicht einfach irgendwelche ‘Drähte miteinander verbinden’ ..., ohne dass es Folgen hätte. Manche Verbindungen mögen harmlos sein, andere sind höchst ungünstig. Sie können das System lahmlegen oder Kurzschlüsse hervorrufen. Wieder andere setzen nun aber Kräfte frei! Darauf basiert das ganze Wissen um die Mudras[6], das sich vor allem in euren orientalischen Kulturen entwickelt hat. Wir sind von einem wunderbaren, hochkomplexen Energiefluss durchströmt, dem sich niemand entziehen kann, ganz gleich, ob man die Lebenseinstellung, die das impliziert, nun teilt oder nicht. Es ist eben die Wirklichkeit ... früher oder später merkt man das schon.

Pass genau auf ... Das einfachste Beispiel ist die Fingerstellung einer Buddha-Statue. Diese wird normalerweise symbolisch aufgefasst. So gibt es etwa eine Mudra des Mitgefühls und eine andere stellt die Verbindung zur Erde her. Damit glaubt man die Frage geklärt zu haben, hat die Sache in Wahrheit aber nur ganz flüchtig gestreift. Im Grunde wird die Frage damit nur verschoben. Es geht nämlich um viel größere Zusammenhänge. Stell dir einmal vor, was passiert, wenn du Daumen und Zeigefinger zusammenführst. Damit setzt du einen feinstofflichen 'elektrischen' Schaltkreis in Gang, der das Energiezentrum unten an der Wirbelsäule stimuliert.[7] Willst du hingegen die Kraft deines Herzens anregen, so musst du den kleinen Finger und den Daumen zusammenführen. Wieder eine andere Wirkung hat es, Hände oder Füße aufeinanderzulegen oder mit den Fersen auf bestimmte Körperregionen zu drücken ... und so weiter ... dem sind keine Grenzen gesetzt! Kannst du mir noch folgen? Dann denk doch einmal an den Liebesakt. Durch die Stimulation bestimmter Punkte des Körpers werden Energiekreisläufe gebildet, die unser Wesen im tiefsten Inneren berühren. Du siehst also, es geht nicht einfach nur um 'Chemie'.

*6) In orientalischen Kulturen sind Mudras heilige Gesten, die mit den Händen oder auch dem ganzen Körper ausgeführt werden.*

*7) Daher der Name 'Kreuzbein'.*

Indem man bestimmte Knöpfe drückt, kann man Körper und Bewusstsein 'erleuchten', aber auch Kurzschlüsse hervorrufen. Es können sozusagen die Sicherungen herausfliegen ... oder der Transformator verschmort. Das wirkt jetzt wie eine Karikatur, klar. Doch ihr werdet schon noch sehen, wie real das ist! Darum sind auch gewisse 'perverse' Praktiken nicht etwa aufgrund irgendeiner fragwürdigen Moral als abartig eingestuft worden. Ihre Verdammung ist vielmehr eine Schutzmaßnahme, um Verirrungen oder gar tiefe Verletzungen der feinstofflichen Ebene des Körpers zu verhindern.

Weißt du, warum der Sexualakt sich mit einer Mudra vergleichen lässt, die man zu zweit ausführt? Und wusstest du, dass es zur Erhebung des menschlichen Wesens beitragen kann?[8] Andererseits gibt es aber auch Abarten davon, die uns zutiefst verletzen können ... auch wenn sich das nicht sofort bemerkbar macht. Wie gesagt, das Leben hat mit 'Moral' nichts im Sinn. Es verlangt von uns nur, weise mit allem umzugehen, was Es eingerichtet hat. Jetzt wirst du natürlich behaupten, kein Mensch wisse davon ... Dazu kann ich nur sagen: All das ist auf Erden schon unzählige Male gesagt worden, immer und immer wieder. Ihr seid wirklich wenig gelehrige Schüler!

Da breitet sich Schweigen zwischen uns aus. Ich habe das Gefühl, dass meine Freundin sich mir genau gegenüber ans andere Tischende gesetzt hat und könnte schwören, dass sie mich intensiv ansieht, während ich versuche, meine Gedanken zu ordnen, um ihr weitere Fragen zu stellen. Ich muss mich sammeln und lasse mir Zeit. Im Grunde mag ich diese Momente der Stille. Auch sie verbinden uns. Es ist eine Atempause, die

*8) Auf diesem Wissen basiert die tantrische Praxis.*

mir genauso viel gibt wie unser Gespräch. Wenn mich jemand so sehen würde, den Blick versonnen lächelnd auf den Platz mir gegenüber gerichtet – der doch leer ist – würde er bestimmt an meinem Verstand zweifeln.

Aber was hätte ich wohl selbst gedacht, wenn ich vor knapp zehn oder fünfzehn Jahren jemanden gesehen hätte, der auf der Straße oder am Strand mit sich selbst spricht? Wie hätte ich ahnen können, dass wir schon bald alle mit einem kleinen, tragbaren Telefon unterwegs sein würden?

Es ist ja wirklich so: Was uns heute völlig unsinnig vorkommt, wird gleichsam über Nacht zur Selbstverständlichkeit. Vielleicht habe ich ja einen Mikrofernseher mit Flüssigkristallbildschirm hinter den Augen, der es mir ermöglicht, Bilder einzufangen, die angeblich gar nicht da sind ... oder einen unsichtbaren Radioempfänger zwischen den Ohren, mit dem ich Sendungen empfangen kann, die es vermeintlich nicht gibt. Wer weiß? ...

› Nun, ist das alles für heute?

Die Stimme reißt mich aus meiner Träumerei. Sie klingt sanft und ganz offen ... Jetzt ist wieder die Mutter am anderen Ende der Leitung, die liebende Frau.

› Nein, nein, es ist noch nicht alles! Ich möchte noch mehr über diese heilige Seite des menschlichen Körpers erfahren. Du hast bestimmt alles erst angedeutet. Ich fürchte, auf Erden sind wir noch weit davon entfernt, all das auf 'gesunde Weise' zu erkennen.

› Vielleicht seid ihr schon näher dran, als du meinst. Hast du bemerkt, wie massiv sich alle Tendenzen vermischen? Ob Ausschweifung oder Prüderie, Masochismus oder ungehemmte

Entfesselung des Körpers, Verachtung oder Respekt ... all das zeigt, dass ihr schon sehr viel erlebt, also schon einen langen Weg zurückgelegt habt. Bald werdet ihr 'satt' sein, werdet es über haben und nicht mehr wissen, wie ihr euch überhaupt dazu stellen sollt. Das ganze Thema wird euch in Kürze weder anwidern noch begeistern können. Und dann? ... wirst du fragen. Dann werdet ihr reinen Tisch machen müssen. Und zwar schon sehr bald! Sobald die gegensätzlichen Exzesse sich nämlich erschöpft haben ..., wenn ihr genug habt von euren Begierden und Frustrationen, weil ihr sie in und auswendig kennt.

› Schon bald? Was nennst du 'bald', wann ist das für dich ... oder für euch? Das kann in fünf oder in fünfhundert Jahren sein ... Wir haben nicht denselben Maßstab, oder?

› Mach dir darüber keine Gedanken! Zeit ist dehnbar. Ihr greift immer in ihren vermeintlichen Ablauf ein ... Viel wichtiger ist, euch über eure Entscheidungen im Jetzt und Hier im Klaren zu sein. Was wollt ihr eigentlich erreichen? Ihr könnt nicht blindlings davon träumen, umfassend von der 'wahren Liebe' berührt zu werden ... und euch zugleich wahllos vom Leben nehmen, was ihr gerade braucht - wie in einem Selbstbedienungsladen. Der Körper wird heilig, sobald man versteht, welch wertvolle Impulse er uns bei der Einweihung geben kann. Er ist der engste Vertraute eurer Seele, nicht etwa ihr Feind ... wie man euch lange einreden wollte. Es gibt zwar immer mehr Menschen unter euch, die das anerkennen, doch was es eigentlich bedeutet habt ihr noch nicht verstanden. Ihr redet zwar davon, dass der Körper ein Werkzeug ist oder ein Tempel - achtet aber nicht auf ihn und behandelt ihn schlecht - Tag für Tag. Es genügt nicht, ihm zu essen zu geben und ihn mit guten und 'korrekten' Gedanken zu unterstützen. Es gilt ihn zu nähren, also innig zu lieben. Durch euren Körper könnt ihr das Göttliche in euch wirklich spüren. Außerdem ist jede Faser des Körpers ein Hinweis auf euer seelisches Befinden. Noch aus der kleinsten empfindlichen Stelle eurer leiblichen Hülle, aus dem geringsten physischen Leid spricht euer tiefstes Wesen.

Glaub nur nicht, ich würde übertreiben. Der Leib ist der Wortschatz eurer Seele. Er bringt sie getreulich zum Ausdruck. Ob euer Teint frisch wirkt oder müde und fahl, eure Haut weich ist und oder welk und angespannt, euer Nagelbett durchscheinend oder die Fußsohlen brüchig ... oder ob eure Rippen etwas hervorstehen ... all das sagt etwas über euch aus. Eure Seele überträgt alles auf den Köper - ihre Kraft ebenso wie ihre Empfindlichkeiten und Schwächen. Doch ihr hört nicht hin, übergeht ihre Hilferufe ... und so bleibt ihr schließlich nichts anderes übrig, als euch zuzubrüllen, was sie zu sagen hat. Und dieser Schrei setzt sich in eurem Körper fort. Er kann gar nichts dafür. Auch er schreit dann auf. Ihr werdet krank - und behauptet auch noch, euch die Krankheit 'eingefangen' zu haben.

Werden Körper und Seele gleichermaßen geliebt, werden sie auch nicht krank. So ist das bei uns. Wir haben die Erfahrung gemacht, dass es schon sehr viel ist, auf der Ebene des Bewusstseins glücklich zu sein, dieses Glück aber ohne den Körper nie vollkommen sein kann. Manchmal fehlen ihm einfach ein paar Streicheleinheiten, damit er weiß: "Ja, ich liebe dich auch." Das ist kinderleicht ... bei euch aber leider wenig verbreitet ...

Oh, man hat schon oft Sex auf Erden, das ja - aber es wird so wenig geliebt! Man lässt fünf Minuten oder eine Stunde lang die *Sinne walten*. Man befriedigt seine Bedürfnisse ... ohne überhaupt zu begreifen, was man wirklich braucht. Ich kenne das ... wir haben es auch durchgemacht. Auch wir haben uns seinerzeit in 'sexuelle Befreiung' gesperrt. Es war fast schon eine Pflichtübung für uns, weil wir dachten, es würde uns weiterbringen, reifer machen oder erleuchten. Doch in Wahrheit sind wir dabei nur abgestumpft. Im Grunde wurden nicht einmal mehr unsere Sinne davon angesprochen. Wir verfolgten nur noch eine bestimmte Vorstellung, ein mentales Konstrukt. Eine Fantasie jagt die nächste – Begehren ist abgründig. Es ist wie ein Zug, der immer an der nächsten Station hält, ohne jemals sein Ziel zu erreichen. Lust wird niemals Freude sein und noch weniger Glück.

Ist dir eigentlich klar, dass wir euch keine Lehren erteilen wollen? Nur was wir selbst erlebt haben, unser eigener Erfahrungswert, gibt uns das Recht, uns überhaupt zu äußern. Vor Abertausenden von Jahren dachten manche von uns, dass unsere Erfahrung eure ersetzen könnte. Das stimmt natürlich nicht. Und auch heute sind wir nicht wiedergekommen, um euch mit einem ausgefeilten Patentrezept vor euch selbst zu retten. Wir treten vielmehr ganz bewusst von dem Sockel, auf den der Zeitenlauf uns gestellt hat, herab, um euch zu sagen: "Wir sind folgenden Weg gegangen und raten euch, ihn einzuschlagen." Ihr könnt euch mit der Entwicklung Zeit lassen, so lange ihr wollt ... Die Ewigkeit steht euch offen, beschwert euch aber nicht, wenn unser Vorschlag euch nicht gefällt! Wir haben euch gezeigt, wo die Türen sind, wo ihr also die Mauern durchqueren könnt. Ihr seht schon die Umrisse ... und wie schön das ist. Geht durch eure eigenen Türen!"

Ein kalter Nieselregen geht nieder. Ein paar Minuten lang achte ich mehr auf das Tröpfeln gegen die Scheibe als auf die Stimme meiner Besucherin. Ich bin abgelenkt und so verschwindet sie kurz aus dem Brennpunkt in meinem Kopf, von wo aus sie zu mir spricht. Wie flüchtig und zerbrechlich all das doch ist! Der graue Himmel wirkt auf mich und höhlt meine Seele aus. Es fällt mir schwer, aus dieser Stimmung wieder herauszukommen. Ich klammere mich an meinen Stift und das weiße Blatt vor mir ... Ich will weitermachen, will es unbedingt! Aber der Regen wird stärker. Er erfüllt mich ganz. Ebenso gut kann ich das Heft zuklappen, heute gibt es nichts mehr zu notieren ...

# Mittwoch, 28. Oktober

Wir sind von unserer jüdisch-christlichen Kultur beeinflusst, ob es uns nun gefällt oder nicht. Sie ist gleichsam in unsere Gene eingeschrieben. Das musste ich immer wieder feststellen. Selbst Menschen, die sich als Atheisten bezeichnen, werden in regelmäßigen Abständen von diesem Denken umgetrieben. Es sitzt tief und kommt immer wieder an die Oberfläche.

Heute Morgen hat mich gleich beim Aufwachen die 'Auferstehung von den Toten' beschäftigt ..., vielleicht weil bald Halloween und Allerheiligen ist. Ich weiß, die Frage ist schon angesprochen worden, kam nun aber wieder auf mich zu. Also 'werfe ich sie einfach so in die Luft'. Warum sollte ich sie meiner Freundin nicht unterbreiten. Sie ist ohnehin wieder da.

› Was das für mich bedeutet?, fragt sie in amüsiertem Ton – eine Widersprüchlichkeit ... ja, einen unglaublichen Widerspruch! Er ist so groß, dass ich mich frage, warum so viele von euch ihn gar nicht bemerken. Also ... Mit der Auferstehung der Toten ist doch eine Auferstehung 'des Fleisches' gemeint. Folglich kommen Wesen wieder auf die Erde, die 'auf die andere Seite' – ins 'Jenseits' – gegangen waren, oder? Das ist im Rahmen einer Religion, die stets verkündet hat, der physische Leib sei unwürdig und unbedeutend, doch höchst erstaunlich! Das ist doch wirklich ein ... Problem! Jetzt möchte ich dieses Wort auch einmal verwenden, wenn du gestattest! Nein also ... besonders klug ist das wirklich nicht! Letztlich ist es das Eingeständnis einer permanenten Verlogenheit und die konsequente Weigerung, etwas zu verstehen. All das geht auf eine tiefe Angst zurück – auf die ewige Furcht vor dem Tode. Eure Dogmen und Gesetze gründen in der Unfähigkeit, die unausweichliche Transformation des Körpers anzunehmen. Sie sind Ausdruck eines krankhaften Bedürfnisses nach weltlicher Macht. Legst du die Frage einem Theologen vor, wirst du freilich eine schlaue Antwort darauf bekommen. Das mag deinen Verstand befriedigen, ist aber letztlich wieder nur ein Gedankenspiel. Bekennt man sich blindlings zu einer Religion – vielleicht weil man schon in ein entsprechendes Umfeld hineingeboren wurde – so ist das kaum anders, als wenn man einer Partei beitritt. Das mussten wir aus unserer Beobachterposition heraus immer wieder feststellen. Man übernimmt dann kritiklos die 'Parteilinie', also den ganzen entsprechenden Verhaltenskodex mit allem, was Schön und Gut daran ist, aber leider auch mit allen Schwächen ... also all dem Unsinn und Schwindel.

› Ist Auferstehung also ... ein nichtssagender Begriff für dich?

› Wie kommst du denn darauf?

› Sag' nicht, dass du einfach nur das Weiterleben der Seele nach dem Tode darin siehst ...

› Hast du etwa den Eindruck, dass ich alles durcheinanderwerfe? Erinnere dich – für mein Volk entspricht die Auferstehung einer Durchgeistigung der Materie. Diese wird auf eine feinstofflichere Ebene gehoben ... und muss dafür nicht einmal unbedingt durch den Tod gehen.

› Willst du damit sagen, dass ihr dieses Stadium schon erreicht habt?

› Nein, keineswegs. Wir streben diesen Zustand des Lebens an, haben ihn aber noch nicht alle erreicht. Manche von uns haben Zugang dazu - genau wie einige Menschen auf Erden auch. Es sind nur wenige und sie sind große Vorbilder für uns, weil sie auf ganz diskrete Weise in unseren verschiedenen Welten ein neues Bewusstsein anregen. Den Tod gibt es also auch bei uns, genau wie bei euch. Wenn wir am Ende unseres Weges angelangt sind, altern unsere Zellen rapide und verwelken dann rasch, wie eine Blume. Unser Leben ist viel länger als eures und kennt keinen Verfall. Wenn es vorbei ist, gehen wir bewusst fort. Warum ist es länger? Vor allem, weil unsere Seelen 'keine Falten bekommen'.

› Erzähl' mir noch ein bisschen von dieser Durchgeistigung. Haben nicht letztlich unsere sogenannten 'Kirchenväter' schon darauf hingewiesen?

› Die allerersten schon, zumindest einige von ihnen. Doch bereits nach wenigen Generationen hatte die Dogmatik dermaßen um sich gegriffen, dass das ursprüngliche Verständnis völlig verfälscht war. So geriet es nach allerkürzester Zeit in tiefe Vergessenheit ... und zwar aus einem ganz einfachen Grund. Die Fahne des Menschenmöglichen wurde viel zu hoch geschwungen, sodass die Massen sich bald in einem Aufschrei zusammenrotteten und riefen: "Nein, das ist allzu schön und auch viel zu schwer ... vergessen wir es am besten! Wahrscheinlich ist mit Auferstehung eher gemeint, dass unsere Körper aus den Gräbern aufstehen - und zwar so, wie sie jetzt sind!"

Verstehst du, warum das Licht einen einschüchtern und beängstigen kann? Weil es Ansprüche stellt! Ja, es ist höchst anspruchsvoll, denn es verlangt weitaus mehr, als nur blinden Glauben oder alltägliche Hoffnung. Es erfordert eine edle, getragene, nachhaltige Willenskraft. Es verlangt von einem, Körper und Seele gleichermaßen zum Einsatz zu bringen.

› Das ist ja auch in gewisser Hinsicht beängstigend - das musst du zugeben!

› Aber doch nur, weil man auf die Ernsthaftigkeit der Worte hereinfällt. Ist die Sonne etwa 'ernst'? Du siehst, diese Frage ist völlig sinnlos! 'Sie ist' einfach nur. Völlig unberührt von solchen Erwägungen erfüllt sie ihre Aufgabe - erfüllt ihr sie also auch! Lernt, euch aufzurichten - das wäre schon sehr viel! Es genügt nicht, 'zu tun, was man kann' - man muss aus seinen Möglichkeiten das Beste machen - also das Blatt, das man in der Hand hat, optimal ausspielen. Schließlich sind es genau die Karten, die uns entsprechen! Sie geben uns, was wir brauchen. Insofern gedeiht die 'Durchgeistigung', die ich angesprochen hatte, gerade auf einem fruchtbaren Boden.

Aber zu dieser Auferstehung und Durchgeistigung hast du im Grunde noch immer nichts Konkretes gesagt.

› Meinst du wirklich? Ich glaube, ich habe seit unserer ersten Begegnung nichts anderes getan ... Habe ich je von etwas anderem gesprochen als von Verwandlung und Willen zur Transzendenz? Hör mal ... was man 'Leib' nennt, ist nur einer der unzähligen Stoffe, die unser Bewusstsein zu seinem Gebrauch erschafft. Es folgt dabei seinen Notwendigkeiten. Der Körper, in dem du augenblicklich lebst, ist an bestimmte Schwingungszustände geknüpft und damit sind auch seine Eigenschaften verbunden. Du könntest ebenso gut einen Körper mit ganz anderen Eigenschaften haben. Damit meine ich nicht den sogenannten 'Astralleib', denn auch er hängt von einer höheren Wirklichkeit ab. Vielmehr möchte ich auf etwas anderes hinweisen. In den Zellen, die sich zusammengeschlossen haben, um uns unser Aussehen zu geben, existiert eine weitaus höhere Essenz von Licht.

› Warte mal ... Kannst du das noch etwas konkreter machen?

› Soll ich also von der Sonne erzählen? Dann würde ich sagen: Der Anteil von Sonnenlicht in den Molekülen eines Körpers ist bestimmend für dessen Verwandlungspotenzial.

› Ah ... dann kann also nur eine tief greifende, radikale spirituelle Wandlung dazu führen, oder?

› Spirituell ... materiell ... willst du schon wieder Unterscheidungen einführen? Diese beiden Wörter entspringen aus derselben Quelle. Sie haben dasselbe Ziel und sind von derselben Liebe getragen! Materie ist nichts anderes als Geist ..., der seinen Ursprung vergessen hat! Und das ist auch richtig so. Vergessen hat nämlich seinen Sinn. Es zwingt uns, alle nur denkbaren Anstrengungen zu machen, alles zu tun, um noch 'größer' zu werden und unser Bewusstsein zu erweitern. Denk doch einmal nach ... Schönheit, die uns in die Wiege gelegt ist, empfinden wir als etwas Selbstverständliches. Sie erscheint als Gabe an unsere kleine, narzisstische Persönlichkeit. Schönheit, die von Innen kommt hingegen, die man selbst entwickelt hat, ist nur umso strahlender. Man hat sie sich verdient. Es ist die Frucht einer Durchgeistigung.

› Nun gut ..., aber das bleibt im Grunde alles recht vage und undurchschaubar. Du hast doch vorhin gesagt, nur wenige von euch hätten Zugang zu einer solchen 'Auferstehung'. Und doch war von Anfang an klar, dass deine Welt aufs Ganze gesehen längst eine höhere Schwingungsebene erreicht hat, als unsere. Warum sprichst du dann im Hinblick auf euch nicht gleich von Durchgeistigung?

› Eine Art von Durchgeistigung ist es schon, das gestehe ich gerne ein. Schließlich leben wir in einer Wirklichkeit, für die materielle Schwere eine weitaus geringere Rolle spielt als für euch. Eine Durchgeistigung im Sinne einer allumfassenden Befreiung ist es aber nicht. Schließlich müssen wir, wie gesagt, immer noch sterben. Unser Verhältnis zur Materie hat seine Grenzen, so faszinierend es euch auch erscheinen mag. Wir sind gegen Einflüsse unserer 'kleinen Persönlichkeit' nicht völlig gefeit. So stehen wir der Sonne zwar näher, unsere Zellen nähren sich von ihr ... mehr als bei euch. Das ist klar. Aber es ist doch nicht so, dass wir 'im Sonnenlichte baden'. Genauer gesagt – um es ganz deutlich zu machen –, wir haben unseren *verklärten Leib* noch nicht entwickelt. Wir sind zwar in höhere Regionen aufgestiegen, aber noch nicht im Sinne der großen, geistigen Erhebung, welche einen vom Ego und der Festlegung auf eine bestimmte Erscheinungsform befreit.

› Möchtest du wissen, was ich wirklich darüber denke?

› Ich weiß es schon, aber fass' es ruhig noch einmal in Worte!

› Ich finde es total entmutigend. Ihr seid unserer Zivilisation bestimmt um Hunderte Millionen von Jahren voraus – und doch ist auch für euch die ... wahre *Befreiung* nichts als eine vage Hoffnung irgendwo am Horizont. Wie sollen wir nur damit umgehen?

› Ich muss dich sofort unterbrechen ... Der Weg ist nun vorgezeichnet! Ja, der Weg ist vorgezeichnet! Weißt du, was das bedeutet? Es heißt, dass alles, was wir entdeckt haben, dem universellen Bewusstsein bereits eingepflanzt wurde und sogar schon aufgeblüht ist. Davon werden viele von euch profitieren können. Ihr könnt diese Früchte ernten und den Vorgang erheblich abkürzen.

› Ist das der berühmte Quantensprung, von dem die Physiker sprechen?

› Ja, so kann man es wohl nennen. Eine ganze Reihe eurer Werte wird in allerkürzester Zeit völlig umgewertet werden und dabei müsst ihr nicht die gewundenen Pfade gehen, die wir zurücklegen mussten. Der Weg ist schon gebahnt, er ist also breiter geworden!

› Du sprichst davon wie von einer absoluten Gewissheit.

› Was die Gesamtentwicklung der Erde angeht, kann man das auch. Auf individueller Ebene sieht es allerdings anders aus. Für manche ist der Sprung zu groß, sie werden es nicht schaffen. Sie können die geistige Brücke, die von einem Ufer zum anderen führt, einfach nicht wahrnehmen.

› Und was wird mit ihnen geschehen?

› Auf diese Frage möchte ich ausnahmsweise einmal nicht antworten. Zum einen, weil es verschiedene Möglichkeiten gibt und es wenig sinnvoll ist, euch auf eine einzuschwören. Zum anderen berührt das Dinge, die völlig außerhalb eures Horizontes liegen. Auch in diesem Fall bringt es nichts, sich mit der Zukunft zu beschäftigen. Was ich dir bisher anvertraut habe, gibt euch genug Material an die Hand, an euch zu arbeiten und euch zu verändern. Nimm dir Zeit, darüber nachzudenken und führ es dir noch einmal vor Augen. Du wirst sehen, es ist sehr wichtig ... und im Grunde ganz einfach.

› Einfach? Im Gegenteil - ich finde, was du mir bisher gesagt hast, ist ausgesprochen schwer und kompliziert.

› Oh ... 'einfach' und 'schwer' bilden ja nicht unbedingt einen Gegensatz! Es kommt ganz darauf an, von welcher Warte man es betrachtet. Die Schwierigkeit besteht eher darin, sich für Einfachheit zu entscheiden. Das stellt auch uns vor gewisse Fragen ... Es ist auch für uns nicht leicht zu verstehen, warum ihr so verbissen daran festhaltet, dass alles kompliziert sein muss. Darauf habt ihr euch schon sehr versteift. Wieso haltet ihr euch nicht eher an Schlichtheit? In Wahrheit ist es nämlich viel schwerer, kleinkariert zu sein, Scheuklappen aufzuhaben und ständig Tonnen von Angst, Neid und Groll mit sich herumzuschleppen. Dieser Mangel an Einfachheit ist doch höchst beschwerlich. Er behindert euch viel mehr als die vermeintlich so komplizierten Dinge, die ich euch vor Augen führe! Diese weiten Horizonte könnten eher alles leicht machen!

Wenn man euch sagt: "Ihr sollt lieben", werdet ihr sofort fragen: "Was bringt mir das?" Das ist ein wunderbares Beispiel. Darin liegt schon alles, was es in eurer Welt zu verbessern gilt.

Menschen, die keine Verbindung zu ihrem wahren Selbst haben, empfinden oft einen umfassenden Mangel. Sie fürchten, auch auf alles andere verzichten zu müssen. Darum sind sie oft vereinnahmend und reißen alles an sich. Sie müssen sich ständig schützen und wollen immer für alles eine Garantie haben, nach dem Motto:

"Wenn ich mich öffne - auch für die Einfachheit -, wenn ich anfange zu lieben ..., bin ich dann gegen alle Gefahren gefeit?" Genau so funktioniert ihr! Dabei stutzen euch gerade diese 'Garantien' die Flügel. Sie verhindern, dass ihr euch einmal umschaut und seht, wie ihr euch die Welt eigentlich eingerichtet habt - und wie das ganz anders gehen könnte, also was die Schattenseite davon ist.

Du siehst also: Im Grunde sind wir da, um euch zu fragen: "Braucht ihr nicht einmal eine Veränderung? Habt ihr nicht langsam Lust, auf eine große, sehr nachhaltige Vereinfachung?"

# Mittwoch, 4. November

Der erste Schnee ... Mit sachte tanzenden Flocken schneit himmlische Reinheit zu uns herab. Montreal wird seinen Herminmantel anlegen und ins Reich des Raureifs eintauchen - jeden Tag ein wenig mehr. Eigentlich waren wir heute Morgen schon darauf eingestellt - und doch war es für mich ein Schock. Was ich erlebt habe, hüllt mich noch immer in strahlende Sonne. Es fällt mir schwer, mir die Stadt an der Schwelle zum Winter vorzustellen.

*Etwas* wacht über mein Leben, damit ich aktiv sein kann und gut inkarniert. Aber die Nächte ... Ach, meine Nächte ... manchmal finde ich keinen Schlaf oder wache mitten in der Nacht auf, um mir eine unvergessliche Schönheit einzuprägen. So war auch die letzte Nacht, das könnt ihr mir glauben!

Mein Bewusstsein wurde mit aller Macht, geradezu magnetisch, von etwas angezogen und verließ meinen Körper. Ich ließ es einfach geschehen, ohne mir Fragen zu stellen oder auch nur den geringsten Widerstand zu leisten. Da stand meine Welt auf einmal Kopf - der Raum kippte um ... und meine Seele nahm eine Abkürzung. Sie machte einen Sprung zwischen den Welten und plötzlich befand ich mich mitten unter vielen

Leuten ... irgendwo in dieser großen Stadt, die sich zwischen den Sternen bewegt. Meine Freundin, das namenlose Wesen, war natürlich auch da.

Ich ging neben ihr her, als machten wir seit Stunden gemeinsam einen Spaziergang. Im Übrigen wusste ein Teil von mir längst ganz genau, was wir da machten - und warum wir es taten. Wir befanden uns an einem öffentlichen Ort, in einer Art Kunstgalerie. Ich fühlte mich geradezu berauscht, erfüllt von einer hellsichtigen Trunkenheit - auch wenn das fast ein Widerspruch zu sein scheint. Ich meine, ich nahm alles begierig auf, was mich umgab, sog es mit jeder Pore meines Leibes in mich ein. Mein ganzes Wesen schien sich in ein wundersames Wahrnehmungsorgan verwandelt zu haben. Meine Sinne waren aufs Äußerste geschärft und darüber hinaus wuchsen mir Wahrnehmungsebenen zu, für die wir noch keinen Namen haben ... Ich begegnete Blicken und bekam so manches Lächeln. Man schenkte mir durchaus Aufmerksamkeit. Dennoch wurde ich diskret behandelt.

Ich war eingeladen worden und willkommen - wie jemand in der Ausbildung - doch ich gehörte nicht in diese Welt und sollte nicht zu tief in sie eindringen.

Meine Freundin bestätigte meine Vermutung, dass wir uns in einer Kunstgalerie befanden. Sie bestand aus einer Folge von großen Sälen - oder vielmehr Raumkapseln, die sehr unterschiedlich geformt waren. Sie waren durch Gänge miteinander verbunden, die einem das Gefühl gaben, unter einem Wasserfall durchzugehen. Es sah so aus und hörte sich auch so an. Jeder Raum war in eine bestimmte Farbe getaucht. Im Inneren herrschte jeweils tiefe Stille. Da wir uns ja in einer Ausstellung befanden, suchte ich unwillkürlich nach Bildern, Fotografien, Skulpturen oder Ähnlichem. Irgendwoher musste meine Trunkenheit schließlich kommen! Doch an den Wänden befanden sich nur riesige Rechtecke aus Licht. Sie gaben den Räumen auch ihren jeweiligen Farbklang.

› Es ist nicht nur die Farbe, flüsterte meine Freundin und stellte sich hinter mich. Sie schaffen wirklich die ganze Atmosphäre.

Alle Umstehenden schienen völlig in die Lichtquader versunken zu sein. Ihre Augen waren weit geöffnet, sie blinzelten nicht einmal. Lange sah ich sie an, das weiß ich noch. Ich empfand sie in einer Art meditativer Ekstase ... einem Zustand höheren Bewusstseins.

› Genau so ist es. Wenn du dich dieser Erfahrung nicht auch hingibst, wirst du nicht verstehen, was hier vor sich geht und kannst nicht in unsere Kunst eindringen. Ich möchte, dass du dich einen Augenblick der Anziehungskraft dieser Lichträume öffnest. Stell dich vor einen hin und sieh ihn dir in aller Ruhe an. Man kann unsere Kunst nicht einfach passiv aufnehmen, weißt du. Sie basiert ganz wesentlich auf einer Interaktion, einem geistigen Austausch zwischen dem Künstler und seinem Betrachter – also dem Publikum. Wobei das Wort 'Publikum' in diesem Fall fast ein wenig fehl am Platze ist. Stell dich einmal vor dieses Bild. Es ist recht gut zugänglich.

Das höhere Wesen schob mich ein wenig nach links und schon stand ich alleine einer großen Fläche gegenüber, die in hellem Türkis erstrahlte.

Ganz locker und unverkrampft, wie meine Freundin es mir geraten hatte, frei von jeglichem Begehren, richtete ich meinen

Blick sodann in deren Zentrum – in ihr Herz, wenn man so will. Ich wollte völlig in das Bild eintauchen. Ohnehin fühlte ich mich gerade so offen, dass mir diese Übung nicht schwerfiel. Mein Blick zoomte sofort alles heran und vergrößerte es, wie ein Fotoapparat. Ich vergaß den Ausstellungssaal und alles ringsum und drang mit ganzer Seele in das Werk ein – ich sog es in mich auf, trank es geradezu ... es hüllte mich vollständig ein. Dabei hatte ich den Eindruck, mehrere Lichtschichten zu durchdringen. Da war Tiefe und ich drang immer weiter in sie ein ... wie ins Unendliche. Mein Blick war wie gebannt, er musste die Schleier einfach lüften.

Plötzlich füllten sich die Lichtschichten, die ich durchquerte, mit Leben, nahmen Gestalt an und verdichteten sich schließlich zu Formen. Ich befand mich in einer Landschaft! Es war ein Bergesgipfel mitten im Winter und alles war weiß, türkis ... oder perlmuttfarben. Es ging ein leichter Wind, ich spürte seinen eisigen Hauch auf meinem Gesicht. Etwas abwärts standen reifbedeckte Koniferen, unter denen langsam eine Herde hinzog. Die Tiere hatten Hörner, vermutlich waren es Steinböcke. Ich hob den Blick ... der Himmel am Horizont war in Rosa und Gold getaucht, doch starr vor beißender Kälte. Sie durchdrang auch mich, ich spürte sie im blütenweißen Nebel über mir. Gewiss würde es bald schneien. Nun wollte ich den Kopf wenden und mich umblicken ..., aber was in mir konnte sich schon umdrehen? Ich besaß ja keinen Körper mehr, sondern war nur noch eine überdimensionale, umfassende Wahrnehmung!

Nun aber entfaltete sich rechts von mir ein anderer Teil der Landschaft vor meinen Augen. Hier bildeten ein paar Felsen einen natürlichen Schutz vor dem Zugriff des Eises. Zwischen Schneeflächen wuchsen Moos und Flechten und da ...

da ragte auf einmal ein wahres Juwel aus dem Boden hervor ... Lilien, Orchideen und Jasmin wucherten nur so empor! Kaum hatte ich sie entdeckt, wurde ich auch schon von ihren Düften überflutet - einer feiner und lebendiger als der andere ... tropische Üppigkeit und strahlender Sommer - mitten im tiefsten Winter! Da zog ein großer Vogel über den Himmel dahin ... Sein Schrei zerriss die Luft. Lange stand ich und schaute all diese wunderbaren Dinge an, sehr lange sogar. Alles nahm ich in mich auf, sog mich mit allem voll ... mit dem Licht, dem Wind und allem, was er an Düften in sich trug. Mit Blicken streichelte ich den Schnee und hörte ihn unter meinen Augen knirschen. Ich atmete den Geruch der Herde und die Wärme der geöffneten Blüten ... nur waren meine Lungen fast zu klein und mein Herz zu zart, um die ganze Fülle zu fassen!

Auf einmal zog eine Melodie durch die Lüfte. Ich wollte mich zu ihr aufschwingen und Raum für sie schaffen in mir. Doch da merkte ich, wie ich ins Grübeln geriet. Ich begann, nachzudenken ... und da verschloss sich mein Blick. Das Licht der Szene verlosch, ich wurde heftig nach hinten gerissen, wie zurückgezoomt und stand wieder vor dem türkisfarbenen Rechteck.

Dann spürte ich die Hand meiner Freundin auf dem Rücken und drehte mich sofort nach ihr um.

› Ist dir klar, was geschehen ist?

Ihre Stimme klang amüsiert und mitfühlend zugleich. Sie lächelte mit den Augen und sah zufrieden aus. Dann strich sie sich kraftvoll durchs lange Haar und sagte in noch fröhlicherem Ton:

› Hast du verstanden, was passiert ist?

Ich glaube, ich nickte einfach nur, so sehr war ich noch von der betörenden Wucht der Welt eingenommen, in die ich mich versenkt hatte.

› Nun weißt du, in welche Richtung einige unserer Künstler hier gehen und woran sie arbeiten. Ein Kunstwerk ist in erster Linie ein Bewusstseinszustand, der aus dem Inneren seines Schöpfers hervorgeht. Unser Anliegen war daher, ein Ausdrucksmedium zu entwickeln, das viel näher am Bewusstsein liegt als eine Leinwand, ein Film, ein Tonträger oder das Material eines Bildhauers.

› Seltsam, es kommt mir vor, als habe ich Gedankenformen besucht, einen vollendet gestalteten geistigen Raum.

› Du hast es genau verstanden. Wir nutzen einen der zahllosen Aspekte des Lichts als Träger dieser ..., wenn man so will – Hologramme, welche unsere Gedanken herausbilden. Die Arbeit des Künstlers besteht also darin, auf die 'innere Leinwand' seiner Seele, möglichst reine Bilder zu projizieren, aber auch eine ganze Palette von Klängen, Gefühls- und Geschmackswahrnehmungen und Gerüche, welche dem Eindruck, den er hervorrufen will, entsprechen – also eine ganze emotional gefärbte Welt erscheinen lassen. Sein Werk bildet wirklich ab, was in ihm vorgeht und zwar in all seinen vielfältigen Facetten. Insofern ist ein gelungenes Werk also eine Geburt – im doppelten Sinne. Zunächst einmal eine geistige Geburt, dank der Fähigkeit des Bewusstseins, Szenen und Welten zu erschaffen. Es ist aber auch eine Geburt des Herzens, weil die Kraft der Seele, ihre Individualität und Größe, ebenfalls ins Licht eingeschrieben wird. Es geht also nicht nur um den technischen Teil, etwa die

Fähigkeit zu visualisieren und in der Fantasie alle möglichen Räume zu entwerfen. Ganz wesentlich ist es eine Gabe des Herzens. Darum sprechen unsere größten Künstler vor allem die Gefühle des Betrachters nachhaltig an. Sie sind in der Lage, auf ihre Weise ein ganzes Volk zu erziehen, indem sie es an ihren Idealen und Visionen, sowie ihrer Liebe teilnehmen lassen. Hätten wir eine Religion, so wären sie wohl unsere Priester, denn sie unterrichten wirklich die Entdeckung des Lebens und der Seele. Ihre Aufgabe besteht darin, ihr Publikum edler zu machen - und nicht etwa, es mit dem ganzen Müll aus ihrem eigenen Unbewussten zu überschwemmen. Sie haben auch den Willen, diese noble Aufgabe zu erfüllen. Es ist ihr Anliegen, dass wir uns 'nach oben' orientieren - in diesem Sinne sind sie 'geistige Erwecker!'

› Wir sind hier also wieder sehr nahe am Heiligen, von dem wir neulich sprachen ...

› Natürlich! Darum geht es allenthalben. Kunst ist in unserer Welt das privilegierte Instrument der Durchgeistigung. In unseren Augen kann es ohne den Ausdruck des Herzens keine Kunst geben. Diese soll stets die Gipfel der menschlichen Seele ansprechen. Niemand käme auf die Idee, bei einer Ausstellung sein ganzes Seelenelend und die Niederungen seines Wesens auszukippen und auch noch zu behaupten, das sei Kunst. Es kommt bei uns nicht mehr vor, dass Identität missbraucht wird. Das ist schon lange vorbei. Ich spreche es an, weil uns das besonders wichtig ist. Unsere Gesellschaft hat sich in diese Richtung entwickelt, weil wir uns ein für allemal entschlossen haben, alles beiseite zu lassen, was uns herabzieht. Darum ist sie heute so, wie sie ist - du begreifst es ja so langsam. Glaub mir, auch wir haben mit einer Kunst experimentiert, die nur der Mülleimer der menschlichen Psyche war. Zum Glück haben wir aber bald festgestellt, dass uns das nicht guttut und seelisch zerrüttet. Es ist mitnichten ein Zeichen von Freiheit oder Spontaneität, sondern eher von geistiger Entfremdung ... oder Dekadenz.

› Du hast selten so entschieden Position bezogen!

› Manchmal muss man das einfach. Weißt du, Kunst hat nichts Beliebiges an sich – sie kommt nicht nur beiläufig in unserem Leben vor. In irgendeiner Weise hat sie immer Anteil an unserer Entwicklung ... unserem inneren Gleichgewicht, unserer Kraft und unserer Größe. Wenn man einer Welt die Kunst entzieht, wird sie austrocknen und eingehen wie eine Pflanze, die man vergessen hat zu gießen. Kunst ist unmittelbare Geistigkeit – der Keim des Glücks. Sie ist das lebendige Wasser, das dem Universum erlaubt, weiterzuwachsen und sich immer neu zu erfinden!

Wenn du gut aufgepasst hast, wirst du leicht einsehen, dass unser gemeinsamer Ausflug an diesen Ort kein Sonntagsspaziergang ist! In diesen Räumen findet wirklich ein liebender Austausch mit dem Lebendigen statt. Es ist eine Art Heiligtum, das sich ständig erneuert. Hier betrachtet niemand die Kunst unabhängig von seiner eigenen Existenz, im Gegenteil: Jeder kann sich damit identifizieren, weil ihre wahre Rolle allgemein anerkannt ist.

› Ich weiß nicht, woran das liegt, sagte ich da ... In einem bestimmten Moment kam es mir vor, als ob ich noch tiefer in das Werk einzudringen vermochte. Andererseits, als ich in das blaue Licht eintauchen wollte, war ich überrascht, wie jäh das unterbrochen wurde ...

› Nun ja ... Ich weiß nicht, wie tief du eingetaucht bist, aber es stimmt schon, dass sich in den Lichtschichten unserer Werke verschiedne Schöpfungspläne verbergen. Wie tief wir in ein Werk eindringen und wie gut wir es verstehen können, hängt ganz von unserem Bewusstseinsgrad ab ... Doch das gilt auch für die Kunstformen auf der Erde, findest du nicht? Viele Menschen sehen sich ein Kunstwerk nicht länger als dreißig Sekunden an - und denken dann, sie hätten schon alles entdeckt, was darin verborgen liegt. Sie haben es ja 'gesehen' ... und das reicht ihnen. Sie können dann zum nächsten übergehen und so weiter ... wie man in einer Zeitschrift blättert oder durch Fernsehkanäle zappt. Euer Geist hat sich so langsam zum 'Meisterzapper' entwickelt. Ihr seid kaum noch fähig, euch auf ein einzelnes Bild zu konzentrieren oder einen Gedanken zu vertiefen. So habt ihr eine Zivilisation ausgebildet, in der Klischees Konjunktur haben. Alles wird nur noch angerissen ... kurz überfolgen und dann fortgeschmissen - weil es im nächsten Moment schon verbraucht erscheint. Das ist der Kult des Flüchtigen - eine Kultur entschiedener Unkultur.

Alles ist ständig in Bewegung und verwandelt sich unablässig. Das stimmt. Aber wenn ihr nicht mehr in der Lage seid, inmitten der Aktivität zu jenen Regionen der Stille vorzudringen, in der das Lebendige sich ausspricht, wenn ihr nicht loslassen könnt ... und 'Kommunion' im Sinne eines Gleichklangs der Seelen ein Fremdwort für euch ist, kommt eure Welt aus dem Gleichgewicht. Das ist ungesund ... und führt zu seelischen Krankheiten.

› Heißt das also, dass sich etwas in mir verändert hat - und ich deshalb beim Eintauchen in euer Kunstwerk so abrupt unterbrochen wurde?

› Natürlich! Du warst nicht mehr so entspannt ... hast dich verkrampft und damit selbst ausgebremst. Anstatt die Magie des Augenblicks zu leben, hast du angefangen, die Situation zu analysieren. So war die Verbindung zur Seele des Künstlers nicht mehr möglich.

An dieser Stelle brach meine Freundin ihre Erklärung ab und ich blickte von ihr weg. Um uns herum zogen die Besucher noch immer an den Lichtquadern vorbei. Es wurde wenig gesprochen, so nahm ich nur ein undeutliches Gemurmel wahr. Was gesagt wurde, verstand ich nicht. Auf einmal wurde ich recht wehmütig, daran kann ich mich noch gut erinnern. In meinem Inneren herrschte eine Mischung ganz unterschiedlicher Gefühle, die sich schwer benennen lassen. Jedenfalls fragte ich mich, warum man mich all das erleben ließ, wozu das wohl diente.

Dieser Zustand bewirkte wohl so etwas wie einen Riss in meiner Seele – in meinem tiefsten Inneren tat sich ein Abgrund auf, durch den ich sofort herabstürzte ... direkt in meinem Körper. Klamm und steif fand ich mich darin wieder – wacher denn je. Im Halbdunkel lag ich unter meiner Decke. Es war eiskalt. Draußen auf der Straße ließ jemand den Motor seines Motorrades aufheulen ... Ich war wieder in Montreal.

# Dienstag, 10. November

Was soll ich mit alledem nur anfangen? Seit meinem Erlebnis letzte Woche verfolgt mich diese Frage. Ich will meine Leser gewiss nicht zum Träumen verführen, aber die Visionen, welche das höhere Wesen mich erleben lässt, sind so verrückt - das taugt fast schon zum Science-Fiction-Roman. Was erwartet sie eigentlich von mir? Möchte sie, dass ich ernst genommen werde? Dann geht es jetzt in die falsche Richtung. Ich hätte lieber etwas Konkretes - womit meine Mitmenschen auch etwas anfangen können. Das braucht unsere Erde! Wozu sollen meine Leser und ich Erfahrungen machen, die uns entwurzeln und vom täglichen Leben ablösen?

Das muss ich sie fragen ... Heute möchte ich wissen, was das soll! Vielleicht hat meine Besucherin einfach ein wenig aus dem Blick verloren, welch riesige Distanz noch immer zwischen uns liegt. Vielleicht sollte ich sie mit den einfacheren Dingen unseres Lebens vertraut machen und wieder auf den Boden der Tatsachen zurückholen. Ist es nicht letztlich meine Aufgabe, dieses Interview zu führen?

› Lehnst du dich auf? Leistest du ein wenig Widerstand?

Der Tonfall ist mal wieder recht amüsiert ... und von wohliger Wärme bestimmt. Das nimmt mir den Wind aus den Segeln und lässt den Anflug von Verzweiflung, mit dem ich heute zugegebenermaßen zum Stift gegriffen habe, sogleich verfliegen.

› Hast du etwa kein Vertrauen mehr?

› Das ist es nicht, aber ...

› Aber du willst nicht wirken wie ein verwöhntes Kind, das Leckereien hat, die andere nicht bekommen ... und mit denen sie auch gar nichts anfangen können, stimmt's?

› So ungefähr!

› Dann bezweifle ich, dass du die Bedeutung unserer Treffen wirklich verstanden hast.

› Nun, so ist jetzt wohl der richtige Moment, sie mir in Erinnerung zu rufen ... und genauer zu erklären.

› Es ist ganz einfach ... Deine Welt geht zu Grunde! Ich denke dabei gar nicht an die Katastrophen der Jahrtausendwende, an Erdbeben, Wirbelstürme, Hungersnöte, Kriege und Krankheiten ... ja, nicht einmal an den Überfluss, sondern an das Bindeglied zwischen alledem, eure Seele – die Seele aller Erdenmenschen. Sie ist in großer Gefahr, denn sie dreht sich im Kreis. Das ist ihr Untergang. Sie erstickt geradezu im Graben ihrer ausgetretenen Pfade. Es ist als würde eine Schallplatte hängen und die Nadel immer in derselben Rille kreisen. Der Diamant eures Geistes schreit auf – ihr müsst unbedingt endlich eine neue Platte auflegen ... die nachhaltiger ist.

Um diesem Dilemma zu entkommen, muss man es erst einmal wagen, neue Bilder zu erschaffen ... ohne sich von der Angst irritieren zu lassen, sie könnten irrwitzig wirken. Wer unter euch das Zeug hat, 'Sämann' zu werden – wo er geht und steht eine Saat auszubringen –, muss mit Visionen genährt werden. Mir ist sehr wohl bewusst, dass ich damit nicht alle ansprechen kann - so schlicht meine Worte auch sind. Was ich dich hier erleben lasse, wird nur Menschen berühren, die schon an der Schwelle eines neuen Bewusstseins stehen ... auch das weiß ich genau. Allerdings gibt es mehr davon, als du denkst. Gemeinsam bilden sie eine Kraft, die ihre eigene Tragweite noch nicht abschätzen kann.

Was aus deiner Erfahrung weitergegeben werden kann - wenn du so willst, die Energie, die daraus entströmt -, wird im Inneren dieser Kraft etwas erblühen lassen, gleichsam etwas 'ausbrüten'. Ich helfe dir, deinen Text zu verfassen, denn sein einziger Zweck besteht darin, das Bewusstsein anzuregen. Dafür muss man ihn keineswegs analysieren. Schon seine bloße Existenz genügt, denn er hat eine bestimmte Schwingung, welche auf die Öffnung des Herzens wirkt wie ein Verstärker. Jedes Mal, wenn ich dich in unsere Welt mitnehme, hinauf zu den Sternen, bewirke ich damit eine weitere Öffnung. So entsteht immer mehr Wagemut und konstruktive Energie. Du hast vorhin Träume erwähnt ..., aber so, als seien sie etwas Lächerliches. Ich habe dieses Wort in dir aufgeschnappt ... es klang so abwertend!

Und doch ist jene ungreifbare Kraft, die ihr 'Gott' oder 'Natur' nennt, die größte Träumerin aller Zeiten! Sie projiziert alle nur denkbaren Möglichkeiten ins Unendliche ... und die sich davon verdichten, nehmen einen Körper und ein Bewusstsein an, werden also zu dem, was wir alle sind - nämlich ihrerseits zu kreativen Wesen, die den Traum fortsetzen.

Soll ich dir noch mehr erzählen? Soll ich noch weitergehen? Denk noch einmal an den Lichtquader zurück, in den du letzte Nacht eingedrungen bist ... Das Universum, in das du dich versenkt hast, war eigentlich schon kein reines Fantasieprodukt mehr. Auf der Schwingungsfrequenz des Lebens, die der Künstler geschaffen hatte, war es höchst konkret. Das Denken eines wahren Schöpfers – also eines Wesens, welches wirklich verliebt ist in die Lebendigkeit – ist allmächtig.

Es schafft ganz eigene Welten, die genau so real und handfest sind, wie deine. Denk einmal darüber nach, was das bedeutet ... Sicher, es mag ein wenig schockierend sein, in vieler Hinsicht. Wir jedenfalls wissen, dass unsere Kunst sich noch sprunghaft weiterentwickeln kann. Das ist in unseren Sphären allgemein bekannt. Der Betrachter wird dann in der Lage sein, in das Werk vollständig hineinzugehen. Zunächst wird er sich nur gedanklich hineinversenken, so wie du es getan hast ... über sein Bewusstsein – doch das wird schließlich den Körper nach sich ziehen. Dann ist er bereit für ein Abenteuer ... eine Entdeckungsreise, die noch ein wenig mehr Liebe und Schönheit bewirken wird. Wir können so viele Blumen erblühen lassen ... Blüten, die noch nie, niemals das Licht der Welt gesehen haben!

Verstehst du jetzt besser, warum ich dir immer wieder sage, dass wir alle aus einem Traum Gottes entsprungen sind – einem Traum des Schöpfers der Künstler, also des Schöpfers der Schöpfer? Was wir Gott nennen, ist in Wahrheit ein großartiger, verliebter Künstler, dem es gelungen ist, innerhalb eines 'Lichtrahmens' bewusste Wesen zu erschaffen und ihnen die Fähigkeit zu verleihen, ihre eigenen Welten zu schaffen ... Welten, die dicht sind und formbar.

Nun mach dir einmal klar, dass er – wie jeder andere Künstler auch – schon sehr viele Bilder aus Licht geschaffen hat und immer neue entwirft. Erst dann wird dir die Unendlichkeit des Schöpfungsplanes eigentlich bewusst. Von einem

Lichtraum zum nächsten gelangt man durch die schwarzen Löcher - also von einem Werk zum nächsten. Alles, was in diese Welten hineingelegt ist, kann selbst schöpferisch werden. Genau darin besteht das wahre Wunder der Liebe, die den inneren Zusammenhalt all jener Werke bildet.

Nun weißt du auch, warum wir der riesigen Explosion an Liebe niemals entgehen können. Sie ist unser Schicksal - denn die ewige Liebe hat uns erschaffen und tut es noch ... Es ist also sinnlos, sich dagegen aufzulehnen!

Meine Feder hat sich wie von selbst auf eine Ecke des Heftes gelegt. Ich muss aufstehen, mich bewegen und kräftig durchatmen. In meiner Seele ist ein Fenster weit aufgegangen ... und jetzt muss ich davor stehen bleiben.

# Mittwoch, 11. November

Wieder ein windiger, weißgrauer Morgen. Zwischen zwei Hochhäusern erstreckt sich am Horizont als zartes, silbriges Band der Lorenzstrom. Starr vom ersten Frost, scheint er eingeschlummert zu sein. Herrscht hier etwa Verdrossenheit? Keineswegs ... ganz im Gegenteil, ich bin heute voller Freude und warte ungeduldig auf die nächste Begegnung, die hoffentlich gleich stattfindet. Habe ich neulich, als ich mich ganz der Kunst hingeben konnte, etwa unmerklich aus einem Jungbrunnen getrunken? Gut möglich ...

› Hast du schon lange nicht mehr gebetet?

Ganz unmerklich ist mein Gast in mich eingedrungen und überfällt mich sogleich mit einer Frage.

› Wieso?

Da erklingt das schelmische Gelächter eines kleinen Mädchens. Würde ich meine Freundin aus den höheren Welten und ihre erstaunlichen Methoden nicht langsam kennen, könnte ich den Eindruck gewinnen, dass sie gerade um mich herumhüpft und Himmel und Holle spielt.

› Nein ... ich richte diese Frage nicht speziell an dich, sondern eher an deine Leser! An sie möchte ich appellieren, denn ich kann mir gut vorstellen, dass sich viele gar nicht angesprochen fühlen, wenn ich mich nicht wenigstens einmal direkt an sie wende. Es ist ja immer der andere gemeint - der Autor, oder der neben einem, nur nie man selbst ... So einfach ist das!

Nun gut, also ich möchte gerne wissen, wann jeder Einzelne deiner Leser zuletzt gebetet hat!

› Wenn man keiner speziellen Religion angehört, tut man es einfach nicht mehr so oft. Die Leute sind wohl nicht einmal grundsätzlich dagegen, sie vergessen es einfach. Das liegt wahrscheinlich auch daran, dass die erlernten Gebete ihre magische Wirkung verloren haben. Diese Antwort würden dir vermutlich viele geben ... und hinzufügen, dass sie eher beten, wenn es ihnen schlecht geht. Das wäre gewissermaßen ein Eingeständnis, dass ihr Gebet so etwas wie eine Lebensversicherung ist - oder ein Rettungsring, der ihnen erst in solchen Situationen wieder einfällt.

› Sicher, das stimmt - aber was heißt das eigentlich?

› Nun ..., dass man dabei nicht stehen bleiben kann, sondern erklären muss, was wirklich geschieht.

› Ich möchte dir einen Schlüssel zum Verständnis reichen und dir sagen, warum in deiner Zivilisation nicht mehr innig gebetet wird. In erster Linie, weil ihr so 'intelligent' geworden seid, dass ihr kaum noch an die Existenz der Seele glaubt. Außerdem erscheinen Gebete nur noch als leere Formeln, als hohle Übung ohne Sinn, bei der man gar keine eigene Verantwortung mehr hat. Sie dienen nur noch dazu, die Anhänger der entsprechenden Religionsgemeinschaft mitzureißen ... Wie öde, verlogen und entmutigend das doch ist! Ich möchte dir heute Morgen etwas ganz anderes dazu sagen.

› Dann sag' mir doch bitte erst einmal, was ein Gebet deiner Ansicht nach überhaupt ist.

› Es kann alles Mögliche sein, außer dem Flehen eines Opfers ... das unbedingt Opfer bleiben will. Es ist ein Motor – und kein Regenschirm oder Fallschirm. Hör gut zu ...

Plötzlich habe ich das Gefühl, dass meine Freundin sich wieder links neben mich auf den freien Stuhl gesetzt hat, um vertraulich zu mir zu sprechen. Mit der rechten Hand zwirbelt sie verspielt ihr Haar, wie ich es schon öfter beobachtet habe. Woher ich das weiß – keine Ahnung, aber ich bin mir sicher.

› Sieh mal, wo ich herkomme, sind wir nicht religiös, das habe ich ja schon gesagt, aber wir beten viel. Wir beten nur anders und *etwas anderes* als ihr. Es geht nicht darum, eine Kraft anzubeten, die außerhalb von uns liegt, sondern bestimmte Lebensprinzipien in Gang zu setzen.

Ihr fragt euch ja kaum, an wen euer Gebet genau gerichtet ist. An wen wendet ihr euch denn? An Gott? Aber an welchen Gott? Wie sieht er aus? Was habt ihr da vor Augen? Ein 'überdimensionales Wesen', das wie ein Mensch richtet, belohnt und straft? Oder eine omnipräsente Kamera, die alles aufnimmt, um den Film dann einem gigantischen 'Bewusstsein des Guten' zu übergeben? Du weißt ja, was wir davon halten ... du kennst unsere Auffassung.[9]

*9) Vgl. S. 64*

In Wahrheit wendet ihr euch an gar niemanden! Oh, ich weiß, es ist schockierend, das so auszudrücken. Macht man sich indes bewusst, dass *niemand* nicht *jemand* heißt, leuchten meine Worte doch ein. Gott ist nicht jemand, soviel ist klar! Ihr seid ein Teil von Ihm, so wie Er ein Teil von euch ist. Es gibt eine grundlegende Einheit zwischen euch, eine absolute Verbundenheit. Wenn ihr also betet, tretet ihr in Dialog mit allen Kräften, die seit Urzeiten euer Wesen weben. Ihr appelliert an euer höheres Bewusstsein, das mit dem göttlichen Geist verbunden ist. Wie ein Trichter öffnet ihr euch den Tropfen aus Licht und Sonne, die ständig aus Ihm herabrieseln. Anders gesagt, ihr macht euch etwas durchlässiger für *alles*, was direkt aus der Quelle fließt. Das ist unserer Meinung nach die ideale Haltung.

Wenn ich sage *alles*, was aus der Quelle fließt, so meine ich das Ursprüngliche, also alles, was im Moment, gut und stimmig für euch ist und euch erlaubt, eure gegenwärtige Rolle zu spielen - und zwar *rechtens* zu spielen.

› Deine Ausführungen enthalten gleich mehrere Gedanken ...

› Ja. Zunächst einmal, dass man sich beim Beten an 'sich selbst wendet' - im Sinne seines höheren Selbst -, das mit dem Göttlichen zutiefst verbunden ist. Außerdem geht es darum, die 'Ordnung der Dinge' zu respektieren, also keine fordernde Haltung einzunehmen und keine entsprechende Energie in die Welt zu bringen. Vom Göttlichen kann man nichts 'verlangen', man kann es zu nichts zwingen. Wir tragen es mit, durch unsere Kraft, und Es durchtränkt uns mit Seiner Kraft. Darum kann es ohne Durchlässigkeit und fließende Geschmeidigkeit kein echtes Gebet geben.

› Du hast eben das Wort 'Energie' verwendet. Der Begriff ist ja sehr in Mode. Kannst du ihn mir bitte etwas erläutern?

› Ja, es ist ein Modewort ... das macht die Sache nicht leichter. Man muss also behutsam damit umgehen. Außerhalb des eng umgrenzten Bereichs naturwissenschaftlicher Gleichungen, weiß niemand so recht, was 'Energie' eigentlich ist. Das Wort ist glitschig wie Seife, doch das ist völlig normal - weil Liebe sich nie in Begriffe oder Formeln pressen lässt. Im Grunde ist Energie nichts anderes als Liebe im Reinzustand. Ich meine damit nicht Liebe als bloße Idee - sondern als Vorstellungskraft, Handlung, Schöpfung und Konstruktion. Sie ist die schöpferische Kraft schlechthin, der Stoff aus dem alles gebaut ist. Sie hält alles zusammen. Wenn du wüsstest, wie man das macht, könnest du die Energie, die von einem echten Gebet ausgeht, in deiner Handfläche kondensieren und allen zeigen!

› Ist es eine rein psychische Energie? Ich kann mir nicht vorstellen, dass sie lediglich auf der Aktivität von Gehirnwellen basiert.

› Natürlich nicht! Das Gehirn ist nur ein Trafo, der mit einem Transceiver verbunden ist. Das Energiezentrum in deinem Herzen ist Träger einer ganz eigenen Weisheit. Die vom Herzen ausgehende Wellengruppe tritt zwangsläufig mit den Gehirnwellen in Verbindung. Ein echtes Gebet entsteht erst, wenn beide zusammenkommen. Freilich kann auch das rein zerebrale Bewusstsein Energie freisetzen ... sie wird aber kaum zu etwas anderem taugen, als Macht auszuüben, also den Herrschaftswillen der niederen Persönlichkeit auszuleben. Ein Gebet, das dazu dient, die Ereignisse nach unserem Willen zu lenken, ist kein Gebet - selbst wenn es einen noch so guten Zweck erfüllt. Es ist psychische Manipulation. Und ich muss schon sagen ... so wirkt ein Großteil menschlicher Gebete gegenwärtig auf Erden. Zunächst einmal sind es oft Bitten und Gesuche, bei denen es in erster Linie um unmittelbare Bedürfnisbefriedigung geht. Im Übrigen scheren sie sich zumeist keinen Deut um die rechte 'Ordnung der Dinge' – also um das Gemeinwohl. 'Das Gute' reduziert sich für die meisten von euch leider auf das, was ihnen gerade gelegen kommt und ihrem persönlichen Fortkommen nicht im Wege steht. Man sollte schon den Mut aufbringen, sich das einzugestehen ... auch wenn es in Zeiten der Not oder heftiger Zweifel nicht gerade leicht ist, dafür habe ich durchaus Verständnis.

Was ich dir über den Umgang der Erdbevölkerung mit Gebeten gesagt habe, möchte ich nicht als Kritik verstanden wissen. Ich habe dich nur darauf hingewiesen, 'wie es ist' – um euch zu helfen, euer Bewusstsein zu erweitern. Jedenfalls möchte ich niemanden damit verurteilen – das bringt ohnehin nichts, so lange man kein Mitgefühl aufbringt und einen besseren Vorschlag machen kann.

Man muss seine Schritte stets weise abwägen, bei allem, was man tut. Zu dieser Weisheit gehört auch, die subtilen Funktionsweisen des Universums zu kennen und ehrlich zu sich selbst zu sein. Daraus geht man gestärkt hervor. Warum sollte man sein Leben auf eine Illusion von Liebe gründen oder auf einen Egoismus, für den Ausgeglichenheit nichts als Bequemlichkeit ist?

Wenn man mit dem Göttlichen in Kontakt treten will – und das muss man in jedem Fall –, so sollte es eine echte Kommunikation sein – bei der Liebe in beide Richtungen fließt.

Das Bedürfnis, sich an eine höhere Macht zu klammern, an eine Kraft, die einen überragt, ist natürlich völlig verständlich und legitim. Es ist aber nicht unbedingt der Schlüssel zum Glück – nach dem wir doch alle suchen. Man nähert sich dem Glück, wenn man über sich hinauswächst!

› So viel also zu Ursprung und Wirkung des Gebets – nun zur Form. Ein Gebet kann ja ganz unterschiedliche Formen annehmen, oder? Es kann aus rituellen Formeln bestehen, aus Worten, die ganz spontan von Herzen kommen oder auch aus Klängen, denen bestimmte Wirkungen zugesprochen werden - ich denke etwa an orientalische Mantras. Was kannst du mir darüber sagen? Gibt es so etwas in deiner Welt?

› Einen Moment ... zunächst einmal solltest du Mantras nicht mit Gebeten verwechseln. Mantras haben als Praktik eine ganz spezifische Wirkung auf Körper und Seele. Man könnte sie als 'Gymnastik' unseres Wesens sehen. Sie setzen Schwingungen in Gang, die eine Bewusstseinserweiterung anregen, weil sie unseren inneren Raum für etwas anderes öffnen. Es sind hervorragende Handwerker, können aber den Baumeister nicht ersetzen. Dieser ist die mitfühlende, willensstarke und tätige Liebe.

Mantras sind lediglich wirksame Techniken zur Reinigung von Körper und Seele. Mehr können sie nicht leisten. Wenn 'du' nicht anwesend bist - und dich hinter solchen Methoden versteckst, bleibst du auf halber Strecke stehen!

› Dasselbe könnte man über rituelle Gebete auch sagen.

› In der Tat. Ob traditionelle Gebete reinigend und befreiend wirken, ist sogar noch fraglicher. Gebete - welcher Religion auch immer - verbinden denjenigen, der sie bewusst rezitiert, mit der kollektiven psychischen Kraft der jeweiligen Glaubensgemeinschaft. Darüber kann man beim Beten nicht hinausgehen - sich nicht zu höheren Sphären aufschwingen. Diese Gebete bleiben energetisch einer Welt spezifischer Vorstellungen verhaftet. So ist im Abendland zum Beispiel der Heiligenkult entstanden.

› Ist das etwa ein Irrtum?

› Nein ... eine bestimmte Phase! Er entspricht einer kollektiven Kraft, auf die man sich in einem bestimmten Moment der Entwicklung zwangsläufig stützen muss. Hör nur weiter ... Ich habe eben von 'bewusstem Rezitieren' gesprochen ... Dir ist bestimmt klar, dass es nicht genügt, Worte herunterzuleiern, die sich 'Gebet' nennen. ... Es ist völlig sinnlos, in schöner Regelmäßigkeit zu einer bestimmten Stunde Worte zu murmeln, ohne deren Inhalt innerlich zu durchleben. Das ist kein wahrhaftiges Beten. Es wäre völlig verfehlt zu meinen, man könne damit seine Seele retten – sie gleichsam loskaufen – oder in irgendeiner Form der Menschheit dienen. Man vergeudet damit nur seine Kraft und hält seine Seele im Tiefschlaf. Ja ... du magst innerlich lachen und denken, das sei doch klar. Und doch wird das auf Erden seit Abertausenden von Jahren so gehalten. Viele Menschen hängen mehr oder minder bewusst noch immer der alten Überzeugung an, man müsse einen Gott mit Gaben und Litaneien milde stimmen. So gesehen dient das Gebet lediglich dazu, sich freizukaufen und den göttlichen Zorn abzuwenden. Es ist ein Tribut an eine höhere Macht, eine günstige Gelegenheit, sich ein gutes Gewissen zu verschaffen.

› Das *Loskaufen* der Seele ist den meisten Christen in der Tat seit zweitausend Jahren eingebläut worden. Es ist auch sehr praktisch, das muss man schon zugeben!

› *Loskaufen!* ... wieder so ein Wort aus dem Geschäftsleben, ist dir das aufgefallen?

› Nein – um ehrlich zu sein, nicht.

› So geht es allen ... Unbewusst habt ihr das Gefühl, dem Göttlichen gegenüber in einer Schuld zu stehen. Ihr bildet euch ein, es würde euch anklagen und richten und glaubt daher seine Gunst erkaufen zu müssen und zwar durch Anbetung und Furcht. Das ist aus eurer Sicht 'die himmlische Währung'. Wenn es eine Verfehlung gibt – so nur euch selbst gegenüber. Ihr seid im Labyrinth des Vergessens eurer wahren Herkunft stecken geblieben. Sünden, von denen man sich loskaufen müsste, gibt es nicht, ihr müsst nur lernen, euch wieder zu erinnern. Wir sind da, um euch dabei zu helfen, um euch aus eurer Hypnose und Lethargie zu befreien. Das ist alles ... ansonsten geht eure Geschichte uns nichts an. Wir sind auch keine Engel, die man anbeten könnte.

› Und wie betet ihr dann?

› Einfach mit unseren eigenen Worten und Gedanken und indem wir unser Herz erheben, denn einem allgemeinen Kultus gehören wir nicht an. Natürlich aber auch mit unserem gesamten Wesen – dieses hat ja schließlich einen Sinn. Es ist überwältigend!

Ich spreche gerade von einem Kristall, den man polieren ... von einem Gipfel, den man erklimmen muss.

› Hab ihr ihn noch nicht alle erreicht?

› Ich habe dir doch schon gesagt, wie unterschiedlich wir sind und wie viel Achtung wir den individuellen Wegen jedes Einzelnen entgegenbringen. Wir sind schließlich keine Roboter. Die Vollendung des menschlichen Wesens liegt uns zwar am Herzen – ist aber unterschiedlich weit fortgeschritten. Daher haben wir auch völlig verschiedene Persönlichkeiten, genau wie ihr.

› Darf ich noch einmal fragen, *wie* ihr genau betet – denn ich glaube aus deinem Tonfall etwas herauszuhören ... ein bestimmtes Gefühl, hinter dem sich eine Menge Dinge verbergen, die du mir noch nicht erzählt hast.

Da senkt sich ein langes Schweigen auf mich herab. Die Seite ist voll, ich wende sie um ... Wieder liegt ein weißes Blatt vor mir, bereit, Worte zu empfangen ... Zeichen der Klarheit, vom höheren Wesen mir gereicht, um uns einen Weg zu weisen.

Da überkommt mich auf einmal ... die Emotion meiner Freundin aus der Höhe ... Ob ich einen bestimmten Bereich ihres Herzens berührt habe? Erklingt sein Echo nun in mir?

› Oh ... wir haben wirklich den Diamanten berührt ... Im Grunde gibt es nicht zahllose Dinge, die ich dir noch nicht offenbart habe, sondern nur eine ganz wichtige Sache ... alles andere kommt ergänzend hinzu, rankt sich außen herum, wie ein Reigen von Geschichten. Darum wollte ich auch erst jetzt mit dir und deinen Lesern übers Beten sprechen. Es ist nämlich ein Ergebnis.

› Moment, du betrachtest Beten als *Ergebnis* ... und nicht als ersten Schritt, um mit Gott in Kontakt zu treten?

› Richtig! Ich versuche nämlich das Gebet als Zustand zu erleben und nicht nur als Mittel zum Zweck ... als Schlüssel für ein Schloss, das stets im Dunkeln liegt und sich ständig entzieht. In der Welt, in der ich lebe, bemühen wir uns auf verschiedenen Ebenen darum, selbst zum Gebet zu werden. Schlüssel und Schloss arbeiten also in jedem Augenblick mit dem Leben zusammen. Ich weiß, jetzt denkst du, das ist ja eine ganz nette Theorie, die viele von euch auch vertreten. In bestimmten Kreisen ist es ja schon fast ein Gemeinplatz zu sagen, man solle selbst zur Meditation oder zum Gebet werden. Das sind schöne Worte und gute Absichten, denen gewiss niemand widersprechen wird. Dagegen ist nichts zu sagen, außer ..., dass man es damit noch lange nicht angewendet hat. Schreib dir das Folgende genau auf. Es soll immer wieder gelesen werden: Was Wesen und Welten in Wahrheit unterscheidet ist ... wie weit sie *aktiv* ins Göttliche Bewusstsein eingedrungen sind. Ich meine, es kommt ganz darauf an, wie weit sie sich von der Schöpferkraft entfernt haben ... beziehungsweise wie tief sie wieder in sie eingetaucht sind. Weißt du, ein echtes Gebet - ein Gebet, das ich leben und weitergeben will - bedeutet, dass ich mit meinem ganzen Wesen ins Lebendige eintauche, mich also in jedem Augenblick dem Allerheiligsten im Herzen des Lebens hingebe. Es vergeht keine Minute - in irdischen Begriffen zu sprechen - keine einzige Minute, hörst du ... ohne dass mein Bewusstsein sich mit dem Göttlichen verbindet.

Versteh' mich nicht falsch - es ist keine Übung, sondern ein ganz natürlicher Reflex, so wie das Atmen. Mit dem Gebet eins zu sein bedeutet, sich mit der Ein- und Ausatmung des Lebens zu identifizieren und auch in seinen Atempausen ganz anwesend zu sein. Man steht dabei in ständiger Verbindung mit dem am höchsten entwickelten Anteil seiner selbst.

› Du hast doch aber gesagt, du seiest noch nicht am Ende des Weges angekommen ...

› Ja, weil es zum Glück kein 'Ende des Weges' gibt! Außerdem habe ich dir gesagt: "Es vergeht *keine Minute*, in der ich mich nicht mit dem Göttlichen verbinde." Ist damit nicht auch gesagt, dass entsprechendes auch für eine Sekunde gelten könnte? Dahin will ich es bringen, wie so viele meiner Freunde hier.

› Und was wird dann geschehen?

› Das werden wir schon sehen. Darüber lassen sich allenfalls Vermutungen anstellen. Er würde zu weit führen, sich jetzt bereits Gedanken über etwas zu machen, das für uns nur vage Vorstellungen von Vollendung sein können. Wir neigen dazu - und zwar in allen Welten - uns gelehrt über Dinge zu äußern, die hinter Türen verborgen sind, welche wir noch gar nicht geöffnet haben! Das ist weit verbreitet. Wenn ich diese Schwelle überschritten habe ..., rufe ich dich an! Vielleicht helfe ich dir dann, andere Worte zu Papier zu bringen ... oder auf ein anderes Medium ... vielleicht auf Licht! Warum denn nicht? Bis dahin wirst auch du - und die irdische Menschheit - gewachsen sein!

In erster Linie müssen wir es dazu bringen, die Vorstellung - oder besser gesagt, die Wahrnehmung des Göttlichen in jedem Augeblick in uns zu tragen. Das ist absolut vorrangig. Ich sage dir, alles was an Wahrem - also an Großem und Schönem vollbracht wird, entsteht nur aus dieser Verbindung. Sie allein hält es aufrecht. Leuchtet dir das ein? Bist du in der Lage, es wiederzugeben? Das verändert alles - absolut alles! Bis tief in unsere Zellen hinein. Dem habe ich nichts hinzuzufügen.

# Mittwoch, 6. Januar

Der Winter nimmt allmählich Gestalt an. Heute Morgen ist der Mont Royal von Schnee und Eis bedeckt. Das Thermometer zeigt -25 Grad und scheint sich von dieser Marke nicht wegbewegen zu wollen. Über die Schulter sehe ich zum türkisblauen Himmel empor, wo doch noch einige wenige Vögel unterwegs sind. Wenn ich ihnen nachschaue, so denke ich bei mir, gelingt es mir vielleicht, noch tiefer in mein Herz einzutauchen und den Weg zu finden, der mich seit über neun Monaten zu meiner Freundin in die Höhen führt. Neun Monate ... so lange dauert es, bis ein Kind entsteht. Wird es pünktlich kommen? Ja, ich habe so eine Vorahnung ..., obwohl es keine eindeutigen Hinweise darauf gibt.

Freilich deuteten einige Aussagen bei unserem letzten Kontakt schon darauf hin. In den vergangenen Wochen musste ich oft daran denken ... ganz gleich, wo das Leben mich hinführte.

"Dem habe ich nichts hinzuzufügen", hatte sie gesagt.

Stimmt das wohl? Haben wir wirklich schon über alles Wichtige gesprochen? Ich hingegen habe das Gefühl, auf diesem Gebiet sind noch ganze Kontinente zu entdecken! Das Leben und die Liebe lassen sich niemals erschöpfend behandeln.

Mir gehen noch Bruchstücke eines Weihnachtsliedes im Kopf herum. Hört es jetzt bald auf ... damit endlich Stille eintreten kann – Leere?

Nun ja, wenn man sich gegen etwas auflehnt, verstärkt man ja meist nur die Kraft, gegen die man ankämpft. Alles, was ich draußen vor dem Fenster sehe, legt mir nahe, eine Pause zu machen. Die vereisten Äste und der Anblick des erstarrten Schnees – alles verweist auf Ruhe.

› Was soll ich dir noch sagen, was möchtest du hören?

Die Frage lässt mich beinahe hochschrecken ... wie kurz war doch diesmal die Wartezeit! Mir ist ja gerade erst bewusst geworden, dass ich überhaupt warte ...

› Ich weiß nicht ... Aber ich habe den Eindruck, dass wir so vieles noch nicht angesprochen haben. Ich finde, du kannst jetzt nicht einfach sagen: "So, wir sind fertig, es ist zu Ende, räum' deinen Stift weg."

Da spüre ich ein Lächeln, nehme es wahr – mit jenem Teil von mir, der unendlich viel lebendiger ist als ich.

› Zu Ende, das gibt es gar nicht, das weißt du doch. Allenfalls kann man sagen, dass ein Kapitel abgeschlossen ist. Ein Schlusspunkt existiert nicht! Das gilt ganz allgemein ... Alles sind Fortsetzungsgeschichten – vor allem die Geschichten des Lebens, denn das sind alles Liebesgeschichten. Eine Liebe entsteht – eine Vision geht dir auf – und plötzlich siehst du das Leben ganz neu ... so läuft es immer. Was einmal erblüht ist, verschließt sich in Wahrheit nicht mehr.

Eine andere Atmosphäre mag es umfangen, neue Düfte es verändern ... vielleicht nimmt es eine andere Tönung oder Gestalt an, das Entscheidende aber bleibt bestehen und setzt sich fort: Erwachen, Dankbarkeit und Anerkennung ... also das Verbindende und das Streben zum Unendlichen.

Darum ... ja, wir könnten uns noch lange unterhalten – Tage oder gar Monate! Ganze Bibliotheken könnten wir mit Geschichten und Einsichten über unsere beiden Völker füllen.

Ich könnte dir natürlich auch Pläne und Diagramme zeigen und dir unsere Gesellschaftsform beschreiben, dir etwa sagen, wie wir das Problem des Geldes gelöst oder die Degeneration des Körpers überwunden haben, doch dann ...

› Was dann?

› Dann ... wärt ihr bald wie ein verwöhntes Kind, das von einem Geschenk zum nächsten rennt und dem ein Spielzeug schon über wird, wenn es nur einen Blick darauf wirft. Ihr seid ja so gut darin, von einem Eindruck zum nächsten zu hüpfen. Ihr bringt es fertig, zu essen, ohne euch zu ernähren und den Geschmack einer Frucht mit scharfen Gewürzen zu überdecken. Genieß also erst einmal das Gericht, das ich dir serviert habe, bevor du gleich den nächsten Gang haben willst. Vielleicht ist es ja bereits sehr üppig!

Es kommt schließlich aus meinem Herzen ... und was du deinen Mitmenschen dann aufzutischen hast, könnte ihnen schon fast zu viel werden. Allerdings wird so mancher meinen, es bereits verdaut zu haben, bevor er überhaupt mit dem Essen begonnen hat! Deine Welt geht am Überfluss zu Grunde. Eure Augen und Ohren sind überreizt, ihr seid völlig überfüttert – im tiefsten Inneren aber ausgehungert, weil ihr nicht mehr zu essen versteht. Ihr probiert alles, was man euch vorsetzt, weist es aber bald von euch, weil ihr hofft, noch etwas Besseres zu bekommen. Darum habe ich vorerst genug gesagt, verstehst du?

Mit deiner Hilfe habe ich versucht, eine Bresche ins Bewusstsein der irdischen Menschheit zu schlagen ... es zu öffnen, um neue Vorstellungen einfließen zu lassen. Dieser Vorstoß soll euch die Möglichkeit geben, euren Horizont zu erweitern und die Dinge anders zu sehen, sie aus einer höheren Perspektive zu betrachten.

Ist es nur ein Tropfen auf den heißen Stein? Vielleicht - aber immerhin! Was ihr vor allem braucht, ist etwas, woran ihr euch im Leben orientieren könnt, einen roten Faden, damit ihr wieder wisst, wo ihr hingehört und nicht mehr bloß vor euch hin vegetiert.

Was du für mich aufgeschrieben hast, ist kein Patentrezept nach dem Motto: 'Das Glück - in zehn leicht lernbaren Lektionen'. Das hast du bestimmt bemerkt. Solche Versprechungen mache ich nicht. Schließlich ist jedes Wesen ein eigenes Universum. Es birgt sein eigenes Geheimnis und seinen ganz eigenen Schlüssel zum Glück. In diesem Sinne können meine Worte - die Worte, die ich dir überbringen sollte - nur Wege aufzeigen. Sie weisen euch auf die neuen, breiten Straßen hin, auf denen ihr schon bald wandeln werdet. Weißt du, was heute für ein Tag ist - also ... im traditionellen Sinne?

› Epiphanias, glaube ich.

› Richtig, es ist Epiphanias. Etymologisch bedeutet das 'Erscheinung'. Am heutigen Epiphanias geht es aber nicht nur um Gedenken ... vielmehr kündigt sich darin etwas völlig Neues an.

› Willst auch du mir erzählen, dass bald ein neuer Christus oder Buddha erscheint?

› Keineswegs! Im Grunde habe ich immer euch gemeint, selbst dort, wo ich von meinem Volk sprach. Es erscheint *etwas* in jedem von euch, das es zuvor noch nicht gab ... und zwar die Notwendigkeit, einen Sprung zu tun! Ihr müsst einen Satz machen ... einen Riesenschritt, den es in diesem Universum noch nie gegeben hat! Dabei wird jeder Einzelne von euch aus seiner Achse geworfen. Auch Menschen, die sich gegen diese Vorstellung sträuben, wird unweigerlich der Boden unter den Füßen weggerissen.

Und zwar nicht als 'Strafe der Zeiten', sondern als Gelegenheit, ein paar wurmstichige Rinden aufzubrechen. Widerstand ist zwecklos ... Nicht zufällig befindet ihr euch gerade genau an diesem Ort des Universums und an diesem Punkt eurer Seelengeschichte. Es ist eure Bestimmung, zu tauchen. Ihr selbst habt euch dazu berufen ...

› Tauchen?

› Ja, zu Gipfeln emportauchen!

Ein paar Sekunden lang herrscht Schweigen. Nun drängt es mich, den Stift beiseitezulegen. Ich richte mich langsam auf, angezogen von einem fast unsichtbaren, milchigen Funkeln im Morgenlicht. Das Wesen ist hier. In seiner transparenten Erscheinung sitzt es etwa einen Meter entfernt links neben mir am Tisch. Seine Gesichtszüge kann ich nicht genau erkennen, weiß aber, dass es mich liebevoll anlächelt ... Sie sitzt ganz ruhig da, kein Wort von ihr dringt zu meiner Seele vor. Dann hebt sie wie gewohnt eine Hand und lässt sie durch ihr Haar gleiten - als Zeichen höchster Anerkennung ...

Ich würde gerne mit ihr sprechen, doch wieder lässt ein Flirren in der Luft mich aufschauen. Am anderen Erde des Tisches, ihr genau gegenüber, kristallisieren sich aus dem Licht zwei weitere Gestalten. Sie schlüpfen durch die Helle wie man einen leichten Vorhang beiseiteschiebt. Ich muss lächeln. Jetzt habe ich wirklich nichts mehr zu sagen, ich spüre nur, wie meine Lippen sich entspannten. Meine Zellen scheinen weiser zu sein als mein Geist. Sie verstehen es eher, das Geschenk, das ihnen gereicht wird, anzunehmen.

Meine Augen aber wollen unbedingt das Licht durchdringen. Sie versuchen es, ohne Anspannung - aber doch! Nun sitzen also auch rechts von mir zwei Wesen, die mich ansehen. Es scheinen männliche Wesen zu sein. Beschreiben könnte ich sie nicht, spüre aber ganz deutlich ihre männliche Ausstrahlung.

Werden sie flüchten, wenn ich auch nur eine Bewegung mache? Wird sich die Szene dann auflösen?

Ich will nichts riskieren, also lebe ich einfach nur diesen Augenblick, notiere nur eben ein paar Worte, um die Erinnerung daran zu bewahren und die Spur dieser Epiphanie zu verewigen ...

Was wollen die drei? Mein Herz noch höher schlagen lassen? Worte hineinlegen, die ich nicht wiedergeben kann?

Mich dem Rhythmus eines zukünftigen Volkes noch näher bringen - oder einer kommenden Welt ... von der ich mich jetzt schon durch und durch ergriffen fühle?

› Nur drei Wörter!

In meinem Inneren regt sich eine Stimme. Voller Freude quillt sie aus dem gemeinsamen Herzen meiner Besucher hervor.

› Lediglich drei Wörter! Drei kurze, doch 'große' Wörter, die dazu beitragen sollen, den vielversprechenden Raum des

Schweigens ‘zwischen den Zeilen’ noch etwas auszuweiten. Ein dreifacher Hauch ... der euch helfen soll, eure Flügel auszubreiten und den Sturm zu überstehen. Hoffnung, Hoffnung ... und wieder Hoffnung!

Ja, das ist wirklich der Ausgangspunkt und Anfangsgrund von allem. Ich bin gerade in Montreal, doch zugleich mehr denn je überall anders ... Es ist wirklich Mittwoch auf der Erde ... zugleich aber erblüht bereits ein neuer Morgen, in all seinen Facetten.

Nun lege ich meine Feder fort, wohl wissend, dass ich soeben das schönste Geschenk erhalten habe, das sich nur denken lässt.

Hoffnung ... Nein, dem gibt es wahrlich nichts hinzuzufügen!

# Über den Autor

Daniel Meurois wurde 1950 in Frankreich geboren. Als wahrer Erforscher der neuen Bewusstseinsfelder ermutigt er uns, die Pluralität unseres Universums zu entdecken und neu zu betrachten und natürlich auch einen neuen Blick auf uns selbst zu werfen, immer auf der Suche nach unserer Identität. Doch hinter dem kühnen Philosophen und Lehrer verbirgt sich ein authentischer Schriftsteller, besorgt um die Schönheit der Sprache - als Ausdruck für die Schönheit des Lebens.

Das literarische Werk von Daniel Meurois ist vielseitig, beeindruckend, mitunter auch überraschend, und dabei immer außergewöhnlich und bahnbrechend.

Nicht ohne Grund sind viele der Bücher, die er im Laufe seiner über dreißigjährigen Tätigkeit als Autor geschrieben hat, internationale Bestseller geworden. Mit 38 Büchern und 80 Übersetzungen in 17 verschiedenen Sprachen ist Daniel Meurois als Pionier des neuen Bewusstseins bekannt.

Heute lebt Daniel Meurois in der Nähe von Quebec und arbeitet unablässig daran, das Bewusstsein der Menschen durch sein einmaliges literarisches Werk sowie seine Seminare und Vorträge zu wecken.

www.danielmeurois.de

**Weiterführende Informationen** zu
Büchern, Autoren und den Aktivitäten
des Silberschnur Verlages erhalten Sie unter:
**www.silberschnur.de**

Natürlich können Sie uns auch gerne den
**Antwort-Coupon** aus dem beiliegenden
Lesezeichenflyer zusenden.

Ihr Interesse wird belohnt!

224 Seiten, broschiert,
ISBN 978-3-89845-598-5
€ [D] 22,00

Daniel Meurois

## Das große Buch der Akasha-Chronik

*Der Zugang zum universellen Weltengedächtnis*

Daniel Meurois beweist, dass er sich kraft seines Bewusstseins durch die Zeit bewegen kann. Er beschreibt, wie er Zugang zur Akasha-Chronik erlangt und durch welche Arten des Reisens er sich in der Zeit bewegt. Er erläutert die Anatomie der Akasha-Chronik und lässt uns teilhaben an seinen realen Erfahrungen aus den Tiefen der Zeit. Damit bietet er uns einen einmaligen Einblick in das universelle Weltengedächtnis, durch den wir entdecken, dass die metaphysische Erfahrung der Raum-Zeit-Dimension die Tür zum Göttlichen in uns selbst weit öffnet.

504 Seiten, broschiert
ISBN 978-3-89845-583-1
€ [D] 24,95

Daniel Meurois

## Echnaton und der Strahlende Gott

*Das Geheimnis des Aton*

Dieses Buch ist anders als alles, was je über Echnaton geschrieben wurde, denn es lüftet viele Geheimnisse über das Leben des Pharaos. Es ist ein geradezu magisches Werk, das sich intensiv mit den großen Fragen der Menschheit auseinandersetzt – Fragen, die uns immer beschäftigen werden.
Dieses authentische Zeugnis ist ein herausragendes Buch – hochaktuell und eine Inspiration für jeden, der sein Leben mit vollem Bewusstsein führen und aktiv gestalten will.

448 Seiten, broschiert
ISBN 978-3-89845-462-9
€ [D] 19,95

Daniel Meurois & Anne Givaudan

## Essener Erinnerungen

*Die spirituellen Lehren Jesu*

Ein einzigartiges Dokument Zeit über die Bruderschaft der Essener, bei denen Jesus von Nazareth seine spirituelle Unterweisung erhielt, und über das geheime Leben Jesu:
Entdecken Sie das Leben und Wirken der Essener zur Zeit Jesu und erfahren Sie mehr über ihre Bedeutung bei der Vorbereitung der Mission Christi und über die ursprüngliche Botschaft Jesu.

240 Seiten, broschiert
ISBN 978-3-89845-555-8
€ [D] 16,95

Daniel Meurois

## Die ursprünglichen Lehren Christi und wer Jesus wirklich war

Erleben Sie den wahren Jesus in seinem alltäglichen Umfeld und erhalten Sie ein völlig neues Bild von ihm, das auch die verborgenen Seiten seiner Lehre beleuchtet. Das Buch zeigt, wie die Wunder, die Christus vollbracht hat, zu verstehen sind, wie er alltäglich außerhalb seiner Lehren lebte, wie sich das Leben seiner Mutter Maria gestaltete, was wirklich nach der Auferstehung geschah, wie seine Worte tatsächlich zu verstehen sind. Sie werden überrascht sein von den neuen Einsichten und Erkenntnissen und die Lehre Christi ganz neu erfahren.

238 Seiten, broschiert
ISBN 978-3-89845-194-9
€ [D] 13,90

Anne Meurois-Givaudan & Dr. med. Antoine Achram

## Auralesen und alte Therapien der Essener

*Von der Autorin des Bestsellers »Essener Erinnerungen«*

Wenige Bücher über das Thema Heilen gehen so weit wie dieses im Bezug auf das Verständnis von Krankheiten, denn hier werden diese als eine Reaktion auf feinstofflicher Ebene interpretiert und auch auf dieser behandelt – ein bemerkenswerter Ansatz zum Verständnis der energetischen Medizin. Eine interessante Einführung in eine vergessene Heiltechnik, die von der Autorin seit vielen Jahren mit großem Erfolg angewandt wird.

192 Seiten, broschiert
ISBN 978-3-89845-534-3
€ [D] 14,95

Marie Johanne Croteau-Meurois

## Das Elfentor

*Unsere Verbindung zur Anderswelt*

Treten Sie ein in die Welt der Elfen voller Magie und Licht. Dieses Buch schildert wahre Begebenheiten des Lebens der Elfe Gwenedys, die beschließt, ihre Welt zu verlassen und fortan in der Welt der Menschen zu leben. Durch ihre Schilderungen erhalten wir faszinierende Details des Lebens der Elfen – einem Elfenleben, das weit entfernt ist von den Märchen und Legenden unserer Vorstellungswelt.
Entdecken Sie die zauberhafte Anderswelt, und begegnen Sie wundervollen Elfen, die auch in unserer irdischen Welt ihren Zauber hinterlassen haben ...

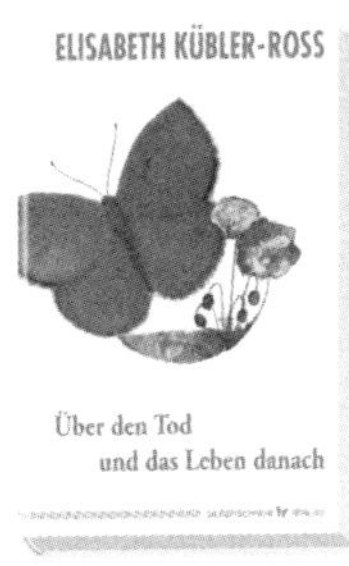


128 Seiten, gebunden,
ISBN 978-3-89845-365-3
€ [D] 12,95

Elisabeth Kübler-Ross

## Über den Tod und das Leben danach

»Ich glaube, es ist jetzt Zeit, dass die Leute wissen, dass der Tod gar nicht existiert, wenigstens nicht so, wie wir uns das vorstellen.« Die Schweizer Ärztin Dr. Elisabeth Kübler-Ross wurde für ihre wissenschaftlichen Arbeiten von mehreren Universitäten mit einem Ehrendoktortitel ausgezeichnet. Die Sterbeforschung hat durch ihre Bücher an besonderer Aktualität gewonnen, wie auch in der Sterbehilfe durch ihre eindringlichen Appelle neue Akzente gesetzt wurden.

160 Seiten, broschiert
ISBN 978-3-89845-387-5
€ [D] 14,95

Daniel Meurois

## Die ungeborene Seele

*Trost und Hoffnung nach Fehlgeburt und Abtreibung*

Einfühlsam berichtet Daniel Meurois-Givaudan über den Weg der Menschen, die den Verlust eines ungeborenen Kindes verkraften müssen und sich der Problematik von Abtreibungen, der Bitternis von Fehlgeburten und den oft so schmerzlichen Fragen rund um komplizierte Geburten stellen müssen. Er hilft ihnen, einen banalisierten, verheimlichten und nur allzu oft verleugneten Schmerz zu überwinden und ihre Verletzungen und Wunden zu heilen.

336 Seiten, broschiert
ISBN 978-3-89845-609-8
€ [D] 18,00

Marie Johanne Croteau-Meurois

## Der unerwartete Tod und die Geburt in den Himmel

*Erfahrungen einer Seelenbegleiterin*

Was geschieht, wenn jemand ganz plötzlich aus dem Leben gerissen wird, was macht dieser Mensch durch? Wie können wir ihm helfen? Anhand von 12 authentischen Zeugnisse von Verstorbenen, die dieses Leben oft unter dramatischen Umständen verlassen haben, gibt Marie Johanne Croteau-Meurois tiefe Einblicke in Bewusstseinszustände »an der Schwelle «. Dieses mit großem Mitgefühl geschriebene und inspirierende Buch ist ein Quell des Trostes und der Hoffnung. Es eröffnet eine ganz neue Sicht auf den »Sinn des Lebens« und die Frage, wie es »nach dem Tod« weitergeht ...

480 Seiten, gebunden
ISBN 978-3-89845-549-7
€ [D] 29,95

Trutz Hardo

**Das große Handbuch der Reinkarnation**

*Heilung durch Rückführung*

Jede Krankheit, jedes seelische Problem hat eine Ursache, die oft in einem früheren Leben liegt. Deckt man sie mit Rückführungstherapie auf, wird sehr häufig Heilung erreicht.
Dieses Handbuch ist nicht nur als Arbeitsbuch für Mediziner und Therapeuten gedacht. Es ist auch für all jene Menschen bestimmt, die körperliche, seelische oder beziehungsbedingte Probleme haben und sich auf der Suche nach Heilung befinden.

480 Seiten, Klappenbroschur
ISBN 978-3-89845-334-9
€ [D] 19,90

Myra

**Kabbala und Rosenkreuz**

*Saint Germains Vermächtnis*

In diesem einmaligen Buch lädt Saint Germain den Leser ein, sein Energiefeld zu betreten: Er nimmt ihn mit auf den Weg zu Kabbala und Rosenkreuz, die alle Weisheit der Menschheitsgeschichte enthalten und es uns erlauben, das wahre Wissen der Eingeweihten wieder zu erwerben. Kabbala und Rosenkreuz schließen sich nicht aus, sondern durchdringen und ergänzen einander. Ein wichtiger Schritt zu einem neuen Verständnis der geistigen Welt – auf der Basis der »alten Ordnung«.

400 Seiten, gebunden
ISBN 978-3-89845-541-1
€ [D] 26,95

Carola Hempel

**Die Quelle der Spiritualität**

*Die Verbindung von Wissenschaft, Religion und Philosophie*

Sind die großen Religionen wirklich so unterschiedlich, wie wir heute glauben? Haben nicht alle Religionen einen Kern?
Dieses Buch deckt die wahren Inhalte der Lehren der Religion, Esoterik und Naturwissenschaft auf. Erstmalig wird hier der übergeordnete rote Faden aufgezeigt, der alle großen Lehren, Philosophien, Religionen und die gesamte Bandbreite der Spiritualität mit ihren vielen Facetten verbindet.